"十二五"职业教育国家规划教材
经全国职业教育教材审定委员会审定

 "十二五"江苏省高等学校重点教材
（编号：2014-2-039）

中国元素

CHINESE ELEMENTS

主编◎王霞晖

编委◎王贺玲 谢匀
　　　许韧　 王静

主审◎陈士桂

中国轻工业出版社

图书在版编目（CIP）数据

中国元素 / 王霞晖主编. —北京：中国轻工业出版社，2022.6
"十二五"职业教育国家规划教材
ISBN 978-7-5019-9730-5

Ⅰ. ①中… Ⅱ. ①王… Ⅲ. ①中华文化—职业教育—教材 Ⅳ. ① K203

中国版本图书馆 CIP 数据核字（2014）第 071136 号

责任编辑：张　靓　　责任终审：劳国强
整体设计：锋尚设计　责任校对：晋　洁　　责任监印：张京华

出版发行：中国轻工业出版社（北京东长安街6号，邮编：100740）
印　　刷：三河市万龙印装有限公司
经　　销：各地新华书店
版　　次：2022年6月第1版第5次印刷
开　　本：720×1000　1/16　印张：16.5
字　　数：318千字
书　　号：ISBN 978-7-5019-9730-5　定价：36.00 元
邮购电话：010-65241695
发行电话：010-85119835　传真：85113293
网　　址：http://www.chlip.com.cn
Email：club@chlip.com.cn
如发现图书残缺请与我社邮购联系调换
220681J2C105ZBW

前言

中国传统文化作为中国各族人民智慧的结晶始终与灿烂的中国文明历程紧密地联系在一起，显示了人类的智慧高度，为我国各族人民构筑起安身立命的精神家园。中国传统文化所蕴含的中华民族的强烈认同感是超越社会变迁、维系情感交融的特殊纽带。青年学生学习和利用好中国传统文化有利于培养爱国主义精神，凝结和绵延民族精神，对实现中国梦有不可估量的作用和意义。

为了加强青年学生对中国传统文化的了解，拓宽其知识视野，提高人文素养和艺术涵养，形成个体审美能力，达到发展综合素质的目的，担负起传承中华传统文化的重任，我们特编写了适合大中专职业院校学生使用的综合性中国传统文化读本——《中国元素》。全书按大中专院校人文素质教育教学要求，分为中国饮食文化、中国名胜古迹、中国民俗传统、中国文学艺术和附录五篇，主要介绍了具有中国典型特色的饮食习俗、佳肴药膳、名山秀园、节气节日、生肖谱牒、古诗歌赋、书法国画、京剧昆曲等元素；每篇由若干章节组成，便于根据实际教学需要选择相应内容。

本书具有以下特点：

一、内容丰富，知识面宽而不难，具有很强的实用性和可操作性。从素质教育的高度出发，在编写过程中自觉体现素质教育的理念，将中国传统文化中最具代表性、最灿烂的元素钩沉出来，优化教学内容，使得本书能区别于一般的专业教材。

二、配有相关的图片，图文并茂，具有一定的趣味性和观赏性；每单元都编写了配套的难易适中的练习题，实现了教材知识学习的功能性，使得本书又有别于一般的文化普及读本。

三、参与本书编写人员大多为长期从事文化素质教育、公共艺术教育的专职教师，具有丰富的教学实践经验。确保了本书编写的科学性、准确性、可读性、趣味性和权威性。

此外，本书配有双语附录，教学过程中还可以更好地配合课堂双语教学使用。

本书由江苏食品药品职业技术学院王霞晖担任主编并统稿，淮阴师范学院陈士桂教授担任主审，第一篇由王霞晖编写，第二篇由谢匀编写，第三篇由王贺玲、王静编写，第四篇由许韧编写。淮安京杭旅行社葛启军、餐饮业国家级（一级）评委周亚东对书稿也提出宝贵的修改意见，在此表示感谢。在编写过程中，借鉴参考了许多国内同行论著、研究成果和网上资料，在此对原作者谨致衷心感谢。

由于编者水平有限，书中疏漏之处在所难免，敬请广大读者批评指正，以便我们进一步提高。

编　者

二〇一四年二月

目录

第一篇 中国饮食文化

第一章 中国饮食习俗与礼仪 ……… 2
第一节 饮食文化的历史沿革 ……… 2
第二节 饮食习俗 ……… 5
第三节 饮食礼仪 ……… 10

第二章 中国茶文化 ……… 14
第一节 茶的历史 ……… 14
第二节 茶的分类 ……… 17
第三节 茶与健康 ……… 19
第四节 饮茶艺术 ……… 21

第三章 中国酒文化 ……… 27
第一节 酒的历史与分类 ……… 27
第二节 酒与健康 ……… 34
第三节 酒与文学 ……… 36
第四节 酒道与酒趣 ……… 38

第四章 中国烹饪文化 ……… 41
第一节 肴馔文化 ……… 41
第二节 中国菜系 ……… 48
第三节 中医药膳 ……… 57

第二篇 中国名胜古迹

第五章 中国旅游资源及旅游区划简介 …… 64
第一节 旅游资源概述 …… 64
第二节 中国旅游资源的地理背景与特征 …… 66
第三节 中国旅游区划方案 …… 68

第六章 中国名胜古迹特色荟萃 …… 69
第一节 东北林海——雪原·火山特色 …… 69
第二节 华北古都古迹——名山特色 …… 74
第三节 华东名山胜水——园林特色 …… 85
第四节 华中名山胜水——古迹特色 …… 95
第五节 华南海湾海岛——热带特色 …… 101
第六节 西北荒漠绿洲——原野特色 …… 107
第七节 西南喀斯特——民情特色 …… 113
第八节 青藏高原雪山——宗教特色 …… 118

第七章 旅游审美与环境保护 …… 123
第一节 旅游审美 …… 123
第二节 风景名胜区设立与分级简介 …… 126
第三节 环境保护 …… 127

第三篇 中国民俗传统

第八章 生产劳动民俗 …………… 130
第一节 二十四节气 …………… 130
第二节 十二生肖 …………… 134
第三节 招幌与市声 …………… 137

第九章 社会生活民俗 …………… 142
第一节 中国传统节日 …………… 142
第二节 中国特色节日 …………… 149
第三节 姓氏与谱牒 …………… 157

第十章 精神生活民俗 …………… 163
第一节 祥瑞吉物 …………… 163
第二节 趋吉辟邪的"法术"
　　　——风水 …………… 175
第三节 游艺民俗 …………… 178

第四篇 中国文学艺术

第十一章 中国文学 …………… 186
第一节 中国文学概述 …………… 186
第二节 古典诗词 …………… 196
第三节 辞赋散文 …………… 203
第四节 四大名著 …………… 209

第十二章 中国美术 …………… 214
第一节 中国美术概述 …………… 214
第二节 国画 …………… 217
第三节 书法 …………… 223
第四节 篆刻 …………… 228

第十三章 中国戏曲 …………… 231
第一节 中国戏曲概述 …………… 231
第二节 中国戏曲名家 …………… 234
第三节 京剧 …………… 239
第四节 昆曲 …………… 243

附录 …………… 246

参考文献 …………… 255

第一篇 中国饮食文化

中国饮食文化是中华民族在长期的饮食生产与消费活动中所创造的物质财富和精神财富的总和。在传统阴阳五行哲学思想、儒家伦理道德观念、中医疗疾养生、饮食审美、民族传统习俗等诸多因素的长期影响下,中华民族创造出了灿烂的中国烹饪技艺,形成了博大精深、内涵丰富的中国饮食文化,为我国传统文化增添了浓墨重彩的一笔。

第一章

中国饮食习俗与礼仪

学习要点及目标

- 了解中国饮食文化的历史沿革,掌握各个阶段的发展特点。
- 了解中国饮食民俗的三个方面,重点掌握岁时节日食俗的相关内容。
- 学习饮食礼仪的内容,并能将礼仪知识运用于实际生活。

第一节 饮食文化的历史沿革

中国有句俗话:"民以食为天",人们的日常生活离不开一日三餐,可见饮食在我们的日常生活中的重要地位。中国饮食的发展经历了萌芽、成形、发展、成熟、繁荣、影响时期,如果从中国烹饪发展历史上看,可以分为生食、熟食、自然烹饪、科学烹饪4个发展阶段。中国饮食文化源远流长,分类明确,仅传统菜点就有6万多种,是我国各族人民辛勤的劳动成果和智慧的结晶,是中华民族传统文化的一个重要组成部分。

一、萌芽时期(原始社会)

在人类发展的历史长河中,原始社会的历程最为漫长,人们的生活也最为艰辛。人们在艰难中慢慢地进步,从被动的采集、渔猎到主动的种植、养殖(尽管是原始的);餐饮方式从最初的茹毛饮血到用火熟食;从无炊具的火烹到借助石板的石烹,再到使用陶器的陶烹;从原始的烹饪到调味品的使用;从单纯的满足口腹到食礼的出现。原始社会时期的人们在饮食活动中开始萌生对精神层面的追求,饮食已经初步具有文化的意味。所以我们把这一阶段称为饮食文化的萌芽阶段。

二、成形时期（夏商周）

夏商周时期的饮食文化在很大程度上沿袭了原始社会饮食文化的特点，又在发展过程中形成了自己的时代特点。在这近两千年间，食品源得到进一步的扩大。陶制的炊器、饮食器依然占据重要地位，但在上流社会，青铜制品已经成为主流。烹调技术更加多样化。烹饪理论已形成体系，奠定了后世烹饪理论发展的基础。许多政治家、思想家、哲学家以极大的热情关注和探究饮食文化，并各自从不同的角度阐明自己的饮食观点。在这一阶段，饮食距离单纯的果腹充饥的目的越来越远，其文化色彩越来越浓，人们普遍重视起饮食给人际关系带来的亲和性，宴会、聚餐成为人们酬酢、交往的必要形式，食品的社会功能表现得越来越明显。中国饮食文化的特征在这一阶段都基本具备。所以这一阶段被称为是饮食文化的成形阶段。

三、发展时期（秦汉唐）

公元前221年秦王嬴政经过多年的兼并战争，建立了秦王朝，统一了中国，为不同地区的贸易和文化交流，包括饮食文化的交流奠定了基础。汉朝初年采取了休养生息政策，重视农业，兴修水利，普及铁质农具，推广农业生产技术，减劳役，轻赋税，从而促进了农业的发展，为饮食文化的发展提供了重要的食品原料。张骞出使西域，促进了中外饮食文化的交流，丰富了中国的食物种类。和先秦的饮食文化相比，秦汉时期食品原料的开发引进、烹饪技艺及烹饪产品的探索与创新等方面都表现出前所未有的兴旺景象。唐朝是我国历史上非常活跃的时期之一，社会经济的进步与发展、对外开放的扩张，使中外、国内不同区域、不同民族之间的食品文化交流频繁，从而促进了食品原料结构、进餐方式的改变。佛教、道教崇尚的素食、植物油的使用、发酵技术的运用等，进一步推进了饮食市场和烹饪工艺的发展，体现出丰富的历史文化内涵。这一阶段的饮食文化体现出全面发展的特征。

四、成熟时期（宋元明清）

从北宋建立到清朝灭亡，这一时期是中国传统饮食文化的成熟阶段，在这一时期，中外饮食文化交流频繁，许多对后世影响巨大的粮蔬作物传入中国，食品加工和制作技术日趋成熟，商品经济空前繁荣，中国传统饮食文化在其各个方面都日趋完善，呈现前所未有的繁荣和鼎盛。这可以从北宋宫廷画家张择端的《清明上河图》

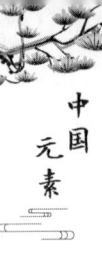

（图1-1）中得到印证。从两宋到明清，我国烹饪理论已达到相当的水平，从元朝忽思慧的《饮膳正要》到清朝袁枚的《随园食单》，特别是《随园食单》，更是将中国烹饪理论推向了一个成熟阶段。元朝还从海外引进蒸馏技术，开始出现蒸馏酒酒种。茶文化在宋朝成为一种高雅的文化活动，到明清时，全民流行饮茶之风尚，这个时期饮食思想的总结和理论研究日趋成熟。

图1-1　《清明上河图》（部分截图）

五、繁荣时期（民国）

中国饮食文化在辛亥革命的炮声中迈进了它的繁荣时期，这一时期的时间虽然最短，但饮食文化的发展是最快的。在世界科学技术的飞速发展和中国的对外开放双重作用下，中国饮食文化的内容发生了天翻地覆的变化：多元饮食文化成为民国饮食文化的基调，饮食文化的交流与融合，奠定了当代繁荣饮食文化的基础，这一时期中国饮食文化开始在世界范围内产生影响，是传播中国传统文化的先声。

从烹饪原料到烹饪工具，从食品制作方式到食品理念，中国饮食文化的内容正在进行着划时代的变革。从生食向熟食的转化是人与动物相区别的标志之一，是人类发展史上一个重要的里程碑。而用火进行食物加工更是人类进化的一个重要标志，也可以说是人类饮食文化的起点。火的运用和控制促使了陶器的产生。陶器发明以后，就被用作炊具和食具，釜、鼎、鬲、甑是最早出现的陶制炊具，陶器的发明标志着烹饪技术的第一次飞跃，人类真正进入了烹饪时代。

六、传播影响时期（现代）

中国饮食文化对外传播的历史悠久，从先秦时期开始，中国文化就以饮食为先导，担负起了文化传播的使命。到了现代，中国饮食文化向外传播和辐射的功能进一步增强，现在世界各国基本上都有中国餐馆，中国饮食文化的传播也促进了中国文化的交流，外国人士在品尝中国美食时，就开始了对中国文化的了解，无形中，中国饮食成为中国文化传播的媒介和渠道。中国饮食文化博大精深，历史悠久，随着社会的发展，不断注入了新的活力和创造力，使之越来越具有国际影响力。

第二节 饮食习俗

一、岁时节日饮食习俗

1. 春节

春节俗称新年，是我国最大、最隆重的节日。旧时，从过小年（腊月二十三或二十四）到元宵节（正月十五），都属新年范围，其中从除夕到正月初五为高潮。在此期间，人们互相拜年祝贺，看望亲戚朋友，赠送礼品和年货，相互请客吃饭，名为"喝年酒"。春节的前夜是除夕，除夕的饮食习俗各地不同，北方人除夕子时食用饺子，取"更岁交子"的意思，也视饺子似元宝，取"招财进宝"之意；南方人除夕多吃年糕和元宵，元宵也叫"团子"、"圆子"，即汤圆，取"全家团圆"之意，年糕多用糯米做成，取生产和生活"年年高"之意。正月初一，人们早早起来，相互祝福。早餐北方人吃饺子，南方人吃汤圆，几乎全国各地都要吃年糕。

2. 元宵节

农历正月十五元宵节，是春节后的第一个节日，又称上元节、灯节。这一天，人们提灯笼、猜灯谜、吃元宵。"元宵"与"汤圆"寓意相同，象征"合家团圆"。符曾（清）《上元竹枝词》中有"桂花香馅裹胡桃，江米如珠井水淘。见说马家滴粉好，试灯风里卖元宵。"，"元宵"是用白糖、玫瑰、芝麻、豆沙、黄桂、核桃仁、果仁、枣泥等作馅，用糯米粉包成圆形，可荤可素，可汤煮、油炸、蒸食，有团圆美满之意。

3. 清明节

清明是二十四节气之一，最初主要为时令的标志。《岁时百问》载："万物生长此时，皆清洁而明净，故谓之清明。"一般研究者认为，在魏汉以前，清明主要指自然节气，与农事活动密切相关；但此后，清明逐渐成为民俗节日。清明节向来有吃青团、吃馓子的食俗。青团是用清明茶或艾叶、雀麦草汁和糯米粉捣制，再以豆沙为馅，蒸制而成，吃起来不甜不腻，带有清淡却悠长的青草香气。馓子为一种油炸食品，香脆精美，北方馓子以麦面为主料，枝干粗大；南方馓子以米面为主料，精巧纤细；少数民族地区，馓子也是品种繁多，风味各异。

4. 端午节

农历五月初五是端午节，又称端阳节、重五节。有吃粽子的习俗，主要为纪念杰出诗人屈原的爱国主义精神，一直传承不衰。现代的粽子不论造型，还是馅心，都有千品万种。粽叶的材料也因地而异，北方人常使用苇叶，南方人使用箬叶；北方的粽子以甜为主，南方粽子甜少咸多，荤素兼具。端午这天还要饮雄黄酒，它有一定的保健效用，也是驱虫、辟邪的吉祥饮品。

5. 中秋节

农历八月十五是中秋节，是中国第二大传统节日。因中秋节的月饼与天象的圆月相像，象征着人间亲人团聚，人事和谐的祝愿，也称为"团圆节"。中秋时分，正是春华秋实，一年辛勤劳动结出丰硕成果的季节，因此各家都要置办佳肴美酒，欢度节日。同时，也是远方游子回家团聚的日子。在明月当空的夜晚，一家人共聚一堂，吃月饼，赏月亮，叙离情，别有情趣。中秋这天，各地还有不同的饮食风俗，如中秋食田螺，因中秋前后，是田螺空怀的时候，腹内无小螺，肉质特别鲜美，田螺营养丰富，可以明目；中秋食芋头，寓意辟邪消灾；中秋饮桂花蜜酒，中秋之夜，望月中丹桂，闻阵阵桂花香，成为一年一度的时令享受。

6. 重阳节

农历九月初九是重阳节，也是登高望远的日子，现在又称"敬老节"。在重阳节前后几天制作的松糕称作重阳糕，又称花糕、菊糕、五色糕等，"吃糕"代"登高"的意思。农历九月又称菊月，民谚云，"九月九，九重阳，菊花做酒满缸香"。而持螯赏菊，更是被我们的祖宗认为是重阳至乐，一直延传至今。菊花气味芬芳，绵软爽口，有清热明目之效，在我国肴馔制作中历史悠久，现代人就设计推出了"菊花宴"，把菊花吃下肚子，来个口齿噙香。

二、人生礼俗

1. 诞生饮食习俗

新生命降临人世，是一件可喜可贺的事，中国人重要的庆贺仪式是添丁报喜、办三朝酒、满月酒等宴会，许多地区还有抓周等活动。添丁报喜即孩子的爸爸向丈人家报喜，其礼必有"红蛋"，一般送99只，也有少送的，但末位数必须是"9"，有些地方还要送两瓶白酒。丈人家回礼必备三只鸭蛋，表示"压子"之意。三朝是小孩诞生第三天，这天要办酒请客，俗称"三朝饭"。过去，三朝这天，接生婆要为婴儿洗澡，也称"洗三朝"。满月是孩子出生一个月，产妇要回娘家做满月，一般生女孩的提前两天回娘家，生男孩的要满足月回娘家。产妇回娘家要带四样礼物，鱼、肉、大糕、果子，娘家给小孩一套新衣服，一个枕头，一篮粽子，有的还有一个满月锁。百日是小孩出生一百天，家庭一般都要办酒请客，亲朋好友登门祝贺。贺礼名目繁多，孩子外婆家要送"六个百"，即：百个馒头，百块米糕，百只粽子，百寸布料，百枚钱币，百两面条，用特大的竹篮装上送来。其他亲戚朋友，有送衣物的，有送玩具的，还有送钱的，预祝孩子可以过百岁。周岁是孩子的第一个生日，必须祝贺。孩子外婆家是主客，常规礼物是馒头、粽子、鱼肉、鞭炮、蜡烛等，现在一般都要买上一盒大蛋糕。孩子的姑母、姨母除正常礼物，必须送鞋子和袜子，民间有"姑子鞋、姨娘袜，宝宝过到八十八"的说法。周岁生日当天，主家要大宴宾客。有些地方仍流行"抓周"，以预示未来志向。这些宴会和活动既充满喜庆气氛，也寄托着亲友们对幼小生命健康成长的希望与祝福。

2. 婚嫁饮食习俗

旧时，结婚前一天，男方要给女方家抬去食盒，内装米、面、肉、点心等，娘家要请"全福人"用送来的东西做饺子和长寿面，所谓"子孙饺子长寿面"，把包好的饺子再带回家。结婚这天，新娘下轿，先吃子孙饽饽长寿面。入洞房后，新郎新娘同坐，并由"全福人"喂没煮熟的饺子吃，边喂边问："生不生？"新娘定要回答："生（与生孩子同音）"。睡前要由四个"全福人"给新人铺被褥，要放栗子、花生、枣，意为"早立子，早生"。结婚这天请客人吃面条，讲究吃大碗面，也有的人家吃大米饭炒菜，菜肴多少视条件而定。现在婚嫁的食俗已演变为在酒店办置婚宴，宴请亲朋好友，宴会后，也有闹洞房风俗。

3. 寿庆饮食习俗

祝寿过生日是人生礼仪中的重要内容。十岁、二十岁生日，只吃面就可以了，现在多辅以生日蛋糕。老人祝寿多以寿桃、寿面为礼，寿桃被视为仙桃，面条取其绵长，均表示祝贺长寿。寿宴上，众人给寿星敬酒，寿星把寿糕、寿蛋、寿果等吃食分给众人，众人踊跃嚼食，说是替老人"嚼灾"。长寿面是寿宴上必有的食物，吃面时，儿女们要把自己碗中的面条拨向老人碗中一些，谓之给老人"添寿"。现在的寿庆宴席，一般先由寿翁（寿婆）吹生日蛋糕上的蜡烛，出席宾客分吃蛋糕，席间主食一定要吃面条，以讨长寿的口彩。

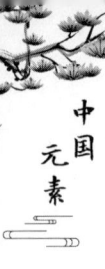

4. 丧葬饮食习俗

丧葬是最后人生礼仪，民间称为"白喜事"，丧家对于前来吊唁以及帮忙办理丧事的亲友以酒菜招待，这就是所谓的吃"豆腐饭"，是在送葬回来后聚餐一顿，席间以素菜为主，但现在已经是正常的酒宴招待了。餐后每位宾客可以获得碗匙一套，称"端百岁饭"、"偷碗计寿"，是指生者在悼念死者的同时，为下一代祈福的特殊方式，旧指端一碗饭，夹几块肉，端回家给孩子吃，或偷来喜丧家碗筷，给孩子吃饭，讨得"长命百岁"的吉利。

三、各民族饮食习俗

中国地域辽阔，民族众多，由于不同区域的自然环境、气候条件、民族风情等差异，导致饮食风味、饮食习俗呈现出多元性、复杂性、地域性。在粮食种植上有"南米北面"的说法；饮食口味上有"南甜北咸东酸西辣"之分，菜系上分为川、粤、闽、徽、鲁、湘、浙、苏八大菜系。各民族在生产活动、民族信仰上都有各自的特点，在饮食上形成了自己独特的风味和习俗。

1. 汉族

汉族主食以稻米、小麦为主，辅以蔬菜、肉食和豆制品，茶和酒是汉族的传统饮料。米酒，称酒酿，甜酒，用糯米酿制，是汉族传统的特产酒。在汉族的重要节日中，酒是不可或缺的必备品。汉族有句俗话：无酒不成宴。酒可以助兴，可以增加欢乐的气氛。汉族人饮茶，注重一个"品"字。凡来了客人，沏茶、敬茶的礼仪是必不可少的，有以茶代礼的风俗。在饮茶时佐以茶食、糖果、菜肴等。汉族以粮食作物为主食，以各种动物食品、蔬菜作为副食，在长期的民族发展中形成了一日三餐的饮食惯制，每餐中主食、菜肴、饮料合理搭配。汉族讲究并善于烹饪，不同地区有不同的烹饪方式，形成了不同的地方风味，共有川、粤、闽、徽、鲁、湘、浙、苏八大菜系。

2. 维吾尔族

维吾尔族以面食为主，喜食羊、牛肉，饮花茶、砖茶，尤喜喝奶茶。主食常见的有馕（面烤饼）、抓饭、包子（有蒸有烤）、面条等，喜欢吃胡萝卜、洋葱等蔬菜。维族人喜食水果，这与新疆盛产葡萄、哈密瓜、杏、苹果等果品有关，可以说瓜果是维族人民的生活必需品。

维吾尔族待客，请客人坐在上席，筵席上有手抓饭、馓子、手抓羊肉、各式糕点、瓜果等。给客人先斟上茶水或奶茶，吃抓饭前，要提一壶水为客人净手。饭毕，待主人收拾好食具后，客人才可离席。一般人家每日三餐，早餐吃馕、喝茶，午餐是各类主食、炒菜，晚餐仍为馕茶或汤面。新疆城镇的清真饭馆，供应维吾尔族的饭菜，绝对禁忌肉油。

3. 蒙古族

奶制品是蒙古族居民一天中不可缺少的食品。奶食、奶茶、奶油、奶糕等均为蒙古族根据季节变化经常食用和饮用的食品。此外，夏季里人们还喜食酸奶，或拌饭或清饮，以清暑解热。牧区蒙古族人主要吃奶制品、牛羊肉和面食，农区蒙古族人主要吃米面、蔬菜、羊肉。炒米也是蒙古族特别喜爱的一种食品，可干嚼可泡奶，是牧民外出放牧的极好食物。不论牧区农区，蒙古族人日常都爱喝奶茶，饮用马奶或骆驼奶酿制的奶酒。马奶酒在蒙古族是圣洁的饮料，多用砖茶加牛奶熬制成，用它款待贵客。来客人时，先敬茶后敬酒，无茶或不沏新茶为不敬。敬茶时，客人一定要喝完。敬酒时，主人先用手指从酒瓶口上蘸酒往客人额头上抹一下，再为客人斟酒。蒙古族人的饮宴也有许多特殊风俗，宴客时很讲究仪节，吃手抓羊肉，要将羊琵琶骨带肉，并配四条长肋献给客人。招待客人最隆重的是全羊宴，将全羊各部位一起入锅煮熟，开宴时将羊肉块盛入大盘，尾巴朝外。

4. 苗族

苗族是一个迁移的民族，苗族的饮食习俗因地域不同而不同，苗族主要聚集在我国西南部。苗族人食物以大米为主，辅以玉米、小米、高粱、小麦和薯类等杂粮。苗族人最喜食糯米。副食品主要有瓜类、豆类、蔬菜以及作为作料的辣椒、葱、蒜等。肉类有猪、牛、羊、鸡、鸭及鱼类。苗族人口味以酸、辣为主，酸辣子、酸鱼是常见菜肴。在苗族农家中，每家每户坛子菜的种类各式各样，从蔬菜瓜果到鸡鸭鱼肉。在烹制新鲜蔬菜时，也喜欢以酸汤及酸菜沫来调味，苗家能加工保存熏制腊肉、腌肉、腌鱼、鱼干、香肠等，其中腌鱼是苗族的传统佳肴。苗族人嗜酒，会自己酿制烧酒、甜酒、泡酒等多种，其中烧酒最为普遍。逢年过节，招待宾客，酒是苗家的必备。黔东南的"拦路酒"习俗更是具有特色，进入苗寨的宾客，在寨子门口，要饮下苗族同胞用牛角装着的酒，方才能进入寨子中。"拦路酒"是苗族人表达好客热情的方式。

5. 藏族

藏族牧民的饮食多为一日四餐，早7点第一餐，食糌粑，喝酥油茶；上午10点吃第二餐；午后2点食第三餐，亦称午餐，以食用肉食为主；晚8点吃第四餐，食品以粥为主。总体上牧民们以牛、羊肉和奶茶为主要食物，奶制品有酥油、酸奶、奶酪等。农区藏民的饮食以粮为主，蔬菜为副。糌粑是藏族的日常食品，它是由青稞或豌豆经炒熟磨粉而成，再经数道加工调配工序制成粑食。糌粑营养丰富，香酥甘美，不仅藏族终生食用，居住在藏区的其他民族也喜欢。藏族日常生活不能没有茶，酥油茶是藏族人时刻不可缺少的饮料佳品。青稞酒是藏民过节必备的饮料。习惯上，青稞酒多指青稞啤酒，此酒黄绿清淡、酒香甘酸。在西藏，除僧人依教规忌酒外，藏族男女老幼几乎都喝青稞酒。

第三节 饮食礼仪

在中国五千多年的文明史中，不仅形成了优良的饮食文化，同时也形成了独特的传统饮食礼仪。近代，随着中国的不断对外开放，西方的饮食文化开始传入中国，并对中国传统饮食文化产生影响，中国传统的饮食礼仪开始和西方饮食礼仪相融合，形成现代饮食礼仪，约束人们在日常生活、人际交流、节日庆典等场合，均要尊重饮食习俗，遵守礼仪规范。

一、宴席座次

中式宴席一般用方桌或圆桌，每席坐八人、十人或十二人不等。民间很重视席位的安排，尤其是要突出"上座"，"上座"即首席，一般靠近正对大门的室壁，其他各席位的安排往往因地、因人而异。一般有以下几种情况。

（1）一席两人席位　如图1-2所示。

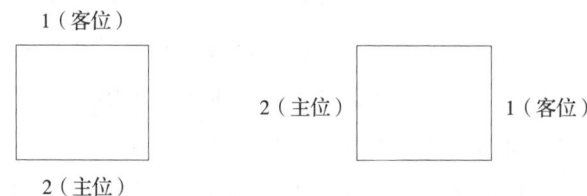

图1-2　一席两人席位

正对图是正常的做法，旁对图是客人礼让不肯正坐时的做法。

（2）一席三人席位　如图1-3所示。

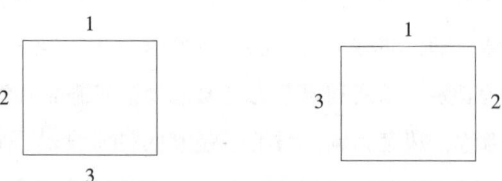

图1-3　一席三人席位

（3）一席四人以上席位　如图1-4所示。

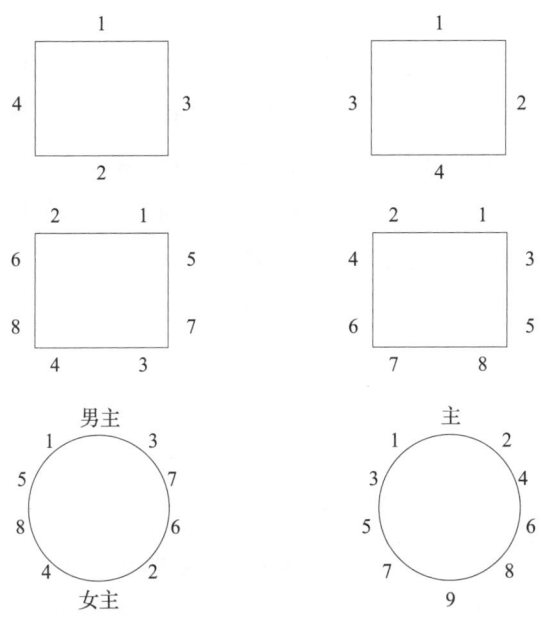

图1-4　一席四人以上席位

上述席中的末座者，通常是第二主人，或主人的亲属晚辈，在宴饮中负责接菜、递盘。

二、日常礼仪

1. 入座礼仪

入座时，先请主客人入座上席，再请长者入座客人旁，依次入座；如果主宾身份高于主人，则主宾坐在主座上，主人坐于主宾右手边；一般等长者先坐定后，才开始入座，从座位的左边入座；不要叫客人坐在靠近上菜的地方；入座后不要动筷子，更不要弄出什么响声来，也不要起身走动。如果有什么事要向主人打招呼。

2. 进餐礼仪

进餐时，必须等到人到齐了才能开始进餐；先请客人、长者动筷子；夹菜时每次少一些，离自己远的菜就少吃一些，吃饭时不要出声音；喝汤时也不要出声响，喝汤用汤匙小口小口地喝，不宜把碗端到嘴边喝，汤太热时凉了以后再喝，不要一边吹一边喝；进餐时不要打嗝，也不要出现其他声音。进食时尽可能不咳嗽、打喷嚏、打哈欠、擤鼻涕，万一不能抑制，要用手帕、餐巾纸遮挡口鼻，转身，脸侧向一方，低头尽量压低声音。吃到鱼头、鱼刺、骨头等物时将它放到自己的碟子里或放在事先准备好的纸上。

3. 敬酒礼仪

斟酒由宾客右侧进行，先主宾，后主人；先女宾，后男宾。酒斟八分，不得过满。别人给你倒酒时，应用手扶酒杯；酒桌上敬酒的一般顺序是主人敬主宾、陪客敬主宾、主宾回敬、陪客互敬；如果没有特殊人物在场，互敬时最好按时针顺序，不要厚此薄彼；自己手上有餐具，或者别人正在用餐时，都不能向别人敬酒；可以多人敬一人，绝不可一人敬多人；敬酒时，敬酒者一定要站起来，双手举杯，右手握杯，左手垫杯底，杯子口低于别人的。

4. 上菜礼仪

按传统习惯，菜是一道一道上，上菜先冷后热，热菜应从主宾对面席位的左侧上；上单份菜或配菜席点和小吃先宾后主；如果要给客人或长辈布菜，最好用公筷，也可以把离客人或长辈远的菜肴送到他们跟前；如果同桌有领导、老人、客人的话，每当上来一个新菜时就请他们先动筷子，或者轮流请他们先动筷子，以表示对他们的重视；上全鸡、全鸭、全鱼等整形菜，不能把头尾朝向正主位。

5. 赴宴就餐其他礼仪

（1）应邀赴宴，一定要遵守时间，既不能过早，也不要迟到，可比主人约定的时间稍早一点，一般应在约定时间提前5分钟到达。

（2）不要在餐桌上剔牙。如果要剔牙时，就要用餐巾或手挡住自己的嘴巴。

（3）入座后坐姿要端正，不要东张西望，或是将胳膊放在桌子上；在正式场合，天气再热，也不能当众宽衣。

（4）边吃边谈是宴会的重要形式，应当主动与同桌人交谈，特别注意同主人方面的人交谈，不要总是和自己熟悉的人谈话。

（5）把筷子搁在碗上或碟子上，表示自己暂时停止用餐，把筷子平放在桌子上表示自己已经酒足饭饱，结束用餐。

（6）当和人用餐时，不可过快结束，即使自己已经吃饱，也应再吃点菜或把筷子放在碗上或盘上等其他人吃完。不可把筷子放在桌上表示吃完，这样会让吃得慢的一方感到不安而匆忙结束用餐。

（7）最后离席时，必须向主人表示感谢，或者就此时邀请主人以后到自己家做客以示回敬。

 思考题

1. 如何借鉴中国饮食文化精华,加强中国饮食在当今世界的影响力?
2. 试比较1~2个民族饮食文化的差异。
3. 列举人生礼俗的一项,比较说明与当地礼俗的不同。
4. 列举当地富有特色的节日食俗。

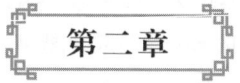

第二章

中国茶文化

学习要点及目标
- 了解茶的历史以及茶的分类知识。
- 了解茶与健康的相关内容。
- 学习中国茶艺的五个环节，了解中国历代的饮茶方式。

茶是人们普遍喜爱的一种饮品，中国是世界上最早把茶作为饮品的国家，茶叶已经成为人们日常生活的必需品。中国的茶文化源远流长，中国茶文化历史经历了三国时期茶文化的启蒙，晋代、南北朝茶文化的萌芽，宋代茶文化的发展，明清茶文化的普及，当代茶文化的传播，中国茶文化也融入了中国佛、儒、道诸派思想，独树一帜，成为中国文化中的重要组成部分。

第一节 茶的历史

中国是发现、种植、加工、药用茶叶最早的国家，几千年来，中国有人类制茶、饮茶的最早记录以及最早的茶叶成品实物。茶是中华民族的举国之饮，茶的历史发于神农，闻于鲁周公，始于唐朝，兴于宋代，盛于明清，精于当代，随着现代科学社会的发展会更加繁荣。本节从茶的诸个"第一"、"之最"来散点透视茶的历史。

一、发现茶的第一人

我国的第一部药物学专著《神农本草经》中记载："神农尝百草，日遇七十二毒，得茶而解之"。神农就是炎帝，他被称为发现茶的第一人。相传，远古时期，自然条件十分恶劣，人们以采摘野果和捕猎野兽为生，经常发生食物中毒甚至死亡事件，神农非常痛心，决定品尝百草，以身试毒。一日，神农尝了一种毒草，昏倒在地不能行走，不知过了多久，神农苏醒后看到山坡上有一棵树枝叶茂盛，闪闪发光，神农挣扎着爬到树下，由于饥饿和中毒又昏了过去。这时，突然雷电交加，狂风暴雨，树上的叶子被雷击落，掉到神农的脸上嘴上，雨水流进他的嘴里，他在沁人心脾的清香中醒来，神农咀嚼着树叶，感觉入口清香，略带苦涩，咽下去舌根生津，神清气爽，不但解渴，身上的剧毒也消失了。神农采了很多树上的绿叶回去，给人们煎水喝，发现它有生津止渴、利尿解毒、提神醒脑、消除疲劳等功效，神农将它作为当时的解毒"圣药"。

二、"茶"字的起源

民间流传"茶"字演变与神农有关。"茶"起初被写作"查"，据说神农的肚皮是透明的，吃进去的食物看得见，当他喝下茶汤时，看到茶汤在肚子里到处流动，好像"查来查去"一样，所到之处将肠胃冲洗得干干净净，因此神农将其命名为"查"。随着茶的发展与兴盛，使用最多、流传最广的是"茶"。"茶"字从"荼"中简化出来的萌芽，始发于汉代，古汉印中，有些"荼"字已减去一笔，成为"茶"字之形了，"茶"的读音在西汉已经确立。在古代史料中，有关茶的名称很多，一称"荼"，二称"槚"（读 jiǎ），三称"蔎"（读 shè），四称"茗"，五称"荈"。到了中唐时，茶的音、形、义已趋于统一，由于陆羽《茶经》的广为流传，"茶"的字形进一步得到确立，直至今天。

三、论著茶叶第一人——陆羽

陆羽于约公元758年左右创作了世界第一部茶叶专著——《茶经》，他以一代茶坛宗师而闻名于世。陆羽（733—804），一名疾，字鸿渐，自称桑苎翁，别号竟陵子、东冈子、东园先生，雅号茶山御史，世称陆文学。据《新唐书》和《唐才子传》记载，陆羽因其相貌丑陋而成为弃儿，被遗弃于唐开元二十三年（公元735年），后被竟陵龙盖寺住持僧智积禅师收养。陆羽在黄卷青灯、钟声梵音中学文识字，习诵佛经，还学会煮茶等事务。虽处佛门净土，日闻梵音，但陆羽并不愿皈依佛法，削发为僧。陆羽12岁，趁人不备，逃出龙盖寺，到了一个戏班子里学演戏，做了优伶。唐天宝五年，竟陵太守李齐物在一次州人聚饮中，看到了陆羽出众的表演，十分欣赏他的才华和抱负，推荐他到隐居于火门山的邹夫子那里学习。天宝十一年（公元752年）陆羽揖别邹夫子下山，与礼部郎中崔国辅相识，两人常一起出游，品茶鉴水，谈诗论文。

天宝十五年陆羽为考察茶事,出游巴山峡川。一路之上,他逢山驻马采茶,遇泉下鞍品水,目不暇接,口不暇访,笔不暇录,锦囊满获。唐肃宗乾元元年(公元758年),陆羽来到升州(今江苏南京),寄居栖霞寺,钻研茶事。唐上元元年(公元760年),陆羽从栖霞山麓来到苕溪(今浙江吴兴),隐居山间,闭门著述《茶经》。他的著作《茶经》内容丰富,见解高超,几乎囊括了茶学各个方面,至今仍有一定的学术价值和参考价值,是陆羽对中国茶业和世界茶业做出的一大贡献。因此,陆羽历来备受人们的尊敬,被奉为"茶祖"、尊为"茶圣"、祀为"茶神"。

四、世界最早的茶学著作——《茶经》

唐朝陆羽的《茶经》(如图2-1所示)是中国乃至世界现存最早、最完整、最全面介绍茶的一部专著,它论述了茶叶生产的历史、源流、现状、生产技术以及饮茶技艺、茶道原理,被誉为"茶叶百科全书"。《茶经》全书分上、中、下三卷共十个部分,约7000字。卷上:一之源,讲茶的起源、形状、功用、名称、品质;二之具,谈采茶制茶的用具,如采茶篮、蒸茶灶、焙茶棚等;三之造,讲茶的采摘时间和标准、制茶工序、茶的品级。卷中:四之器,叙述煮茶、饮茶的器皿,即25种饮茶用具,如风炉、茶釜、纸囊、木碾、茶碗等。卷下:五之煮,讲烹茶的方法和各地水质的品第;六之饮,讲饮茶的风俗和饮茶历史;七之事,叙述古今有关茶的故事、产地和药效等;八之出,讲当时全国茶区的分布及各地所产茶叶的优劣;九之略,分析采茶、制茶用具可依当时环境,省略某些用具;十之图,教人用绢素写茶经,陈列在座位旁边,这样对《茶经》就可以一目了然了。《茶经》后来流传到国外,已译成英、法、日、韩

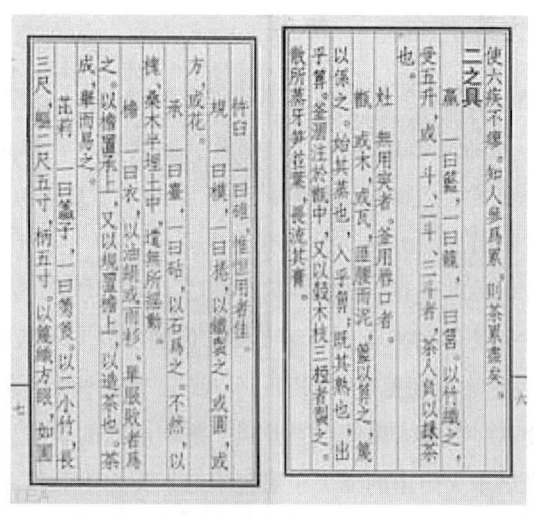

图2-1 《茶经》

等国文字进行研究，对世界茶叶事业也产生了很大影响，书中很多理论都与现代茶艺理论相一致，具有现实的指导意义。

第二节 茶的分类

中国茶自古以来有多种不同的分类方法。如唐代陆羽把茶大致分为粗茶、散茶、末茶、饼茶；元代分为芽茶和叶茶；还可以根据茶叶的加工工艺、产地、季节、级别、外形、销路等进行分类。目前我国通用的一种分类方法是根据茶叶发酵程度和茶叶制造工艺不同分为绿茶、白茶、黄茶、乌龙茶、红茶及黑茶等。

一、绿茶

绿茶是我国产量最多的一类茶叶，是不经过发酵的茶，即将鲜叶经过摊晾后直接下到二三百度的热锅里炒制，其制作工艺都经过杀青—揉捻—干燥的过程，以保持其绿色的特点。绿茶具有香高、味醇、形美等特点。由于加工时杀青和干燥的方法不同，绿茶又可分为炒青绿茶（龙井）、烘青绿茶（黄山毛峰）、蒸青绿茶（恩施玉露）和晒青绿茶（滇绿）。中国绿茶花色品种之多居世界之首，每年出口数万吨，占世界茶叶市场绿茶贸易量的70%左右。我国传统绿茶——眉茶和珠茶深受国内外消费者的欢迎。主要品种有：西湖龙井、洞庭碧螺春、午子仙毫、黄山毛峰、云雾毛尖、曾侯银剑、信阳毛尖、安吉白片。

二、白茶

白茶是中国的特产，主要是通过萎凋、干燥制成的。它加工时不炒不揉，只将细嫩、叶背满茸毛的茶叶晒干或用文火烘干，而使白色茸毛完整地保留下来。白茶主要产于福建的福鼎、政和、松溪和建阳等县，品种有银针、白牡丹、贡眉、寿眉。

三、黄茶

黄茶的制法有点像绿茶，不过中间需要闷黄工序。君山银针茶就属于黄茶。在制茶过程中，经过闷堆渥黄，因而形成黄叶、黄汤。黄茶又分"黄芽茶"（包括湖南洞庭湖君山银芽、四川雅安、名山县的蒙顶黄芽、安徽霍山的霍内芽）、"黄小茶"（包括湖南岳阳的北港、湖南宁乡的沩山毛尖、浙江平阳的平阳黄汤、湖北远安的鹿苑）、

"黄大茶"（包括广东大叶青、安徽的霍山黄大茶）三类。

四、乌龙茶

乌龙茶也就是青茶，是介于红绿茶之间的半发酵茶，即制作时适当发酵，使叶片稍有红变。它既有绿茶的鲜爽，又有红茶的浓醇。因其叶片中间为绿色，叶缘呈红色，故有"绿叶红镶边"之称。乌龙茶在六大类茶中工艺最复杂费时，其中做青工序是形成乌龙茶品质的关键步骤。乌龙茶泡法也很讲究，所以喝乌龙茶也被人称为喝功夫茶。乌龙茶具有减肥功效。主要花色有：武夷岩茶、武夷肉桂、闽北水仙、铁观音、白毛猴、八角亭龙须茶、黄金桂、本山、毛蟹、永春佛手、安溪色种、凤凰水仙、台湾乌龙、台湾包种、大红袍、铁罗汉、白冠鸡、水金龟。

五、红茶

红茶与绿茶恰恰相反，是一种全发酵茶（发酵程度大于80%），其汤色红。红茶加工时不经杀青，而经萎凋，使鲜叶失去一部分水分，再揉捻（揉搓成条或切成颗粒），然后发酵，使所含的茶多酚氧化，变成红色的化合物。这种化合物一部分溶于水，一部分不溶于水而积累在叶片中，从而形成红汤、红叶。红茶主要有小种红茶（正山小种，外山小种）、工夫红茶（祁红）和红碎茶三大类。中国红茶品种主要有祁红，产于安徽祁门、至德及江西浮梁等地；滇红，产于云南临沧；川红，产于四川宜宾、高县等地；吴红，产于广东英德等地，其中以祁门红茶最为著名。世界上红茶的品种很多，世界的四大高香红茶是：祁门红茶，阿萨姆红茶，大吉岭红茶，锡兰高地红茶。

六、黑茶

黑茶原料粗老，加工时堆积发酵时间较长，使叶色呈暗褐色，是藏、蒙、维吾尔等兄弟民族不可缺少的日常必需品。云南普洱茶和湖南的安化黑茶就是中国传统的经典黑茶。普洱茶又分两种：一种是传统普洱茶，也就是生茶，是以云南特有的大叶种晒青毛茶，经蒸压自然干燥一定时间贮放形成的特色茶；另一种也就是现代普洱茶也就是熟茶，是经过潮水微生物固态发酵形成的。安化黑茶也分两种，一种是黑砖茶，形似砖块，经发酵后由砖模压制而成；另一种是千两茶，形似树桩，经发酵、蒸制后由多层竹篾捆压而成。黑茶具有降脂、减肥和降血压的功效。黑茶主要品种还有湖南黑茶、湖北老青茶、广西六堡茶、四川的西路边茶、南路边茶、云南的紧茶、饼茶、方茶和圆茶等品种。

第三节 茶与健康

茶在中国被誉为"国饮",茶叶与人体健康有密切关系,现代药理研究证实,由于它所含的营养成分和药理成分,茶有一定的保健功效。茶的保健作用很多,但在饮用时也要讲究科学的方法,要懂得一些饮茶禁忌,否则对健康无益。

一、茶的保健功效

1．兴奋提神,消减疲劳

茶叶中含有2%~5%的咖啡因。咖啡因能刺激机体兴奋,使精神兴奋、思维活跃、消除疲劳、提神醒脑。华佗在《食论》中指出:"君茶久饮,可以益思。"咖啡因、茶碱可直接兴奋心脏,扩张冠状动脉,对末梢血管也有直接扩张作用。

2．利尿,助消化,促进食物吸收

因为茶汤中含有咖啡碱、茶叶碱、可可碱等嘌呤类化合物,茶叶碱的利尿作用最大,但可可碱的利尿最持久。除此之外,茶汤中还有槲皮素等黄酮类化合物、苷类化合物和芳香油等,对利尿也有作用。茶叶中的咖啡碱和黄烷醇类化合物可以增强消化道蠕动,有助于食物的消化,预防消化器官疾病的发生。茶叶还具有吸收对人体有害物质的能力,不仅可以"净化"消化道器官的微生物,还对胃、肾以及部分对肝脏实行独特的化学净化作用。

3．防龋齿,除口臭

茶树是一种能从土壤中富集氟素的植物,氟素有防龋齿作用,茶叶中的茶多酚类化合物可杀死在齿缝中存在的乳酸菌及其他龋齿细菌。茶叶中的皂苷的表面活性作用,可增强氟素和茶多酚类化合物的杀菌作用。茶叶的防龋齿的作用效果要远好于氟化物配合制剂,此外,茶还有增强牙齿抵抗力的效果,消除口腔内残留的蛋白质等,具有去除口臭的作用。

4．减轻吸烟、喝酒对人体健康的毒害

香烟中的尼古丁被吸入人体后会使促进血管收缩的激素分泌量增加,而血管收缩的结果会影响血液循环,减少氧气的供应量,导致血压上升。而茶叶中富含维生素C、多酚类物质、氧苯酸等,对保护机体,减少香烟的毒害,具有一定的作用。酒后如果少量饮茶,一方面可以补充维生素C,另一方面茶叶中的咖啡碱具有利尿作用,能使酒精迅速排出体外,同时茶叶也可刺激麻痹的大脑中枢神经,有效地促进代谢,进而发挥醒酒的功能，但不宜过量饮茶。

5．延缓衰老

茶叶中的茶多糖还有抗辐射、降血糖、降血脂、抗血凝、抗血栓等作用，可以用来防治多种疾病。老年学研究指出，茶叶中的儿茶素、维生素E、维生素C等，能抑制氧自由基、阻止脂质过氧化等，因此具有延缓衰老的作用。

二、健康的饮茶习惯

1．顺应时节变化饮茶

中医认为，茶叶上可清头目，中可消食滞，下可利小便，是天然的保健品。一年有春夏秋冬四季之分，茶叶也有寒热温凉性味的差别，因此，四季饮茶也要有区别，即常言所说"春饮花茶，夏饮绿茶，秋饮乌龙茶，冬饮红茶"。

（1）中医认为"春天宜养阳气"，花茶性温，春天喝花茶可以散发漫漫冬季积于体内的寒气，促进阳气生发。同时，花茶的清香芬芳也能让人精神抖擞，克服"春困"。如菊花茶可以养肝明目，茉莉茶可健脾安神，金银花茶可清热抗癌。营养学家认为，常喝花茶，可调节神经、促进新陈代谢、提高机体免疫力。

（2）绿茶性寒，寒可清热，而且绿茶水色清冽、香气清幽、滋味鲜爽，夏季常饮能清热解暑、生津止渴，还能防晒。

（3）秋季天气由热转寒，草木凋零，人容易"秋燥"。乌龙茶性温，既有绿茶的清香和天然花香，又有红茶的醇厚，不寒不热，温热适中，有生津润喉、润肤益肺的作用，金秋进补有益处。

（4）冬天饮茶以红茶为上品，红茶性味甘温，可祛寒暖胃，增强人体抵抗力。饮用时添加些糖、牛奶，还有消炎、保护胃黏膜、治疗溃疡的作用。

2．适应不同人群饮茶

（1）糖尿病、心脏病、高血压、神经衰弱者，以及胃溃疡、胃炎、返流性食管炎患者不宜饮茶。

（2）低血压人群，饮茶不宜过浓、过多。

（3）女性在经期、孕期、产期最好少饮茶。

（4）儿童一般不建议饮茶，尤其是浓茶。但适当用茶水漱口，可防止龋齿。

3．一日适时适度饮茶

茶叶是一种健康的保健饮料，从饮茶与健康角度看，最佳饮茶时间是用餐1小时后，空腹饮茶则会伤胃。一般可以早晨饮绿茶，在吃完早餐半小时后饮半杯淡茶水，补充夜晚的水分消耗；上午10时左右饮浓乌龙茶，有清胃、助消化的功效；午饭前饮茶，有增加食欲的功效；下午3时左右饮淡茶水，可以选择具有滋阴活脾作用的花茶，再度补充体内排出的水分，并使体内囤积的废物排出，防止人体酸性化；晚上8时左右喝普洱茶，因为茶水中有茶多酚，有助消化的功能，可以淡化血液浓度，加速血液循环。

三、饮茶的禁忌

1．忌大量饮新茶

新茶是采摘后不久的茶叶，因为放置时间过短，茶叶中的多酚类物质、醛类物质等还没有完全氧化，会对人体造成不利影响，长时间饮用易引发腹胀、腹泻等肠胃不适症状。

2．忌与药物同服

茶富含多种化合物，用茶水服药易引起化学反应，使药效降低或完全丧失，甚至危害健康。因此，服药前后半小时内不宜饮茶。

3．忌饮冷茶、隔夜茶

茶宜热饮，冷茶喝下去会使脾胃寒冷，但茶温也不宜过高，一般以不超过60℃为宜；茶水放置过久会变质。

4．空腹不宜饮茶

饮茶应在饭后，空腹饮茶会引起头昏、乏力等症状。另外，进餐时不宜饮茶，否则会影响钙、铁等营养的吸收。

5．睡前不宜饮茶

茶有提神功效，晚上饮茶会影响睡眠，失眠、神经衰弱的人以及老人更应注意。

6．儿童不宜饮浓茶

茶水中不仅含有刺激性的咖啡因，还含有影响钙吸收的茶多酚，儿童可以适量饮一些淡茶，既可以补充维生素和钾、锌等矿物质，还可以清热降火，防治儿童便秘，预防儿童龋齿。

第四节 饮茶艺术

在中国古代，文人以茶激发文思，道家以茶修身养性，佛家以茶解睡助禅，使物质与精神相结合，人们在精神层次上得到一种美的感受和体验。在现代，人们将各种茶事活动作为人际沟通、关系协调的媒介；以茶会友、以茶雅志，追求情感的丰富和满足。饮茶艺术包括备器、择水、取火、候汤、习茶五大环节，本节主要了解饮茶的历史、技艺和各民族、各地区的饮茶习俗。

一、饮茶艺术的环节

饮茶艺术包括备器、择水、取火、候汤、习茶五大环节。分别指：

备器。备器指茶艺中的茶具准备。《茶经》"四之器"列茶器二十四事，即风炉（含灰承）、筥、炭挝、火筴、鍑、交床、夹纸囊、碾（拂末）、罗、合、则、水方、漉水囊、瓢、竹筴、鹾簋（揭）、碗、熟盂、畚、札、涤方、滓方、巾、具列、都篮。

择水。讲究水品，是中国茶艺的特点。《茶经》"五之煮"云："其水，用山水上，江水中，井水下。""其山水，拣乳泉、石池漫流者上。""其江水，取去人远者。井，取汲多者。"陆羽晚年撰《水品》（一说《泉品》）一书。张又新于公元825元年前后撰《煎茶水记》，书中引刘伯刍评判天下之水等，陆羽评判天下之水二十等。

取火。取火指在茶艺中对于烹茶用火的要求。《茶经》"五之煮"云："其火，用炭，次用劲薪。其炭曾经燔炙为膻腻所及，及膏木、败器不用之。"温庭筠撰于公元860年前后的《采茶录》"辨"条载："李约，汧公子也。一生不近粉黛，性辨茶。尝曰：'茶须缓火炙，活火煎'。活火谓炭之有焰者，当使汤无妄沸，庶可养茶。"

候汤。候汤指烹茶是水温的要求。《茶经》"五之煮"云："其沸，如鱼目，微有声，为一沸；缘边如涌泉连珠，为二沸；腾波鼓浪，为三沸；已上，水老，不可食也。"候汤是煎茶的关键。

习茶。习茶包括藏茶、炙茶、碾茶、罗茶、煎茶、酌茶、品茶等。

二、中国饮茶历史

茶和其他作物一样，从发现到利用有一个漫长的过程。神农时代，由于食物匮乏，人们将采集的野果、野菜和某些树木的幼嫩枝叶与稻、粟等谷物一同煮食，也就包括有茶树的嫩叶。人们在长期的食用过程中逐渐发现了茶树叶片有解渴、提神和治疗疾病的作用，然后单独将茶树叶片煮成茶水药用和饮用，继而发明了各种饮茶的方式，这就是混饮与清饮之别。几千年来，自从茶叶被作为饮品以来，其烹饮方法不断发展变化，大致形成了两大类四小类。两大类是煮茶和泡茶。自汉至唐，饮茶以煮茶为主；自五代以后，饮茶以泡茶为主。四小类则是从煮茶法中分解出煎茶法，从泡茶法中分解出点茶法。不同的时代崇尚不同的方法。煮、煎、点、泡四类饮茶法各擅风流，汉魏六朝崇尚煮茶法，隋唐尚煎茶法，五代两宋尚点茶法，元代后尚泡茶法，进而形成了中国茶道。

1. 煮茶法

煮茶法是茶与水的混合烹煮，茶可先放也可后放，水可以是冷水也可以是热水，放置在炉上煎煮，直至沸腾。根据陆羽《茶经》的记载，唐代茶叶生产过程是"晴，采之，蒸之，捣之，拍之，焙之，穿之，封之，茶之干矣"。饮用时，先将饼茶放在火上烤炙，然后将茶饼碾压成茶末，放在水中煮。在煮茶过程中，"一沸"时，水中加入盐、葱、姜等作料调饮；"二沸"时，以竹筷在水中心搅拌，将茶末从中心倒入，并舀出一瓢水备用；"三沸"时，将舀出的水倒入，煮沸，即成茶汤。从明清至今，在我国少数民族地区仍存有煮茶法。

2. 煎茶法

煎茶法可根据煎茶品的不同而区分为煎饼茶法、煎末茶法和煎散茶法。煎茶法对于茶叶的选择是比较宽松的，饼茶、散茶、末茶、煎茶等均可采用，没有过多限制。按陆羽《茶经》"五之煮"所载，煎茶要经过备茶（炙茶、捣茶、碾茶、罗茶）、备器、择水、取火、候汤、煎茶（投茶、搅拌、加盐）、酌茶、品茶等程序。陆羽主张煎茶时加少量盐调味而不加其他作料。陆氏煎茶法一直被认为是中国茶道的典范，在唐代中晚期十分盛行，但到南宋末时，因点茶法的兴起，煎茶法已退出历史舞台。就此而言，当今世界流行的茶叶冲泡方法如日本茶道、韩国茶礼、港台茶艺、古老的潮州功夫茶法都可以称作煎茶法。

3. 点茶法

点茶法是在煎茶法的基础上发展起来的，但步骤比煎茶更精细、严密。点茶时首先将饼茶碾成细末，并用茶箩过筛，备好茶末；先用热水温烫茶盏，然后将茶末放入盏中，先倒以少量沸水调成膏油状，然后一边用手平稳地点（注）入沸水，一边用茶筅慢慢地搅动茶膏，产生泡沫后再饮用，期间也不添加食盐，保持茶叶的原味。点茶法后发展为品评茶叶质量高低和比试点茶技艺的一种茶艺活动。斗茶时有两项标准，一是斗色，看茶汤表面汤花的色泽和均匀程度，以鲜白者为胜；二是斗水痕，以水痕少为胜。点茶法盛行于宋元时期，约亡于明朝后期。

4. 泡茶法

泡茶法来源于唐朝的庵茶法，即将茶放置在瓶或缶（一种细口大腹的瓦器）中，用沸水淹泡，唐时称"庵茶"。北宋时，散茶开始盛行，饮茶法也随之变化。明代陈师《茶考》载："杭俗烹茶，用细茗置茶瓯，以沸汤点之，名为撮泡"，就是将散茶放在茶盏中，用沸水冲泡，称为撮泡法；同时还有一种应用较广的是壶泡法，即将茶放在茶壶中，用沸水泡，再分杯而饮的方法。壶泡的主要程序有备器、择水、取火、候汤、投茶、冲泡、斟茶等。现今流行于闽、粤、台地区的"功夫茶"则是典型的壶泡法。泡茶法直到明清时期才开始流行，此法一直沿用至今。

5. 中国茶道

茶道最早起源于中国，唐朝《封氏闻见记》中记载道："茶道大行，王公朝士无不饮者。"这是现存文献中对茶道最早的记载。茶道是以修行悟道为宗旨的饮茶艺术，是饮茶之道与饮茶修行的统一，茶道包含茶艺、茶礼、茶境、修行四大要素。中国茶道吸收了儒、佛、道三家的思想精华。佛教强调"禅茶一味"以茶助禅，以茶礼佛，在从茶中体味苦寂的同时，也在茶道中注入佛理禅机，这对茶人以茶道为修身养性的途径，借以达到明心见性的目的有好处。而道家的学说则为茶人的茶道注入了"天人合一"的哲学思想，树立了茶道的灵魂。同时，还提供了崇尚自然，崇尚朴素，崇尚真的美学理念和重生、贵生、养生的思想。现代学者对中国茶道有不同的见解，一则为"清、敬、怡、真"，即饮茶的真谛在于启发智慧与良知，使人生活淡泊明志、俭德行事，臻于真、善、美；二则为"廉、美、和、敬"，即"廉俭育德，美真康乐，和诚处世，敬爱为人"；三则为"和、静、怡、真"，即"和"是中国茶道哲学思想的核心，"静"是中国茶道修习的不二法门，"怡"是修习实践中的心灵感受，"真"是中国茶道的终极追求。

茶道以茶艺为载体，茶道的形成必然依存于饮茶的普及以及茶艺的完善。茶艺重点在"艺"，重在习茶艺术，以获得审美享受；茶道的重点在"道"，旨在通过茶艺修身养性、参悟道理。茶道不同于茶艺，它不但讲求表现形式，而且注重精神内涵。茶艺与茶道结合，艺中有道，道中有艺，是物质与精神高度统一的结果。茶道发源于中国，光大于日本。

三、中国各民族饮茶习俗

中国饮茶历史最早，客来敬茶，以茶代酒，用茶示礼，历来是我国各民族的饮茶之道。我国是一个多民族的国家，由于所处地理环境和历史文化的不同，以及生活风俗的各异，使每个民族的饮茶风俗也各不相同。在生活中，即使是同一民族，在不同地域，饮茶习俗也各有千秋。

1. 汉族——清饮

汉族的饮茶方式，大致有品茶和喝茶之分。大抵说来，重在意境，以鉴别香气、滋味，欣赏茶姿、茶汤，观察茶色、茶形为目的，自娱自乐，谓之品茶。凡品茶者，得以细啜缓咽，注重精神享受。汉族饮茶，虽然方式有别，目的不同，但大多推崇清饮，其方法就是将茶直接用滚开水冲泡，无需在茶汤中加入姜、椒、盐、糖之类作料，属纯茶原汁本味饮法，认为清饮能保持茶的"纯粹"，体现茶的"本色"。

2．藏族——酥油茶

藏族有"其腥肉之食，非茶不消；青稞之热，非茶不解"之说，喝酥油茶便成了如同吃饭一样重要。酥油茶是一种在茶汤中加入酥油等作料经特殊方法加工而成的茶汤。制作时，先将紧压茶打碎加水在壶中煎煮20～30分钟，再滤去茶渣，把茶汤注入长圆形的打茶筒内。同时，再加入适量酥油，还可根据需要加入事先已炒熟、捣碎的核桃仁、花生米、芝麻粉、松子仁之类，最后还应放上少量的食盐、鸡蛋等。接着，用木杵在圆筒内上下抽打，将茶汤和作料混为一体，酥油茶就算制好了。酥油茶喝起来咸里透香，甘中有甜，它既可暖身御寒，又能补充营养。因此，敬酥油茶便成了西藏人款待宾客的珍贵礼仪。又由于藏族同胞大多信奉喇嘛教，当喇嘛祭祀时，虔诚的教徒要敬茶，有钱的富庶要施茶。

3．维吾尔族——香茶

维吾尔族认为香茶有养胃提神的作用，是一种营养价值极高的饮料。制作香茶时，应先将茯砖茶敲碎成小块状。同时，在长颈壶内加水七八分满加热，当水刚沸腾时，抓一把碎块砖茶放入壶中，当水再次沸腾约5分钟时，则将预先准备好的适量姜、桂皮、胡椒等细末香料，放进煮沸的茶水中，轻轻搅拌，经3～5分钟即成。为防止倒茶时茶渣、香料混入茶汤，在煮茶的长颈壶上往往套有一个过滤网，以免茶汤中带渣。维吾尔族人习惯一日三次喝香茶，通常是一边吃馕，一边喝茶，是以茶代汤，用茶作菜之举。

4．回族——刮碗子茶

自古以来，茶一直是回族同胞的主要生活必需品。刮碗子茶用的茶具，俗称"三件套"，是由茶碗、碗盖和碗托或盘组成。喝茶时，一手提托，一手握盖，并用盖顺碗口由里向外刮几下，这样一则可拨去浮在茶汤表面的泡沫，二则使茶味与添加食物相融，刮碗子茶的名称也由此而生。刮碗子茶用的多为普通炒青绿茶，冲泡茶时，除茶碗中放茶外，还放有冰糖与多种干果，诸如苹果干、葡萄干、柿饼、桃干、红枣、桂圆干、枸杞子等，有的还要加上白菊花、芝麻之类，通常多达八种，故也称为"八宝茶"。回族同胞认为，刮碗子茶既解渴，又能去腻生津，滋补强身，是一种甜美的养生茶。

5．蒙古族——咸奶茶

蒙古族习惯于"一日三餐茶"，却往往是"一日一顿饭"。蒙古族喝的咸奶茶，用的多为青砖茶或黑砖茶，煮茶的器具是铁锅。制作时，应先把砖茶打碎，并将洗净的铁锅置于火上，盛水2～3千克，烧水至刚沸腾时，加入打碎的砖茶25克左右。当水再次沸腾5分钟后，掺入奶，用量为水的1/5左右，稍加搅动，再加入适量盐巴，等到整锅咸奶茶开始沸腾时,才算煮好了,即可盛在碗中待饮。为此,蒙古族姑娘必须练就一手煮咸奶茶的好手艺,否则,就会有缺少家教之嫌。

6. 土家族——擂茶

土家族同胞大多居住在湘、鄂、川、黔的武陵山区一带,千百年来,至今还保留着一种古老的吃茶法,这就是喝擂茶。擂茶,又名三生汤,是用生叶(指从茶树采下的新鲜茶叶)、生姜和生米仁等三种生原料经混合研碎加水后,烹煮而成的汤。其中,茶能提神祛邪,清火明目;姜能理脾解表,去湿发汗;米仁能健脾润肺,和胃止火,因此,擂茶也称为一种药茶。如今制作擂茶时,通常将茶和炒熟的花生、芝麻、米花等多种食品,以及生姜、食盐、胡椒粉等作料放在特制的陶制擂钵内,然后用硬木擂棍用力旋转,使各种原料相互混合,再取出倾入碗中,用沸水冲泡,用调匙轻轻搅动几下,即调成擂茶,也有将多种原料放入碗内,直接用沸水冲泡的。土家族都有喝擂茶的习惯,在喝擂茶的同时,还必须设有几碟清淡、香脆食品为茶点,以添喝茶情趣。

思考题

1. 简述中国茶的历史发展阶段。
2. 按照制茶工艺划分,茶可以分为哪几类?列举其他的分类法。
3. 简述茶在养身健体中的作用。
4. 列举具有地区特征的饮茶方式。

第三章

中国酒文化

学习要点及目标

- 了解酒文化发展历史，掌握酒的分类知识。
- 学习酒的营养知识，了解酒与健康的关系。
- 了解酒与文学的关系，掌握酒道与酒趣的知识。

中国是一个以农业为主的国家，因此一切政治、经济活动都以农业发展为立足点。中国的酒，绝大多数是以粮食酿造的。因此酒紧紧依附于农业，成为农业经济的一部分。酒是物质文化和精神文化的结合体。酒在人类的历史文化长河中，不仅仅是客观物质的存在，还是一种文化象征，承载了人类精神的、心理的诉求。中国酒发展至今，其品种之多、产量之大、声誉之高，在世界酒史上名列前茅。

第一节 酒的历史与分类

一、酒的历史

（一）有关酿酒起源的传说

关于中国酒的起源，晋代文人江统的《酒诰》中有段介绍："酒之所兴，肇自上皇；或云仪狄，一曰杜康。有饭不尽，委以空桑，积郁成味，久蓄气芳，本出于此，不由奇方"。这段话说酒的起源是由于把剩饭倒在桑树林，粮食郁积，久蓄则变味成酒，而不是由于某个人发明的。那么酒到底是怎样、何时酿出来的呢？有以下几种说法。

1. 仪狄酿酒说

仪狄造酒说始载于《世本》。《世本》是秦汉间人辑录古代帝王公卿谱系的书，书中讲："仪狄始作酒醪，变五味；少康作秫酒。"认为仪狄是酒的始作人。后来，在东汉人许慎编写的《说文解字》中也有关于仪狄造酒的记载。但是古籍中也有许多否定仪狄"始"作酒的记载，如《黄帝内经》有黄帝与医家歧伯讨论"汤液醪醴"的记载，《神农本草》也肯定神农时代就有了酒，都早于仪狄的夏禹时代。

2. 杜康酿酒说

晋代文人江统的《酒诰》一书便是传说中杜康造酒的具体记载。杜康将未吃完的剩饭放置在桑园的树洞里，剩饭在洞中发酵后，就有芳香的气味传出。这就是杜康发明酒的过程。"杜康造酒"经过曹操"何以解忧，唯有杜康"的咏唱，在人们心目中杜康已经成了酒的发明者，也有了各种传说。陕西白水县康家卫村，传说是杜康的出生地；河南汝阳县的杜康矶、杜康河，传说是杜康酿酒处；河南伊川县皇得地村的上皇古泉，传说是杜康汲水酿酒之泉。

3. 猿猴造酒说

早在明朝时期，就有过关于"猿猴造酒"的古代传说的记载。明代文人李日华在他的著述中有过类似的记载："黄山多猿猴，春夏采花果于石洼中，酝酿成酒，香气溢发，闻数百步。"清代文人李调元《粤东笔记》中也有："琼州多猿……尝于石岩深处得猿酒，盖猿酒以稻米杂百花所造……味最辣，然极难得"的记载。

猿猴以山林中野生的水果为主要食物，在水果成熟的季节，猿猴收贮大量水果于"石洼"中，堆积的水果受自然界中酵母菌的作用而发酵。猿猴居于深山老林里，完全有可能偶然尝到成熟后坠落发酵而带有酒味的野果，从而采"花果"，"酝酿成酒"。然而，猿猴造的这种酒与人类酿的酒有质的区别，充其量只能是带有酒味的野果。

(二) 人工酿酒的历史发展

考古中发现，酿酒早在夏朝（4000多年前）或者夏朝以前就存在了，河姆渡文化时期（4000～5000年前），考古发现有陶器和农作物遗存，具备酿酒的物质条件。磁山文化时期（7355～7235年前），发现了一些形制类似于后世酒器的陶器和大量谷物，谷物酿酒的可能性很大。三星堆遗址（公元前4800年—公元前2870年），地处四川省广汉，出土了大量陶器和青铜酒器，其器形有杯，觚，壶等。大汶口文化（公元前4300年—公元前2400年），随葬80多件陶器中，有25件洁白的白陶器，主要是成套的酒器，计有贮酒的背壶，温酒的陶规、注酒的陶瓮和饮酒用的规杯。酒在历史发展中经历了如下阶段。

1. 夏商周时期

在夏代，我国酿酒技术已经有了一定的发展，而商代酿酒业颇为发达，已开始使用酒曲酿酒，殷商时期，纣王"酒池肉林"、"长夜之饮"便是最好的证明。周朝，有关于酿酒的专门部门和管理人员，酿酒工艺也有较为详细的记录。《礼记》记载：有醴酒、玄酒、清酌、澄酒等多种酒类。周代吸取纣王的教训，颁布《酒诰》，开始中国历史上的第一次禁酒。

2. 两汉三国时期

汉代对酒实行专卖——"榷酒酤"，但只实行了17年，后改专卖为征税。汉武帝时期，张骞出使西域，引进葡萄，同时招来了酿酒艺人。《太平御览》中写道："离宫别观傍尽种葡萄"，可见葡萄的种植和葡萄酒的酿造都达到了一定的规模。东汉末年，曹操发现家酿法（九酝春酒法）所酿的酒醇厚无比，将此方献给汉献帝。这个方法是酿酒史上甚至是发酵史上具有重要意义的补料发酵法（现称"喂饭法"）。

魏文帝曹丕喜欢喝酒，尤其喜欢喝葡萄酒，在《诏群臣》中写道："中国珍果甚多，且复为说蒲萄。当其朱夏涉秋，尚有余暑，醉酒宿醒，掩露而食。甘而不饴，酸而不脆，冷而不寒，味长汁多，除烦解渴。又酿以为酒，甘于鞠蘖，善醉而易醒。道之固已流涎咽唾，况亲食之邪。他方之果，宁有匹之者。"葡萄酒业得到恢复和发展，使得在后来的晋朝和南北朝时期，葡萄酒成为王公大臣、社会名流筵席上常饮的美酒。

3. 两晋南北朝时期

魏晋之际，司马家族和曹氏的夺权斗争十分激烈残酷，氏族中有很多人为了回避矛盾尖锐的现实，往往纵酒佯狂。东晋永和九年，王羲之与当朝名士谢安、孙绰等人在绍兴会稽山阴兰亭借宛转溪水饮酒作诗，王羲之醉笔走龙蛇，乘着酒兴写下了名传千古的《兰亭集序》。南北朝时期，酒名比较讲究艺术效果，酒名有：金浆、千里醉、白坠春酒、桃花酒、梨花春、驻颜酒、巴乡清、桑落酒等。

4. 唐宋时期

唐宋时期，酿酒业已很兴盛，名酒种类不断增多。盛唐时期，王公贵族、文人名士、老百姓普遍饮酒。女性化妆喜欢在脸上涂上两块红红的胭脂——"酒晕妆"。北宋对酒的生产和销售管理很严格：实行酒的专卖、曲的专卖和酒税。在当时，酒税是政府重要的财源，为了获得足够的酒税，不许私人酿酒，私自制曲5斤即判处死刑。

5. 元代时期

据《马可·波罗游记》记载：元代的酒类有马奶酒、葡萄酒、米酒和药酒。米酒是元代北方农区的佳酿，书中描述："没有什么比它更令人心满意足的了。温热之后，比其他任何酒类都更容易使人沉醉。"葡萄酒常被元朝统治者用于宴请、赏赐王公大臣，还用于赏赐外国和外族使节。据意大利学者研究：马可·波罗曾把中国的酒配方带回欧洲，现今的"杜松子"酒，它的方法就记载在元代《世医得效方》中，当时被欧洲人称为"健酒"。

6. 明清时期

明朝是酿酒业大发展的新时期，酒的品种、产量都大大超过前朝。这一时期，政府直接向酿酒户、酒铺征税。洪武27年（1394年）允许老百姓自设酒肆，政府采取方便酒商贸易、减轻酒税的措施，因此促进了各类酒的发展、酒的交流加快。徐渭在《兰亭次韵》一诗中无限感慨地说："无处春来不酒家"，可见当时的酒肆之多。为了扩大和便利销售，有些酿坊还在外地开设酒肆、酒馆或酒庄，经营零售批发业务。清末，葡萄酒不仅是王公贵族的饮品，在一般社交场合以及酒馆里也都饮用。

7. 现代发展

随着世界各国人民的交流和发展，西方的酿酒技术与我国传统的酿造技艺争放异彩，使我国酒苑百花争艳、春色满园。啤酒、白兰地、威士忌、伏特加及日本清酒等外国酒在我国立足生根，竹叶青、五加皮、玉冰烧等新酒种产量迅速增长，传统的黄酒、白酒也琳琅满目、各显特色，中国酒的发展进入了空前繁荣的时代。

二、酒的分类

我国有悠久的酿酒历史，在长期的发展过程中，酿造出许多被誉为"神品"或"琼浆"的美酒。据历史记载，中国人在商朝时代（约3700年前）已有饮酒的习惯，并以酒来祭神。在汉（公元25—189年）、唐以后，除了白酒以外，各种黄酒、药酒及果酒的生产已有了一定的发展。中国酒品种繁多，风格独特，可以以商品、工艺、香型、酒精度、糖度等进行分类。

（一）按商品类型分

1. 白酒

白酒是中国传统蒸馏酒，称"烧酒"及"白干"。中国白酒以黄酒演化而来，虽然中国早已利用酒曲及酒药酿酒，但在蒸馏器具出现以前还只能酿造酒度较低的黄酒。蒸馏器具出现以后，用酒曲及酒药酿出的酒再经过蒸馏，可以得到酒度较高的蒸馏酒，即中国白酒。据《本草纲目》记载："烧酒非古法也，自元时创始其法，用浓酒和糟入甑，蒸令气上，用器承滴露。"由此可以得出，我国白酒的生产已有很长的历史。中国白酒以谷物及薯类等富含淀粉的作物为原料，经过发酵蒸馏而成。酒度一般都在40度以上，但目前已有40度以下之低度酒。中国白酒之酒液清澈透明，质地纯净、无混浊，口味芳香浓郁、醇和柔绵、刺激性较强，饮后余香，回味悠久。中国各地区均有生产，以山西、四川及贵州等地产品最为著名，不同地区的名酒各有其突出的独特风格。

2．黄酒

黄酒是我国特有的传统酿造酒，至今已有三千多年历史，因其酒液呈黄色而取名为黄酒。黄酒以糯米、大米或黍米为主要原料，经蒸煮、糖化、发酵、压榨而成。黄酒为低度（15%～18%）原汁酒，色泽金黄或褐红，含有糖、氨基酸、维生素及多种浸出物，营养价值高。成品黄酒用煎煮法灭菌后用陶坛盛装封口。酒液在陶坛中越陈越香，故又称为老酒。品饮黄酒时，传统的饮法是温饮，将盛酒器放入热水中烫热，或隔火加温，温饮的显著特点是酒香浓郁，酒味柔和，但加热的时间不宜过久。一般在冬天，盛行温饮。

3．啤酒

啤酒是以麦芽为主要原料，加酒花，经酵母发酵酿造而成的，含有二氧化碳气、起泡的低酒精度饮料。啤酒属于低度酒（2.5%～7.5%），在古代中国也有类似于啤酒的酒精饮料被称为醴*。大约在汉代后，醴被酒曲酿造的黄酒所淘汰。清代末期开始，国外的啤酒生产技术传入中国，新中国成立以后，尤其是20世纪80年代以后，啤酒工业得到突飞猛进的发展。啤酒的种类很多，如淡色啤酒、浓色啤酒、黑啤酒、纯生啤酒、全麦芽啤酒等。

4．果酒

果酒是指用水果本身的糖分被酵母菌发酵成为酒精的酒，含有水果的风味与酒精。果酒的制作工艺简单，原材料易得，加上果酒的酒精含量低，营养价值较高，果酒里含有丰富的维生素和人体所需的氨基酸，适量饮用果酒有利于身体健康，调节情绪，因此民间的家庭时常会自酿一些水果酒来饮用，如李子酒、黑莓酒、樱桃酒、葡萄酒等。果酒的酿制工艺流程，简单来说就是，挑选全熟透、果汁糖分含量高且无霉烂变质、无病虫害的鲜果进行破碎、除梗制成果浆，后经压榨将肉汁分离，取果汁澄清并进行两次发酵，根据产品质量标准对勾兑酒的某些成分进行调整，最后过滤杀菌装瓶。

5．药酒

药酒，顾名思义就是用酒和中药共同加工制成的一种饮品。酒，素有"百药之长"之称，而将强身健体的中药与酒"溶"于一体的药酒，不仅配制方便、药性稳定、安全有效，而且因为酒精是一种良好的半极性有机溶剂，中药的各种有效成分都

---

* 醴，读 lǐ，甜酒。

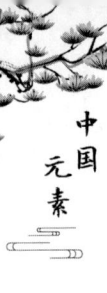

易溶于其中,药借酒力、酒助药势而充分发挥其效力,提高疗效。现在新兴的药酒有龟寿酒、劲酒等。

（二）按制作工艺分

1. 酿造酒（发酵酒）

酿造酒是指用含糖或淀粉的原料,经糖化（或不经糖化）和酒精发酵后,采用压榨方法使酒与酒糟分离制成。这种酒一般属于低度酒,营养成分较高,如啤酒、黄酒、清酒、果酒等。

2. 蒸馏酒

蒸馏酒是指用特制的蒸馏器将含糖或淀粉的原料,经糖化（或不经糖化）进行发酵、蒸馏后,收集酒气并经过冷却而成。这种酒的酒精含量较高,刺激性大,如白酒、威士忌、白兰地、朗姆酒等。

3. 配制酒

配制酒是指以酿造酒或蒸馏酒或食用酒精做酒基,添加可食用的辅料,经过调味配制而成的酒,又称"再制酒"或"改制酒",如药酒、滋补酒、鸡尾酒等。

（三）按酒的香型分

1. 酱香型（又称为茅香型）

这类香型的白酒香气香而不艳,低而不淡,醇香幽雅,不浓不猛,回味悠长,倒入杯中过夜香气久留不散,且空杯比实杯还香,令人回味无穷。酱香型白酒是由酱香酒、窖底香酒和醇甜酒等勾兑而成的。所谓酱香是指酒品具有类似酱食品的香气,酱香型酒香气的组成成分极为复杂,至今未有定论,但普遍认为酱香是由高沸点的酸性物质与低沸点的醇类组成的复合香气,以贵州茅台酒为代表。

2. 浓香型（又称泸香型）

浓香型的酒具有芳香浓郁,绵柔甘洌,香味协调,入口甜,落口绵,尾净余长等特点,这也是判断浓香型白酒酒质优劣的主要依据。构成浓香型酒典型风格的主体是乙酸乙酯,这种成分含香量较高且香气突出。浓香型白酒的品种和产量均属全国大曲酒之首,以四川泸州老窖特曲为代表,还有五粮液、剑南春、洋河大曲、古井贡酒。

3. 清香型（又称汾香型）

清香型白酒酒气清香芬芳醇正,口味甘爽协调,酒味纯正,醇厚绵软。酒体组成的主体香是乙酸乙酯和乳酸乙酯,两者结合成为该酒主体香气,其特点是清、爽、醇、净。清香型风格基本代表了我国老白干酒类的基本香型特征,以山西杏花村汾酒为主要代表。

4. 米香型

米香型酒指小曲米液,是中国历史悠久的传统酒种。米香型酒蜜香清柔,幽雅纯净，入口柔绵，回味怡畅，给人以朴实纯正的美感，米香型酒的香气组成是乳酸乙酯含量大于乙酸乙酯，高级醇含量也较多，共同形成它的主体香。这类酒的代表有桂林三花酒、全州湘山酒、广东长东烧等小曲米酒。

5．兼香型（通常又称为复香型，即兼有两种以上主体香气的白酒）

这类酒在酿造工艺上吸取了清香型、浓香型和酱香型酒之精华，在继承和发扬传统酿造工艺的基础上独创而成。兼香型白酒之间风格相差较大，有的甚至截然不同，这种酒的闻香、口香和回味香各有不同香气，具有一酒多香的风格。兼香型酒以董酒为代表，董酒酒质既有大曲酒的浓郁芳香，又有小曲酒的柔绵醇和、落口舒适甜爽的特点，风格独特。

（四）按酒精含量分

按我国现行标准，白酒可分为高度酒（51%~67%），中度酒（38%~50%）以及低度酒（38%以下）等三类。如中国著名的汾酒，酒液无色透明，清香雅郁，入口醇厚绵柔而甘洌，余味清爽，回味悠长，酒度高，有65度、53度，无强烈刺激之感；五粮液酒无色，清澈透明，香气悠久，味醇厚，入口甘绵，入喉净爽，各味协调，恰到好处，酒度分39度、52度、60度三种，饮后无刺激感，不上头；泸州老窖无色透明，窖香浓郁，清冽甘爽，饮后尤香，具有浓香、醇和、味甜、回味长的特点，酒度有38度、52度、60度三种。

（五）按糖分含量分

根据我国最新的国家标准，酒中含糖量可分为甜型酒（10%以上），半甜型酒（5%~10%），半干型酒（0.5%~5%）以及干性酒（0.5%以下），通常适用于葡萄酒、黄酒类。

葡萄酒是以新鲜葡萄或葡萄汁为原料，经酵母发酵酿制而成的、酒精度不低于7%（体积分数）的各类葡萄酒。根据葡萄酒的含糖量可分为干红葡萄酒，含糖（以葡萄糖计）小于或等于4.0g/L；半干红葡萄酒，含糖在4.1~12.0g/L；半甜红葡萄酒含糖量在12.1~50.1g/L；甜红葡萄酒，含糖等于或大于50.1g/L。

黄酒是以稻米、黍米、黑米、玉米、小麦等为原料，经过蒸馏，拌以麦曲、米曲或酒药，进行糖化和发酵酿制而成的各类黄酒。根据黄酒的含糖量可分为干黄酒，含糖（以葡萄糖计）小于10.00g/L，在绍兴地区，干黄酒的代表是"元红酒"；半干黄酒，在生产上，这种酒的加水量较低，相当于在配料中增加了饭量，有称为"加饭酒"，其含糖在1.00%~3.00%；半甜黄酒，含糖量3.00%~10.00%，这种酒酒香浓郁，酒度适中，味甘甜醇厚，是黄酒中的珍品；甜黄酒，酒中的糖分含量达到10.00%或20.00g/mL，由于加入例如米白酒，酒度较高；浓甜黄酒，糖分大于或等于200g/L。

第二节 酒与健康

酒与医学素有不解之缘,繁体"医"字从"酉","酉"者酒也。这大概是因为先祖们无意中食用了发酵后的瓜果汁,发现了它可以治疗一些虚寒腹痛之类的疾病,从而让酒与原始医疗活动结下了缘。《黄帝内经》有"汤液醪醴(láolǐ)论篇",专门讨论用药之道。所谓"汤液"即今之汤煎剂,而"醪醴"者即药酒也,显然在战国时代对酒的医疗保健作用已有了较为深刻的认识。

一、酒与营养

酒性温,味辛而苦甘,有温通血脉、宣散药力、温暖肠胃、祛散风寒、振奋阳气、消除疲劳等作用。适量饮酒,可以怡情助兴,但过饮则乱性,酗酒则耗损元气,甚至于殒命。医家之所以喜好用酒,是取其善行药势而达于脏腑、四肢百骸之性,故有"酒为百药之长"的说法。

(1)白酒由于含醇量高,人体摄入量受到一定的限制,因而其营养价值有限。但是其成分很复杂,例如茅台酒,经检验,其中含有香味素就多达70余种。这些物质中有不少是人体健康所必需的,其营养价值仅次于黄酒;适量饮白酒,有振奋精神、增进食欲、舒筋活血、祛湿御寒等作用。

(2)黄酒有"国酒"之称,已有5000多年历史,由于黄酒是以大米和黍米为原料,经过长时间的糖化、发酵,原料中的淀粉和蛋白质被酶分解成为低分子的糖类,易被人体消化吸收,素有"液体蛋糕"的美称;它属于低酒精度的酿造酒,几乎全部保留了发酵时产生的糖分、氨基酸、有机酸、维生素等有益成分,具有很高的营养价值。特别是所含多种多量的氨基酸,是其他酒所不能比拟的。黄酒所含热量也比较高,超过啤酒和葡萄酒。因此,人们把黄酒列为营养饮料酒。

(3)果酒都含有营养物质。以葡萄酒为例,葡萄酒除含有维生素B_1、维生素B_2、维生素C、糖分和10多种氨基酸等营养成分外,还含有抗恶性贫血的维生素B_{12},一般每升含15毫克左右,能直接被人体吸收。现已查明:葡萄酒中大约含有250种成分,其营养价值得到了充分肯定。喝葡萄酒有开胃、健身的作用,适量饮用,可以滋补人体、助消化、利尿和防治心血管病。

(4)啤酒是营养性饮料,素有"液体面包"的美称,可生津解渴、消除疲劳、振奋精神、增强食欲、健胃利尿和促进血液循环。一瓶啤酒含有30克糊精、糖分及多种维生素和矿物质，经人体消化后，能产生相当于 5~6 个鸡蛋、1 斤瘦肉所产生的热量。因此，一般说啤酒是一种优良的饮料。

（5）药酒是利用酒的药理性质，遵循"医食同源"的原理，配以中草药及有食疗功用的各色食品配制而成的。药酒的主要特点是在酿造过程中加入了药材，主要以养生健体为主，具有保健强身的作用，其用药讲究配方，根据其功能可分为补气、补血、滋阴、补阳和气血双补等类型。

二、酒与保健

1. 防止血栓病的发生，预防各种心血管疾病

中医认为，酒为水谷之气，性热，入心肝二经，畅通血脉，少饮有益。葡萄酒可以降低胆固醇，防止动脉硬化，防止正常细胞突变成为癌细胞，而且具有抗老化作用。葡萄酒里面含有水杨酸样的物质，能够起到阿司匹林的作用，所以葡萄酒有疏通血管，抗动脉硬化，预防心脑血管疾病的功效。

2. 健胃、促进消化

黄酒具有"饭前开胃，饭后消食，次日通便"的功效。黄酒是我国的名酒，具有药用的价值，黄酒含有多种氨基酸，其氨基酸的含量超过啤酒的 5~10 倍。1g 乙醇供热能 29.82J，饮适量白酒，使循环系统发生兴奋效能。有失眠者睡前饮少量白酒，有利于睡眠，并能刺激胃液分泌与唾液分泌，起到健胃作用，增强对食物的消化和吸收。

3. 加速血液循环，调节、改善体内生化代谢

适量饮酒能扩张皮肤血管，促进血液循环，使人体温升高，引起发汗，从而预防和治疗伤风感冒。现代医学已有证明，白酒有通风、散寒、舒筋、活血作用。

三、酒与禁忌

1. 忌纵饮无度

饮酒适量有益于人体健康，饮酒过量则会伤气耗血、损肾亏精、生痰动火，损害身体健康。俗话说："酒极则乱"、"酒大伤身"，如果一次饮酒量相当于 50~100 克酒精，血中酒精浓度突然升高时，可致死。高血压患者如饮酒过量易于导致脑溢血。

2. 忌空腹饮酒

空腹饮酒容易引起饮酒者醉酒，因为进入体内的酒精会马上被胃肠吸收，从而导致血液中酒精浓度在短时间内迅速升高。空腹时饮酒更易患肝硬化，这与蛋白质摄入量不足更易使肝脏受损有关。因此在饮酒前或者饮酒过程中，先享用下酒菜或进餐，

所摄取的酒精和食物会在胃内混合，使胃肠对酒精的吸收速度减慢，血液中的酒精浓度就不会在短时间内迅速升高。

3. 忌混杂饮用

因各种酒在人体内的反应不一样，忌将白酒、啤酒、葡萄酒等混杂来饮。当饮完酒后，80%的酒精由十二指肠和空肠吸收，20%由胃吸收。如果把白酒与啤酒混合起来喝，由于液体量的增加，这就使酒很快流入十二指肠，促使胃吸收酒精时间加快，因而令人易醉、早醉。

第三节 酒与文学

酒是一种饮料，但它不单是一种饮料，我们在享用酒的时候，已经摆脱了对解渴的需求，而是追求酒对生活的美化，将饮酒行为升华为一种精神享受。人类在酒的身上附加了许多社会的、道德的、精神的意义，人们通过酒来寄托自己的感情，表达自己的思想，说明人与自然的关系，维系人们之间的关系等，这使得酒具有一定的文化内涵。

一、酒与诗词

诗人风流，做诗总离不开酒，也因此有着诗酒同风的说法。不同的诗人对酒的咏叹有着不同的酝酿。我国最早的一部诗歌总集《诗经》中，有着许多以酒为主题的篇章，如其中提出的"醉酒饱德"观点，认为君子当醉而不失态，当醉而不损德，这可谓我国酒文化的起源。魏晋时期，由于文人嗜酒成风，酒的文学也就应运而生。先是曹操"对酒当歌"，嗟叹"人生几何"？继而是北海相孔融，发"座上客常满，樽中酒不空，可以无忧矣"之叹（《三国志·魏书·孔融传》）。陶渊明的"田园诗酒"，闲适而怡淡，又不乏酒的清芬。以岑参为代表的"边塞诗酒"，是大漠里悲壮的豪情与欢歌。

唐宋年代是我国古代诗歌发展的鼎盛时期，也是酒文化迅速发展的时期。唐代诗歌大多与酒有关联，其代表人物当推"斗酒诗百篇"的李白（图3-1），他素有"酒星魂"、"酒圣"、"酒仙"之称，"看花饮美酒，听鸟鸣晴川"、"且就洞庭赊月色，将船买酒白云边"便表达了李白的豪放与洒脱。李白的死极富浪漫情调，他醉后到采石矶的江中捉月亮落水而溺死。与之相对，杜甫则以酒愁见长，他的"朱门酒肉臭，路有冻死骨"，无情地揭露了封建统治阶级与贫苦人民之间的贫富两极分化现象，从而赋予酒文化更深层的内涵。宋代欧阳修,自称"醉翁",他的"花间置酒清香发,争挽长条落香雪","东堂醉卧呼不起,啼鸟花落春寂寂"都传为佳话。宋代著名女词人李清照是古代妇女善饮而善写酒意酒情的代表人物,在她的名篇中也有不少带"酒味"的佳品,早期的《如梦令》、《醉花阴》等词中有"常记溪亭日暮,沉醉不知归路",如《声声慢》中有"寻寻觅觅,冷冷清清,凄凄惨惨戚戚……三杯两盏淡酒,怎敌他、晚来风急"的句子。而陆游的《红楼吹笛饮酒大醉中作》诗想象力丰富、艺术手法之夸张;达到了登峰造极的地步,堪称历代酒诗文学之冠。最为人熟知的苏轼的《水调歌头》:"明月几时有?把酒问青天。"从酒写到月,从月归到酒;从空间感受写到时间感受。因酒起兴,借月发端,表现出一般人难有的宇宙意识。

图3-1 李白

二、酒与戏剧

在戏曲中,酒是不可缺少的构成因素,常常是促发戏剧性,强化戏剧性的一种媒介和手段。由于饮酒的人及其行为在政治、军事、经济、文化、文学、艺术、伦理、道德,以及一般社会市井生活各个领域,都有所涉及,有所影响;而戏曲又是极其广泛地反映了人类社会各个领域的一种艺术形式,所以一方面说酒是构成戏剧情节的重要因素,另一方面由于酒(具体地说是"醉酒")又常常是造成灾祸、悲剧、苦难、仇恨等"恶德"的重要因素,因此酒在戏曲中所起的作用,更多的是对于生活的负面效应。有许多戏是以酒或醉酒构成全剧的经典情节的,具有代表性的有《贵妃醉酒》,剧中杨贵妃通过前后三次的饮酒的优美歌舞动作,细致入微地将杨贵妃期盼、失望、孤独、怨恨的复杂心情一层层揭示出来。虽饮酒、醉酒不作为贯穿全剧的主要情节,但是剧中某一片段中的一个关键性的细节,用这一细节塑造或深化人物性格,使之更加鲜明突出;或是用以作为强化戏剧冲突,解决戏剧矛盾,推进戏剧情节发展的一种催化剂,或是渲染戏剧氛围的一种有力的表现手段。如《温酒斩华雄》,通过"酒尚未凉,华雄已被斩首"这一细节,突出表现了关羽的神勇无敌。

三、酒与酒令

酒令是中国特有的一种酒文化，酒令起源儒家"礼"，为喝酒时助兴娱乐的方式。大约从唐代酒令开始在社会上盛行，此后经由宋、元、明、清几代得以发展。酒令，为烘托饮酒的气氛而行，对人的聪明才情、知识水平、文学修养和应变能力是严峻考验，经过长期的丰富和演化，经史百家、诗文词曲、歌谣谚语、典故对联等文化内容都巧妙地融入了酒令当中。文人骚客十分讲究情致，为此纵使制定遵守再多礼仪制度也丝毫没有打扰到他们的兴致，相反更增添了许多情趣，酒令便因此诞生。在《红楼梦》、《镜花缘》等小说和记载酒令的书籍中可以窥知若干。"五四"以后的现代文人，也常相聚宴饮，连鲁迅先生也多次参加，《鲁迅日记》中常有记载，他那首诗《自嘲》，诗中的"横眉冷对千夫指，俯首甘为孺子牛"，就是在郁达夫做东的宴席上做成的。丰子恺就曾写道："世间最好是酒肴，莫如诗句。"

第四节　酒道与酒趣

一、酒道

几千年来，中国人形成了内容丰富的饮酒之道。《礼记·乐记》中说："夫豢豕为酒，非以为祸也，而狱讼益繁，则酒之流生祸也。是故先王因为酒礼。壹献之礼，宾主百拜，终日饮酒而不得醉焉，此先王之所以备酒祸也。故酒食者，所以合欢也。"这应该是中国饮酒之道的基本精神，其内容主要包括酒礼与酒德等。

1. 酒礼

中国历来是礼仪之邦，十分重视和讲究礼仪，加上地域广阔，民族众多，在数千年之间便形成了内容丰富的饮酒礼仪与习俗，其中最重要的有两点：一是未饮先酹酒。酹，指洒酒于地。在敬神、祭祖先、山川时，必须仪态恭肃，手擎酒杯，默念祷词，先将杯中酒分倾三点，后将余酒洒成半圆形，在地上酹成三点一长勾的"心"字，表示心献之礼。这一习俗也适用于平常饮酒，苏轼词"一樽还酹江月"，说明他在独饮时也饮前酹酒。许多少数民族亦复如此，蒙古族人"凡饮酒先酹之，以祭天地"（孟珙《蒙鞑备录》）；苗族饮酒前通常由座中长者用手指沾酒，向天地弹酒，然后才就座欢饮。

二是饮时应干杯。即端杯敬酒，讲究"先干为敬"，受敬者也要以同样方式回报，否则罚酒。这一习俗由来已久，早在东汉王符的《潜夫论》就记载了"引满传空"六礼，就指要把杯中酒喝干，并亮底给同座检查。明代冯时化的《酒史》，记述了苏州宴客"杯中余沥，有一滴，则罚一杯"。如实在酒量不济，要婉言声明，并稍饮表示敬意。

2. 酒德

酒德，指饮酒的道德规范和酒后应有的风度，合度者有德，失态者无德，忍趣者无德。酒德二字，最早见于《尚书》和《诗经》，其含义是说饮酒者要有德行，不能像商纣王那样"颠覆厥德，荒湛于酒"。酒家并不反对饮酒，用酒祭祀敬神，养老奉宾都是德行，是值得提倡的，但反对狂饮烂醉。中国的酒德主要包含三个方面：

一是量力而饮。即饮酒不在多少，贵在适量。要正确估计自己的饮酒能力，不作力不从心之饮。过量饮酒或嗜酒成癖都将导致严重后果。《饮膳正要》指出："少饮尤佳，多饮伤神损寿，易人本性，其毒甚也。醉饮过度，丧生之源。"

二是节制有度。即饮酒要注意自我克制，有十分酒量的最好只喝到六七分，至多不超过八分，这样才能做到饮酒而不乱。《三国志》裴松之注引《管辂别传》说道管骆自励励人："酒不可极，才不可尽。吾欲持酒以礼，持才以愚，何患之有也？"就是力戒贪杯与逞才。明朝莫云卿在《酗酒戒》中言：与友人饮，以"唇齿间沉洒然以甘，肠胃间觉欣然以悦。"超过此限，则立即"覆斛止酒"，即将酒杯倒扣，以示绝不再饮。

三是饮酒不能强劝。清代阮葵生《茶余客话》引陈畿亭言说："君子饮酒，率真量情；文士儒雅，概有斯致。夫唯市井仆役，以逼为恭敬，以虐为慷慨，以大醉为快乐，士人亦效斯习，必无礼无义不读书者"。这里刻画了酒林中一些近乎虐待狂的欢饮者，他们胡搅蛮缠，必置客人于醉地而后快，常常把沉溺当豪爽，把邪恶当有趣。其实，人们酒量各异，强人饮酒不仅败坏饮酒的乐趣，而且容易出事甚至丧命。因此，作为主人在款待客人时，既要热情，又要诚恳；既要热闹，又要理智。切勿强人所难，执意劝饮。

二、酒趣

酒的发明，使中国人的生活变得更加丰富多彩，而且渗透到社会生活的各个方面。围绕酒产生的酒俗、酒令、酒诗、酒联以及饮酒所追求的境界，不仅是中国酒文化不可或缺的重要内容，而且为中国人饮酒带来了多姿多态的情趣，如酒境。酒境指的是饮酒追求的一种境界。它包括饮酒者对饮酒对象、环境、时令、情致等的去向和选择，以及饮酒后的效果。对许多中国人来说，意不在酒，饮酒行为本身并不重要，重要的通过这种行为获得各种心理感受，以及由此带来的诸如李白那样的"斗酒诗百篇"的效果和"酒逢知己千杯少"的心理认同，由此可见对中国人来说是一种工具，饮酒境界是对单纯饮酒行为的升华，是中国酒文化特有的表现形式。

一二知己、三五良朋相聚，以酒为媒、倾吐心声。饮杯中之物，释胸中块垒，书生意气，孺子情怀，坦坦荡荡。此时，非畅饮无以淋漓尽兴，无以遣此郁结。酒，成为增进朋友情谊的润滑剂。

一人独处，持一杯酒，望月之隐入，四周寂静，清辉如泻，尘心尽滤，对影邀月，独语天地，物我两化，这更是许多文人"独享世界"的难得境界。所谓"醉翁之意不在酒，在乎山水之间也"，这山水，非独谓名山秀水，也是岁月的山山水水；忧伤岁月已随风而去，只留下杯底的浅痕，供品咂回味。酒，成为穿越人生的时空隧道。

总的来说，酒文化不仅仅停留在纸面上，饮宴礼俗，约定俗成的聚饮方式，乃至与酒有关的各种行为心态，无不或隐或显地呈示中国文化的特有色彩。有的有渊源踪迹可寻，有的已是成了集体无意识的精神积淀。这些丰富多彩的酒文化的内容与中国大文化的各大体系相互交错，并曲曲折折通向以儒道佛思想为支柱的中国民族精神的底蕴。从这个意义上说，酒文化不仅是中国文化的一个分支，也成为从整体上认识中国文化的一个重要的角度。

思考题

1. 简述中国酒发展的几个重要阶段。
2. 中国酒有哪几种分类？
3. 列举当地具有特色的酒礼。

第四章

中国烹饪文化

学习要点及目标

- 了解肴馔文化的特征,学习肴馔的设计艺术。
- 了解菜系形成的背景和菜系的分类,掌握各菜系的特征和名馔。
- 学习药膳的发展历史,掌握药膳的养生保健作用。

第一节 肴 馔 文 化

肴,鱼肉类熟食荤菜。《楚辞·招魂》:"肴羞未通。"《礼记·学记》:"虽有嘉肴,弗食,不知其旨也。"馔,《辞海》中解释为食物,《南史·虞悰传》:"豫章王嶷盛馔享宾。"《现代汉语词典》解释为饭食。将馔与肴合起来,是指人们加工制作并食用的饭菜。从这个意义上说,肴馔文化是饮食文化的重要组成部分。

一、肴馔文化特征

1. 选料广泛

选料广泛是任何国家的肴馔制作都不可比拟的,仅用一句表现了广东风味菜肴选料的准则,"脊背朝天人皆食"就可略见中国菜选料之一斑。中国肴馔不仅动物原料用得广,植物原料的选择同样广泛,早在西周时期,有文字记载的可食用植物种类已达到130多种。中国肴馔的配料巧妙,主要体现在取料广泛,无论是"天上飞的,还是地上走的,水里游的,土里长的"都可以拿来做菜。广泛的选料,使中国菜肴更加丰富多彩。

2. 技艺精湛

中国的肴馔制作技艺经历了数千年的发展,形成了自己的饮食习惯和特色,已成

为中国宝贵的文化遗产。肴馔制作是将加工整理的烹饪原料,用加热的方法结合加入调味品而制成菜肴的一门技术,它包括刀工技术、投料技术、上浆及挂糊技术、掌握火候技术、勾芡泼汁技术、调味的时间和数量掌握技术、翻勺技术和装盘技术,目前我国流行的肴馔烹调方法达四十余种,如油传热的有炒、煎、贴、烹、炸、熘、煸、熬、烩、焖、烧、扒,水传热的有汆、涮、煮、炖、煨、焐等技法,烹饪技法相当细腻,相当复杂,且带有明显的地方特色。由于方法多,肴馔的更新、创作频率快,创新品种层出不穷,有多元化的特征。

3. 富有情趣

中国肴馔,不仅技术精湛,而且讲究美感,把饮食的审美追求放在首位,使得肴馔的质、色、香、味、形、皿协调一致。肴馔的"质"指其营养价值即适当火候程度;"色"指肴馔美观、优雅;"香"指嗅到的合乎标准的各种类型的香气;"味"是能尝到的咸、甜、酸、辣等滋味;"形"指肴馔的造型以及盛在容器中的形象;"皿"指与肴馔和谐搭配的盛器。同时,中国人还讲究菜品的命名、品味的方式、进餐的节奏、娱乐的穿插等。

二、肴馔与美器

袁枚在《随园食单》中云:"美食不如美器",中国肴馔器具之美,美在质,美在形,美在装饰,美在与馔品的和谐。选用一个能表达出菜点的色、香、味、形、意的盛器,是根据一些美学的原理与盛器本身的特性决定的。中国古代食具主要包括陶器、瓷器、铜器、金银器、玉器、玻璃器等几个大的类别,不论是彩陶的粗犷、瓷器的清雅、铜器的庄重、漆器的秀逸、金银器的辉煌还是玻璃器的亮丽,都给人以饮食之外的又一种美的享受。美器与美食的和谐,是饮食美学的最高境界。

(一)肴馔美器的分类

1. 按用途、功能分

主要体现为以下几种:一是腰盘,是椭圆形扁平的盛器,因形态像腰子,小的可盛各式小菜,中等的盛各种炒菜,大的盛整只鸡、鸭、鱼、排翅等大菜及作宴席冷盘使用;二是圆盘,主要用于盛无汁或汁少的热菜与冷菜;三是汤盘,也是圆而扁的盛器,但是盘的中心凹下,主要用于盛汤汁较多的烩菜、熬菜、半汤菜等,有些分量较多的炒菜,如炒黄鳝糊,往往也用汤盘盛装;四是汤碗,汤碗专作盛汤用,另外还有一种带盖的汤碗,叫瓷品锅,主要用于盛整只鸡、鸭制作的汤菜,如香菇春鸡、清炖鸭子等;五是扣碗,专用于盛扣肉、扣鸡、扣鸭等,使菜肴成熟后形态完整;六是砂锅,既是加热用具,又是盛器,适于炖、焖等用小火加热的方法。原料成熟后,就用原砂锅上席，因热量不易散失，有良好的保温性能，故多在冬天使用。规格不一，形式多样；七是火锅，无炉膛，用酒精、燃气做燃料，在锅下烧火，火力较强使汤水滚沸，可以将生的原料放入锅中烫涮，边涮边吃，火锅一般在秋冬季使用。

2．按色彩分

主要分为单色盘和彩色盘。单色盘指的是色彩单一，又无明显图饰的瓷盘，这类盘子在餐桌上烘托菜肴的功能突出，有较强的感染力，肴馔与盛器之间应当遵循在调和中求对比，在对比中求调和的美学原则；彩色盘指的是色彩斑斓，有造型各异的花纹、装饰图案的餐盘，这类盘子通常颜色较深，要根据菜肴的色彩，选用哪一种色彩的盛具，使得盛具的色彩与菜肴的色彩相协调，使菜肴显得更加高雅、悦目，衬托得更加鲜明、美观。

3．按形状分

主要分为象形盘和几何形纹饰盘。象形盘这类盛器是在模仿自然物的基础上设计而成的，以仿植物、动物形为主。几何形纹饰盘以圆形、椭圆形、多边形为主，盘中纹饰多沿盘器四周均匀、对称地展开，有强烈的稳定感，有一种特殊的曲线美、节奏美和对称美。选用这类器皿关键是要紧扣"环形图案"这一特点，可依菜择盘，也可因盘设菜，使菜肴与盘饰的形式、色彩浑然一体，巧妙自然，在统一中赋予变化。

（二）肴馔美器的选择

1．盛器大小的选择

在一般情况下，"大"象征着气势与容量，"小"则体现出精致与灵巧。因此，在选择盛器的大小时，应与你想要表达的内涵相结合。如果要表现厨师精湛的刀工技艺，可选用较小的盛器，可以充分体现厨师高超的刀工技术与精巧的艺术构思。在举办中大型冷餐会和自助餐时，由于客人较多，又是同时取食，就必须选用大型的盛器。因此，盛器大小的选择是根据菜点题材的要求、原料的大小和食用人数的多少来决定的。

2．盛器造型的选择

盛器造型的主要功能就是能点明宴席与菜点主题，以引起食用者的联想，进而增进了他们的食欲，从而达到了渲染宴席气氛的目的。在喜庆宴会上，将菜肴"年年有余"（松仁鱼米）盛装在用椰壳制成的粮仓形的盛器中，则表达了宴席的主人盼望在来年再有个好收入的愿望。同时，盛器本身的各种造型能起到美化菜点形象的作用，如将三文鱼刺身放在船型盛器中。总之，菜点盛器造型的选择是要根据菜点本身的原料特征、烹饪方法及菜点与宴席的主题等来决定的。

3. 盛器材质的选择

盛器的材质种类繁多，选择盛器材质一可以根据材质的象征意义，金器银器象征荣华与富贵，象牙瓷器象征高雅与华丽，紫砂漆器象征古典与传统，玻璃水晶象征浪漫与温馨。二可以根据宴席的时代背景或地域文化，如药膳的盛器，可选江苏宜兴的紫砂陶器，因为紫砂陶器是中国特有的，这就能将药膳的地域文化的背景烘托出来。三可以根据食客的个人爱好和兴趣，如客人是文化人则可选用紫砂漆器玉器或精致的瓷器，以体现他们的儒雅和知识。四可以结合饭店酒家本身的市场定位与经济实力，如定位于特色风味的，则要根据经营内容来选择与之相配的特色盛器，如经营傣家风味食品的，可选用以竹子为主的盛器，等。

总之，在选择盛器的材质时，必须结合肴馔的特点，去选用与之相配的材质制作的盛器，才能取得良好的效果。但无论选择那种材质制成的盛器，都必须要符合食品卫生的标准与要求。

（三）肴馔与器皿的搭配

1. 肴馔与器皿在色彩纹饰搭配

在色彩上，美术家将红、黄、蓝称为原色；红与绿、黄与紫、橙与蓝成为对比色；红、橙、黄、赭是暖色；蓝、绿、青是冷色。因此，一般来说，冷藏期和夏令菜宜用冷色食器；热菜、冬令菜和喜庆菜宜用暖色食器，但要切忌"靠色"。一般情况下，洁白的盛器对大多数菜肴都是适用的。但是有些菜肴，如果用带有色彩的盛器来盛装，可进一步衬托出来菜肴的特色。例如将绿色炒青蔬盛在白花盘中，便会产生清爽悦目的艺术效果；将嫩黄色的蛋羹盛在绿色的莲瓣碗中，色彩格外清丽；盛在水晶碗里的八珍汤，汤色莹澈见底，透过碗腹，各色八珍清晰可辨。

2. 肴馔与器皿在形态上的搭配

中国菜肴品种繁多，形态各异，食器的形状也是千姿百态。根据菜肴的不同形状，运用"象形"、"会意"的手法配以各种形状的餐具，就会取得相得益彰的效果。例如鱼类菜，无论是整形的，还是条、块、片状的，都宜用长盘；对丸子类的圆形菜，就应配用圆形盘；对滑炒鸡丝等丝状菜肴则应用条形盘；带些汤汁的烩菜、煨菜装在汤盘内较合适。当然有的筵席为提高宴会效果，还可用梅花形、扇形、叶形、爪形、佛手形等成套的餐具。

3. 肴馔分量与器皿大小的搭配

菜肴的数量要和器皿的大小相称，才能有美的感官效果。量多的应该用较大的盛器，量少的菜肴应该用较小的盛器。一般来说，装盘时菜肴不能装到盘边，应装在盘的中心圈内，平底盘、汤盘（包括鱼盘）中的凹凸线，是食与器结合的"最佳线"。

装碗时汤汁不能浸到碗沿，以八成满为宜。

4．肴馔掌故与器皿图案的搭配

中国名菜"贵妃鸡"盛在饰有仙女拂袖起舞图案的莲花碗中，会使人很自然地联想到善舞的杨贵妃就醉百花亭的故事。"糖醋鱼"盛在饰有鲤鱼跳龙门图案的鱼盘中，会使人情趣盎然，食欲大增。因此要根据菜肴掌故选用图案与其内容相称的器皿。

5．肴馔的色彩与就餐者习俗的搭配

作为餐具的色彩不仅要考虑到和菜肴色彩的配合，还要考虑到就餐者的"色彩感情"问题，即就餐者对某种颜色的忌讳。由于世界各民族的风俗习惯和宗教信仰不同，"色彩感情"也千差万别。如我国多采用青花餐具，这种餐具给人以沉静、庄重、朴实、大方的情绪，但土耳其民族不喜欢这种颜色。各地仿膳和龙凤餐馆多采用粉彩细瓷餐具，这种颜色象征着高贵华丽和光辉，是君主的颜色，而信仰伊斯兰教的民族却忌讳这种颜色，这种颜色在叙利亚又是死亡的象征色。所以我们在配用餐具时要关心就餐者的色彩感情，以增加宴会的气氛。

美器之美还不仅限于器物本身的质、形、饰，而且表现在它的组合之美及与肴馔的匹配之美。在制作一道菜点和一席酒宴时，除了在菜点本身的制作上要下工夫外，在为菜点和宴席选择使用的盛器上，也必须要根据菜点和宴席的主题及举办者与参加者的身份等，对盛器的大小、造型、材质、颜色、功能等作精心的选择，才能使菜点和筵席的色、香、味、形、器、意充分地展现出来。

三、肴馔设计艺术

中国肴馔讲究色香味俱全，在世界餐饮文化中享有盛誉。随着时代的发展，中国肴馔也在不断地丰富完善。在馔品的创新设计中既要继承中华传统文化内涵，也要运用科学技术手段；既要挖掘食品的营养养生成分，也要注重食材的绿色环保；既要创新菜品的口味，也要遵从外形的审美。千百年来，中华民族对美食的追求，创造了丰富多彩的中华美食，彰显了中国肴馔的艺术魅力，积淀了深厚的饮食文化底蕴。

（一）肴馔设计的原则

1．传承传统，关注市场潮流

孟子云"治大国若烹小鲜"其意为如果我们饭菜都做不好，怎么能治理好国家呢？在菜品的设计上，要传承传统的制作技法、挖掘传统肴馔的特色，保留和维护各个流派的饮食文化传统。同时，关注市场，分析预测未来的饮食方向，做好相应设计、研发工作，促进各个菜系的交流和融合，引领饮食的时尚潮流，坚持大众化，为大多

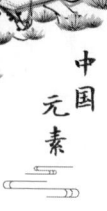

数消费者服务，适应市场发展的需要。

2. 运用绿色环保原料

在现代社会，人们更注重养生保健，绿色无污染原料不仅会提升肴馔的价值，更深得现代社会人们的喜爱。肴馔原料的开发、选择、制作直接关系到肴馔的最终价值。因此，设计肴馔是以开发绿色无污染的绿色原料为原则，以顾客的健康利益为原则，保证肴馔原料的新鲜，同时减少添加剂的使用。

3. 注重肴馔造型的审美

讲究造型是中国菜自古以来的传统风格，也是中国菜肴突出的特点，肴馔创新设计时，既要将中国肴馔的精华与特色继承发扬，又要去粗取精，优化烹饪工艺和技法，大胆运用美术、雕塑等元素，达到艺术化的视觉效果。

4. 追求美味的"口感"

"味"是我国肴馔的中心价值，一道菜只有真正满足了顾客的口感要求才真正实现了其自身的价值。我国民族众多，人们对口味的需求有较大的差异。新肴馔的设计要立足于顾客的口感，立足于当地饮食特色，才能实现新肴馔的研发。

5. 肴馔与盛器的和谐

肴馔设计时，要根据肴馔的材质、造型、色彩选择恰当的容器，容器的观赏性会增添肴馔造型上的审美性。肴馔容器与肴馔造型相契相合，追求二者的一致化、和谐化，会使中国肴馔散发出迷人的艺术光芒；肴馔容器的品味对肴馔的品味能起到增添菜肴品相的作用，选择正确的肴馔容器，不仅能提升肴馔的品味，还会带给顾客美的享受；颜色纯正，鲜嫩欲滴的肴馔不仅会带给顾客艺术感官的享受，更会激起顾客食欲。因此，要注重肴馔色泽搭配，避免肴馔搭配出现杂乱、重复等现象，不仅要实现肴馔各种颜色之间的和谐，还要实现肴馔与盛器的色彩上的和谐。

6. 肴馔营养与养生

现代人对肴馔的营养价值相当重视，人们更注意饮食健康，讲究饮食营养。为了达到保健的作用，满足现代人对营养方面的需求，以利于人体身心健康的发展，厨师必须要对每道菜的营养价值了如指掌，对于每道菜基本原料的营养成分熟练掌握，同时要具备一定的营养学知识，懂得一些中医食疗知识，提升肴馔的营养价值和养生功效，同时也要掌握各个原料之间相互搭配的禁忌，设计出既有丰富营养价值，又有一定保健功效的肴馔。

（二）肴馔设计艺术

1. 肴馔的造型艺术

馔品的造型包括原料的形态、成品的造型或图形等外观形式。原料的形态，主要是刀功处理后的结果，如条、丁、丝、片、块、粒、茸、段和各种不同的花刀等效果。成品的造型指能体现菜肴形式美的各种造型菜。如花色造型冷盆、花色造型热菜和各种花色点心等。工艺型的冷盆菜制作中借鉴工艺美术的创作手法和雕刻等手段，注重形式的美化，使之色彩绚丽，造型生动，给人带来更多的视觉美感。成品热菜造型，合理设计，将色、香、味融合在一起，讲究整个菜肴的口味质量，如冬瓜盅、凤尾虾、蝴蝶海参、八卦鱼肚、松鼠桂鱼等。

2．肴馔的味觉艺术

味觉艺术，是指人们感受的馔肴的滋味、气味，包括单纯的咸、甜、酸、苦、辛和千变万化的复合味，属化学味觉；由肴馔的软硬度、黏性、弹性、凝结性及粉状、粒状、块状、片状、泡沫状等外观形态及肴馔的含水量、油性、脂性等触觉特性，属物理味觉；由人的年龄、健康、情绪、职业，以及进餐环境、色彩、音响、光线和饮食习俗而形成的对肴馔的感觉，属心理味觉。中国烹饪的烹与调是实现味觉艺术的手段，其主旨为"有味使之出，无味使之入"，味道的好坏也是人们评价烹饪艺术的最重要标准。

3．肴馔的命名艺术

菜名好似一道菜的身份，好的菜名会提升肴馔的品味，使顾客眼前一亮，加深顾客对肴馔的印象。肴馔命名既要通俗易懂，又要时尚典雅；既要有新意，又不能古怪得太离谱，还要考虑菜名要方便记忆。如数字命名的"一品豆腐"、"四喜圆子"等；以掌故命名的"草船借箭"、"鸿门宴"等；以人名命名的"东坡肉"、"西施舌"等；以成语命名的"丹凤朝阳"（把松花蛋、咸鸭蛋、茶鸡蛋等各种蛋切合一起）、"雪泥凤爪"（鸡脚炖白蘑菇）等；以诗意命名的"踏雪寻梅"（白萝卜丝上放只鲜红辣椒）等。可见，中国菜名的艺术表现力强，菜随名传，名与菜存，情趣盎然，堪称中国民俗文化一绝。

4．筵席的设计艺术

筵席的设计艺术是中国烹饪艺术的又一表现形式。在筵席的设计中融合了哲学思想，充分运用了虚实平衡、荤素平衡、软硬平衡、色香味的平衡等等的平衡概念，使筵席的设计不仅具有艺术性，还含有哲学的韵味。筵席艺术遵循现实美（包括社会环境、社会事物的美和自然事物的美）与艺术美的美学一般原理进行艺术创作，它包括菜点色、形、香、味、滋的组合，餐具饮器的配置，烹调技法的运用，菜肴、羹汤、点心的组合排列的艺术节奏与旋律感，使与筵者越吃越有兴趣，越吃越有味道。

第二节 中国菜系

中国菜是一个总称,它是由各地区的特色菜系组成的。所谓菜系,是指在原料选择、互相搭配、烹调技术、口味特色相同或相近的一定区域或民族内,烹调师烹调菜肴的风味表现出鲜明的一致性,这种烹调个性相近、风味相似的集合体,被称为地方菜系。我国幅员辽阔,又是一个多民族国家,各地区的自然环境、生活方式、风俗习惯等有很大差别,形成了一大批具有浓郁地方特色的著名地方菜系。

一、菜系形成背景

中国菜系的形成与发展,是特定地域的地理气候、风俗习惯、历史文化,以及古代落后生产力和排外性等因素共同作用的结果。

(一) 地理环境和气候的差异

地理环境和气候的差异造成了食物原料的不同。例如江苏地处我国东部温带,气候温和,地理条件优越,东临黄海、东海,源源长江横贯中部,淮河东流,北有洪泽湖,南临太湖,大运河纵流南北,省内大小湖泊星罗棋布,素有"鱼米之乡"的美名。镇江鲥鱼、两淮鳝鱼、太湖银鱼、南通刀鱼、连云港的海蟹,桂花盛开时江苏独有的斑鱼纷纷上市,由此产生了全鱼席、全蝎席。另外,由于地理环境和气候的差异,还造成了中国"东辣西酸,南甜北咸"的口味差异。

(二) 生产力水平的限制

生产力水平是形成饮食文化地域差异性的最根本原因。在古代,由于经济发展水平低下,牛郎织女就是我国古代男耕女织一夫一妻一牛的生产模式,食物原料比较匮乏,牛是家庭主要的运输动力,再加上通信手段都十分落后,人们的生产活动往往局限于一个较小的范围内,食料的来源多为就地取材。地区之间缺乏沟通和交流,文化的封闭性也造成饮食习惯的承袭性而久之成为习俗。这种习俗在人一生下来就潜移默化地影响着他,并渗透到他的生活习惯、思想、观念中去。因此形成了"靠山吃山,靠水吃水"。

(三) 宗教信仰和民族习惯不同

在上古人的面前,世界是错综复杂而又严峻无情的,他们只能凭借着感性的、质朴的思维方式去探索宇宙万物的奥秘,当其对大自然的许多奥秘寻找不出答案时,相信在现实世界之外,存在着超自然的神秘境界和鬼神主宰着自然和人类,从而对它敬畏与崇拜。不同地区不同民族的崇拜习性和迷信也影响到当地居民对食料的选择和食用方法。鄂伦春族人以熊为民族的图腾，他们早期不狩熊。佛教传入中国后，僧侣们只能吃素食。"南朝四百八十寺，多少楼台烟雨中"，描绘的南北朝时江苏一带佛教的大发展。所以在苏菜中还有"斋席"。四川青城山是道教的发源地。道教注重饮食养生，比如"白果炖鸡"既是药膳，又是川菜的代表名菜，注重本味，很少使用调味料。此外，不同民族也有不同的饮食习惯。手抓羊肉是蒙古族牧民喜欢的传统餐食。

（四）历史文化原因

中华民族是一个以汉民族为主体的多民族的共同体，而汉民族主要活动地域为黄河、长江的中下游地区，多为平原地区，水系发达，土壤肥沃，气候适宜，经济文化繁荣，交通便利。黄河中下游地区，是我国古文化的发祥地之一。《尚书·禹贡》中载有"青州贡盐"，说明至少在夏代，山东已经用盐调味；远在周朝的《诗经》中已有食用黄河的鲂鱼和鲤鱼的记载，而今糖醋黄河鲤鱼仍然是鲁菜中的佼佼者，可见其源远流长。鲁菜系的雏形可以追溯到春秋战国时期。春秋战国时期，鲁国孔子提出了"食不厌精，脍不厌细"的饮食观，从烹调的火候、调味、饮食卫生、饮食礼仪等诸方面提出了主张，后有孟子的"食治——食功——食德"饮食观，二者合称"孔孟食道"，标志着中国饮食文化的形成，从而也为鲁菜的形成和发展奠定了理论基础。

（五）心理和生理的排外性

中华民族是一个重历史、重家族、重传统的民族，对祖先留下来的东西世代传承，久之形成了一个地区的风俗。每个地区的居民对自己的饮食习俗具有的特点、形式，不但怀有深厚的感情，而且极为敏感。固定的生活方式和饮食习惯使得人们外来食物不自觉地加以抵制。这种心理因素的存在，使得各地区的饮食特征具有一定的稳定性和历史传承性。其次，由于长期进食某类食物，人类的消化器官也发生了变化，这就造成了生理的排外性。北方人到了南方吃米饭，因为米饭不像馒头一样可以在胃中膨胀，所以有一种吃不饱的感觉。长期以植物性食品为主的人们，一连吃几顿肉，就会消化不良。因此，不同菜系都保持了各个地域的乡土特色。

二、菜系分类

中国菜的主要部分是地方风味菜，它们是各用各的原料、各施各的技法、各有各的口味，特点迥然有异的菜肴。其划分标准有很多种，但最有特色、历史最悠久、影响最大的是三大河流孕育出的"四大流派"：源于长江上游的西南流派，以川菜为代表；源于长江中下游的江浙流派，以淮扬菜为代表；源于广东珠江流域的华南流派，以粤菜为代表；源于山东黄河流域的华北流派，以鲁菜为代表。后来华北流派分出鲁

菜,成为八大菜系之首,江浙菜系分为苏菜、浙菜和徽菜,华南流派分为粤菜、闽菜,西南流派分为川菜和湘菜,成为社会公认的"八大菜系"。"八大菜系"加上"京菜"和"楚菜",即为"十大菜系"。

三、代表菜系

(一) 鲁菜

1. 历史起源

鲁菜起源于春秋战国,成形于秦汉,成熟于三国晋南北朝时。鲁菜的形成和发展与山东地区的文化历史、地理环境、经济条件和民间习俗有关,山东地处黄河下游,气候温和,胶东半岛突出于渤海和黄海之间,境内山川纵横,河湖交错,沃野千里,物产丰富,交通便利,文化发达。鲁菜在北方很有影响,流传甚广,是北方菜的基础和代表。

2. 菜肴特色

鲁菜主要由济南风味、胶东风味和济宁风味构成,以清香、鲜嫩、味佳而著称,十分讲究清汤和奶汤的调制,清汤色清而鲜,奶汤色白而醇。鲁菜的烹调方法以爆、炒、炸见长。

3. 代表菜肴

葱烧海参、油爆双脆、锅烧肘子、清汤燕菜、烩乌鱼蛋、糖醋黄河鲤鱼、九转大肠、锅塌豆腐、清蒸加吉鱼、奶汤蒲菜等。山东曲阜的孔府菜是我国最大、最精湛的官府菜。

4. 名人名菜

孔府菜历史悠久,烹调技艺精湛,独具一格,是我国延续时间最长的官府菜。孔府菜是孔子后裔秉承孔子食不厌精,脍不厌细的遗训,从而形成了饮食精美,注重营养,风味独特的菜肴。在菜肴制作上十分考究,要求不仅料精细作,火候严格,注重口味,而且要巧于变换调剂,应时新鲜,以饱其口福。

中国封建社会,孔府既是公爵之府,又是圣人之家,是"天下第一家",比皇帝的家还要显贵。历代统治者,都把孔子的后裔封为"圣人"。自西汉以来,随着孔子后裔政治地位的升迁,至明清时期,衍圣公曾官居一品,班列文官之首,享有携眷上朝之殊荣,皇帝朝圣、祭祀活动频繁,皇室的成员每次来曲阜,必以盛宴接驾。至于高官要员的纷至沓来,孔府也要设高级宴席接风。因受门第观念的束缚,孔府内眷多来自于各地的官宦之家,他们之间的礼尚往来,使众家名馔佳肴得以荟萃一堂,各呈特色,互为补益。孔府这种广泛的社交活动和内外厨之间的频繁更替，促使了孔府和宫廷、孔府与官府、孔府同民间的烹饪技艺的不断交流。加之千百年来孔府名厨巧师们的潜心切磋，师承旧制，在继承传统技艺的基础上进行创新，最终逐渐形成了自成一格，名馔珍馐齐备，品类丰盛完美，色、香、味、形、器皆佳的孔府菜。

(二) 川菜

1．历史起源

川菜源于古代的巴国和蜀国，它是在巴蜀文化背景下形成的。川菜历经了春秋至秦的启蒙，西汉两晋时的形成，唐宋时的发展，明末清初时的辣椒引进种植，晚清以后，逐步成为一个地方风味极其浓郁的菜系。

2．菜肴特色

川菜主要由成都风味、重庆风味和自贡风味构成，以辣、酸、麻出名，口味麻辣、鱼香味厚，注重调味，离不开"三椒"（即辣椒、胡椒、花椒）和鲜姜。川菜在烹调方法上，有炒、煎、干烧、炸、熏、泡、炖、焖、烩、贴、爆等三十八种之多。

3．代表菜肴

樟茶鸭子、宫保鸡丁、鱼香肉丝、麻婆豆腐、水煮牛肉、毛肚火锅、干煸牛肉丝、夫妻肺片、家常海参、回锅肉等。

4．名人名菜

丁宝桢，字稚璜，贵州平远人，咸丰三年进士。据传，丁宝桢对烹饪颇有研究，喜欢吃鸡和花生米，并尤其喜好辣味。他在四川总督任上的时候创制了一道将鸡丁、红辣椒、花生米下锅爆炒而成的美味佳肴。这道美味本来只是丁家的"私房菜"，但后来越传越广，尽人皆知。所谓"宫保"，其实是丁宝桢的荣誉官衔。

(三) 粤菜

1．历史起源

粤菜萌生于秦，成形于汉魏，发展于唐宋，完成于明清。先秦时代，岭南尚为越族的领地，经济文化落后，饮食相对粗糙。秦始皇南定百越后，中原与岭南的文化、经济交往渐多，菜肴也逐渐发展起来，南越的"越"字也渐为"粤"字代替，到清末就有了"食在广州"之说。

2．菜肴特色

粤菜主要由广州风味、潮州风味、东江风味和港式风味构成，具有清鲜、嫩滑、脆爽的特点。它用料广博，菜肴新颖奇异，烹调吸收西菜制作方法，讲究清而不淡，鲜而不俗，嫩而不生，油而不腻，有所谓"五滋"（香、松、软、肥、浓）和"六味"

（酸、甜、苦、辣、咸、鲜）之别。其中广州菜为主要代表，富有洋味，其影响遍及闽、台、琼、桂各地。

3. 代表菜肴

白切鸡、脆皮鸡、红烧乳鸽、化皮乳猪、脆皮烤鸭、糖醋咕噜肉、蚝油牛肉、八宝冬瓜盅、大良炒牛奶、三蛇龙虎会等。

4. 名人名菜

孙中山先生既是一位伟大的革命家，同时又是一位著名的医学家。他不仅擅长西医，而且对中医学及饮食营养等都有研究。孙中山先生的"四物汤"，就是他对饮食营养研究的成果，称得上是素食中的佳品。

"四物汤"是中医补血、养血的经典药方，方由当归、川芎、芍药、生地四味药组成。而孙中山的"四物汤"是集四种素食之精华而成，即用黄花菜、木耳、豆腐、豆芽这四种食物。黄花菜又名金针，含有丰富的维生素A、纤维素和铁。它具有利水、凉血等功效。木耳富含蛋白质和多种维生素及钙、磷、铁等物质。它具有养血、活血、收敛等作用。豆腐与豆芽具有价廉物美、营养丰富的特点，它们不仅完全保留了黄豆中所含的蛋白质、脂肪、维生素等营养成分，而且更容易被人体吸收利用。

（四）闽菜

1. 历史起源

《福建通志》早有"茶笋山木之饶遍天下"，"鱼盐蜃蛤匹富青齐"的记载，唐宋以来，随着泉州、福州、厦门先后对外通商，商业发展，商贾云集，京广等地的烹饪技术相继传入，闽菜更加绚丽多彩。

2. 菜肴特色

闽菜主要由福州、泉州、厦门等地的福州菜、闽南菜、闽西菜发展而成。福州菜清鲜、淡爽、选料精细、刀工巧妙，以海鲜和山珍为主；烹饪细腻，特别注意调味；讲究火候、调汤、作料，善用红糟，以味取胜；汤菜考究，汤鲜、味美，汤菜品种多，变化无穷，具有传统特色。

3. 代表菜肴

醉糟鸡、糟汁川海蚌、清蒸加吉鱼、佛跳墙、炒西施舌、东壁龙珠、爆炒地猴、荔枝肉等。

4. 名人名菜

相传此菜出自一位偷吃荤菜的小和尚。此菜是将鱼翅、鱼唇、海参、鱼肚、鲍鱼、干贝、鸡肉、鸭肉、猪肚、火腿、鸽蛋、冬菇、冬笋等多种海鲜和荤料，同装在一个酒坛中，加上葱、姜、桂皮、冰糖、味精、酱油、熟猪油等调味料，用荷叶封严坛口，用慢火煨炖至酥烂入味，坛盖揭开，满堂荤香，令人陶醉，曾有着"坛启荤香飘四邻，佛闻弃禅跳墙来"的美誉。

（五）苏菜

1. 历史起源

江苏自古富庶繁华，人文荟萃，商业发达。远在帝尧时代，名厨彭铿因制野鸡羹供尧享用被封赏，赐地"彭城"（今徐州）。此外，江苏作为鱼米之乡，物产丰饶，饮食资源十分丰富，这一切使得苏菜在漫长的历史发展中形成了自己独特的风格。

2. 菜肴特色

苏菜主要由淮扬风味、金陵风味、苏州风味和徐海风味构成，菜肴风格雅丽，讲究造型，菜谱四季有别。其用料广泛，以江河湖海的水鲜为主，刀工精细，烹调方法多样，擅长炖、焖、煨、焐、炒，追求本味，清鲜平和，咸中稍甜。

3. 代表菜肴

松鼠鳜鱼、蟹粉狮子头、大煮干丝、水晶肴蹄、三套鸭、扒烧整猪头、折烩鲢鱼头、金陵盐水鸭、清蒸金鲥鱼、镜箱豆腐等。

4. 名人名菜

天下第一菜，即虾仁锅巴，是江苏名菜。相传，清代乾隆皇帝三下江南时，曾在无锡城内微服私访。一天，时已过午，乾隆走进一家饭店，催促要饭要菜，店主见来者气宇非凡，但饭菜已卖完，急取制下的锅巴在滚油中炸酥，配以虾仁、熟鸡丝、高汤制成的浓汁，一并送上餐桌，店主将浓汁浇在锅巴上，盘内立刻发出"嘶啦"的响声，同时冒出一缕白烟，香味扑鼻。乾隆皇帝饥不择食，吃起来顿觉鲜味异常，香酥可口，当即赞叹到此菜可谓"天下第一菜"。从此虾仁锅巴身价百倍，盛名至今已有近三百年的历史。

此菜品系选用薄而均匀的锅巴，用油炸至金黄酥脆，再趁热浇上用虾仁、鸡丝蘑菇、番茄酱及各种调料熬制而成的鲜卤汁即可。具有卤汁鲜红、锅巴金黄、酥松香脆、酸甜咸鲜合一等特点，是名扬中外的江苏传统风味佳肴。

（六）浙菜

1. 历史起源

浙菜起源于新石器时代的河姆渡文化，经越国先民的开拓积累，汉唐时期的成熟定型，宋元时期的繁荣和明清时期的发展，浙江菜的基本风格已经形成。京师人南下开饭店，用北方的烹调方法将南方丰富的原料做得美味可口，"南料北烹"成为浙菜系一大特色。

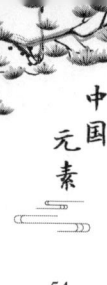

2．菜肴特色

浙菜由杭州、宁波、绍兴三种地方风味菜构成，其制作精细，变化多样，并喜欢以风景名胜来命名菜肴，烹调方法以爆、炒、烩、炸为主，清鲜爽脆。

3．代表菜肴

西湖醋鱼、赛蟹羹、干炸响铃、荷叶粉蒸肉、西湖莼菜汤、龙井虾仁、彩熘全黄鱼、网油包鹅肝、黄鱼鱼肚等。

4．名人名菜

苏东坡，名列唐宋八大家；他在烹调艺术上，也有一手。当他触犯皇帝被贬到杭州时，常常亲自烧菜与友人品味，苏东坡的烹调，以红烧肉最为拿手。据传他贬到杭州就任后，发动数万民工除葑田，疏湖港，使西湖秀容重现，又可蓄水灌田。后来形成了被列为西湖十景之首的"苏堤春晓"。当时，老百姓赞颂苏东坡为地方办了这件好事，听说他喜欢吃红烧肉，都不约而同地给他送猪肉，来表示自己的心意。苏东坡将收到的猪肉叫家人用他的烹调方法烧制，连酒一起，按照民工花名册分送到每家每户。他的家人在烧制时，把"连酒一起送"领会成"连酒一起烧"结果烧制出来的红烧肉，更加香酥味美，食者盛赞苏东坡送来的肉烧法别致，可口好吃。

"东坡肉"是杭州名菜，流行于江浙。制作方法：将五花肉切成约二寸许的方正形大块，一半为肥肉，一半为瘦肉，用葱姜垫锅底，加上酒、糖、酱油，用水在文火上慢焖即可。苏东坡《食猪肉》诗云："……慢着火，少着水，火候足时他自美。"成菜入口肥而不腻，带有酒香，十分美味。

（七）湘菜

1．历史起源

湘菜历史悠久，西汉时代，特产丰富，经济发达，烹饪技术已发展到一定的水平，菜系已经形成。唐宋时期长沙又是文人荟萃之地。到明清时期，湘菜又有了新的发展。

2．菜肴特色

湘菜系即湖南菜，是以湘江流域、洞庭湖地区和湘西山区等地方菜发展而成，其制作精细，用料广泛，品种繁多，其特色是油多、色浓，讲究实惠；在品味上注重香酥、酸辣、软嫩。湘西菜擅长香酸辣，具有浓郁的山乡风味。

3．代表菜肴

东安子鸡、组庵鱼翅、腊味合蒸、面包全鸭、麻辣仔鸡、龟羊汤、吉首酸肉、五元神仙鸡、冰糖湘莲等。

4．名人名菜

东安鸡是湘菜中的名品，安东鸡又名"醋鸡"，因产于东安而得名，是东安县的一道传统名菜，系湘菜菜系中的八大名菜之一。东安鸡始于唐朝，已有1200多年历史。传说在唐朝开元年间，湖南东安县城里，有一家3个老年妇女开的小饭馆，某晚来了几位经商客官，当时店里菜已卖完，店主提来两只活鸡，马上宰杀洗净，切成小块，加上葱、姜、辣椒等作料，经旺火、热油略炒，加入盐、酒、醋焖烧后，浇上麻油出锅。鸡的香味扑鼻，口感鲜嫩，客官吃后非常满意，事后到处宣扬，小店声名远播，各路食客都慕名到这家小店吃鸡，于是此菜逐渐出名。东安县县太爷风闻此事，也亲临该店品尝，为之取名为"东安鸡"，成为湖南极著名的一道菜肴。民国时期，唐生智在南京就职设宴时，席中就有"东安鸡"这道菜，宾客品尝后都赞不绝口；1972年2月，美国总统尼克松访华时，毛主席也曾用这道湘菜来招待他。此菜外形美观、颜色鲜艳、汁芡红亮、香浓气醇、肉嫩骨脆、甜而不腻、酸里有凉、辣而不涩、以营养丰富著称，兼有卤鸡的清凉、烧鸡的嫩脆、纯鸡的鲜美等特点。

（八）徽菜

1．历史起源

早在三国时期，安徽的农业和手工业在全国经济中占有重要地位；在唐玄宗年间，经济繁盛，徽籍商人已遍及南北各重要城市；自唐代以后，历代都有"无徽不成镇"之说。随着徽州商人出外经商，徽菜也普及各地，在江、浙一带及武汉、洛阳、广州、山东、北京、陕西等地均有徽菜馆，尤以上海最多，而且是最早进入上海的异地风味。

2．菜肴特色

徽菜指徽州菜，不等同于安徽菜，它是以皖南的徽州菜、沿江菜和沿淮菜组合而成。皖南的徽州菜是徽菜系的主要代表，起源于黄山麓下的歙县，即古代的徽州，沿江菜以芜湖、安庆地区为代表，沿淮菜以蚌埠、宿县、阜阳等地为代表。主要特色：徽菜系在烹调技艺上擅长烧、炖、蒸，而爆、炒菜较少，重油、重色、重火工。讲究火功，善烹野味，量大油重，朴素实惠，保持原汁原味；不少菜肴都是取用木炭小火炖、煨而成，汤清味醇，原锅上席，香气四溢。

3．代表菜肴

火腿炖甲鱼、红烧果子狸、腌鲜鳜鱼、黄山炖鸽、虎皮毛豆腐等。

4．名人名菜

胡适是徽州人，徽州一带山多地少，当地的主食有米、面、玉米等，他终生保持着米、面、杂食的饮食习惯。徽州菜中有一个有口皆碑的名牌，称作"一品锅"。这是徽州绩溪人过节、请客和婚姻喜庆时上的一道大菜，也是胡适一生最爱吃的一道菜。"一品锅"有不同的种类，其中最丰富的一种有七层：最底下一层是蔬菜，最上等的是用冬笋，次则用笋衣，或用萝卜，或用冬瓜，或用干豆角，视季节而易；稍上一层是猪肉，肉系半肥半瘦，每500g猪肉只切8至10块，呈长方形；再上一层为豆腐包，系用油豆腐果，里面装上馅子；第四层为蛋饼子；第五层为红烧鸡块或鸭块；第六层为油煎豆腐；第七层为碧绿菠菜或其他蔬菜。"一品锅"做得好吃与否，全靠火候的功夫。做菜时，先用猛火烧，稍后即改用温火，通常是将锅中的原汁汤浇淋数次，大约要3~4小时，才烧得出味道来。菜做好后，第二层的猪肉烧得像东坡肉一样，入口即化。吃的时候，一层层往下吃，层出不穷，越吃越有胃口。

（九）京菜

1. 历史起源

北京自春秋战国以来一直是我国北方重镇，先后有辽、金、元、明、清五朝建都于此，是我国政治、经济、文化、外交中心，汉、满、蒙、回等各族人民大量在此定居。世界和全国各地文化在此融会交流，在饮食文化方面，形成了荟萃百家、兼收并蓄、格调高雅、风格独特、自成体系的"北京菜"。

2. 菜肴特色

京菜是以山东菜为基础，清真菜和宫廷菜各占一定比例。京菜口味浓厚清醇，质感多样，注重吊汤和使用淀粉，有完善、独特的烹调技法，以爆、炒、熘、烤、涮、焖、蒸、氽、煮见长。京菜大量运用各种植物根和蔬菜，如辣椒、蒜头、姜、葱和香菜等。由于北京冬季天气寒冷，食物以能产生热量、保暖驱寒为主。

3. 代表菜肴

北京烤鸭、涮羊肉、烤肉、富贵鸡、水晶肘子、酥鱼等。

4. 名人名菜

据传当年慈禧太后与光绪皇帝避难西安，一晚慈禧看完秦腔后感到腹饿，即命御厨赶做她从来没有吃过的夜宵。厨师深知太后的僻好，就挖空心思，用鸡肉作馅，做成小拇指大小的珍珠饺子，用火锅盛鸡汤现煮。在夜幕下，燃烧的火焰不断跳动，恰似盛开的朵朵菊花争奇斗艳，异彩纷呈。因此，又称"菊花火锅"。每小碗盛三个、六个或九个，慈禧不解，厨师笑道："取三六九往上走之意"，太后目睹此景颇为兴奋，连连赞好，"太后火锅"饺子由此而得名。饺子是中国家喻户晓的民俗美食，象征着团圆、喜庆。"太后火锅"饺子是一种玲珑剔透，如小指肚大小的饺子，它形如珍珠，馅鲜味美，薄皮馅多，现包现煮。吃时，由服务人员当众调煮、分碗，一边煮一边叙述着当年有趣的故事。每位客人尝到不等个数的珍珠饺子，都会得到一句满意的祝福：吃到一个，称一帆风顺；两个，称双喜临门；三个，称连升三级；四个，称四季发财；五个，称五谷丰登；六个，称六六大顺；七个，称七星高照；八个，称八仙过海；九个，称至高无上；十个，称十全十美。若没有吃一个，你会得到一句"无忧无虑，健康长寿，欢迎您再来"的颂辞。

（十）楚菜

1．历史起源

楚菜是湖北菜，亦称鄂菜、荆菜，历史最为悠久的地方菜系之一，起源于江汉平原，屈原在《楚辞》篇中，就有记载楚宫佳宴中有20多个楚地名食——为国内有文字记载最早的宫廷筵席菜单。经汉魏唐宋渐进发展，成熟于明清时期，跻身中国十大菜系之列。

2．菜肴特色

楚菜由汉、荆、黄、襄四大风味流派组成。楚菜以湖北得天独厚的淡水河鲜为本，鱼馔为主，汁浓芡亮，香鲜微辣，注重本色、原汁原味，菜式丰富，筵席众多，擅长蒸、煨、炸、烧、炒等烹调方法，特点是汁浓、芡稠、口重、味纯，民间肴馔以煨汤、蒸菜、肉糕、鱼丸和米制品小吃为主体，具有滚、烂、鲜、醇、香、嫩、足"七美"之说。

3．代表菜肴

清蒸武昌鱼、蟹黄鱼翅、莲藕排骨汤、精武鸭脖、沔阳三蒸、东坡肉、红菜苔炒腊肉、播龙菜、皮条鳝鱼等。

4．名人名菜

据史籍记载，唐代大诗人李白，自26岁出川入楚，于唐玄宗开元十五年（公元727年）春来到安陆。白寓居安陆时，结交了不少名人，并以"酒隐安陆，蹉跎十年"而著名。李白平素嗜酒，佐食之物最喜鸡、鸭、鹅、鱼及蔬果菜肴，也吃牛、羊肉和野味精，惟独不食猪肉。友人素知诗人生活癖好，故常以鸡、鸭、鹅等做菜佐酒助兴。在众多酒肴中，李白尤对"烹鸡"最感兴趣。后来李白出游离开安陆，便入京任翰林职。传说"翰林鸡"一菜，就是友人为钦佩诗人才华而精心制作的佐酒佳肴之一。因诗人李白一向喜食烹鸡，故后人便呼之为"翰林鸡"。"翰林鸡"，是楚北安陆市太白酒楼烹制的系列太白菜肴之一，此肴得名，是取李白曾供翰林职之意。其制作系用整鸡首先腌渍入味蒸至七成熟，然后去骨切块，上盘整理成原鸡形。另以蛋黄糕雕刻"翰林鸡"三字，置鸡首前，并以鸡汤、蘑菇入味和以若干小虾球点缀，经复蒸烹制成。可谓制工精细，造型生动，形神兼备，质佳味美。

第三节　中医药膳

药膳是指在中医学、烹饪学和营养学的理论指导下，严格按照药膳配方，将中药与某些具有药用价值的食物相配，再采用我国独特的饮食烹调技术制作而成的，具有一定色、香、味、形的食品。我国中药资源丰富，其中药用植物约 11140 种、药用动物 1580 余种、药用矿物约 80 种，可用于药膳制作的常用中药材资源种类达 300 余种。中华药膳是食与医的典型结合，它是我国传统饮食文化中最璀璨的部分，也是中医学知识与烹调经验相结合的产物。

一、药膳的发展历史

远古时期是药膳的蒙昧时期，根据"民以食为天"、"药食同源"等观点，可以推断出我们的祖先在与大自然斗争，并求得生存、繁衍、发展的过程中，既解决了食物来源问题，又同时发现了药物，从而获得了保证生存、维持健康和战胜疾病的重要武器。夏禹时期，药膳开始萌芽，当时已有多种烹调方法。经过长期实践所积累的经验，食疗药膳逐渐向理论阶段过渡。早在西周时期，《周礼》中就有关于药膳的记载。春秋战国以及后来的秦汉时期，《后汉书·列女传》中"母亲调药膳思情笃密"首次将"药膳"二字合起来使用，出现了食疗理论，这标志着食疗的飞跃发展，同时也是药膳学蓬勃发展的重要阶段。此后，从两晋到金元时期，相关的专著、专论大量问世，药膳已不再局限于上流社会享用，而是被社会各阶层所接受和运用。明清时期，药膳与人们生活关系更加密切，药膳在学科体系上已日趋成熟。至明代，李时珍的《本草纲目》为中医食疗提供了宝贵而丰富的资料，仅"谷"、"果"、"蔬"三部就收录了药用食物 300 余种。后来相继出现的《食物本草》《食鉴本草》《粥谱》等药膳专著，对药膳有了进一步的完善，一直被继承、延续至今。现阶段，人们的生活水平不断提高，自我保健观念发生了根本性的转变，药膳在人们的生活中，得到了空前的普及，在国外也享有盛誉，备受青睐。作为中国传统饮食和传统医学的重要内容，药膳已成为一门独具特色的科学，不仅走进千家万户，而且传遍世界各地。

二、药膳与中国饮食科学

1. 天人相应的生态观念

药膳可以说是中国饮食文化发展中形成的一朵奇葩，药膳的制作与食用必须适应自然，适应环境，以保持阴阳平衡，使人与天相适应。它具体表现在食物的选择上从天人合一出发，把人的生存与健康放在自然环境中去认识与研究，认为人的生命过程是人体与自然界的物质交换过程，人体的健康状况与所处的环境密切相关，不同气候、不同季节、不同地域对人体产生不同的作用，进而影响人体对药膳的选择与食用。以四季为例，《礼记·内则》言："凡和，春多酸，夏多苦，秋多辛，冬多咸。"再如元朝忽思慧在《饮膳正要》中就阐述了饮食的选择应根据四季的不同而有所变化。

2. 食治养生的营养观念

药膳最重要的价值在于养生，用以保正气、除邪气，从而使人健康长寿，它具体表现在药膳的制作是从天人合一与整体功能出发，着重强调辩证施食，饮食有节。也就是说药膳的性能和作用以性味、归经的方式加以概括，并根据人体的特点和各种需要，恰当地搭配食用不同种类和数量的药膳。其中性味、归经是中国传统养生学中特有的术语，性味指的是食物的性能，分为四性五味，即寒、凉、温、热四种性能，甘、酸、苦、辛、咸五种味道。归经是指食物的作用，常常根据药膳对脏腑的作用来划分，并以相应脏腑的名称命名。如梨有润肺、止咳的作用，则称其"入肺经"。

3. 药食同源的保健观念

中国人信奉"药补不如食补"，民间至今流传着："冬吃萝卜夏吃姜，不劳医生开药方"、"朝食三片姜，犹如人参汤"、"多吃葱姜蒜，疾病减一半"等大量的养生谚语。中华民族悠久的饮食文化衍生了"药食同源"的观念，《黄帝内经·脏气法时论》中提出："毒药攻邪，五谷为养，五果为助，五畜为益，五菜为充"，意思是药物为治病攻邪之物，"五谷为养，五果为助，五畜为益，五菜为充"至今是中国食疗的指南。药膳就是对"药食同源"的最好运用，它强调饮食不但可以使人们温饱，也可作为调养身体、滋补身心之用，是天然的、无副作用的最好医药，是我国饮食文化和祖国医学的宝贵财富。

三、药膳的分类

（1）食疗中药　即食用中药、食疗本草或食物中药。如谷物、水果、干果、蔬菜、调料、禽兽、水产品等。

（2）鲜汁　将新鲜水果等与食用中药或某些新鲜中药材一起洗净、压榨出的汁。如五汁饮中的荸荠汁、鲜芦根汁、鲜藕汁、梨汁、鲜麦冬汁。

（3）药茶　指伴有或不伴有叶的药物，经粉碎、混合而成的粗末制品（有些饮片不经粉碎也可）。药茶中常含有蔬菜瓜果类食用中药，用开水沏或加水煎煮后即可。如生姜红糖组成的姜糖茶。

（4）药饮　一种液体食疗剂型。用食用中药或与部分药材一起（以质地轻薄或具有芳香性挥发成分的药材为原料），经开水冲泡、温浸或加水略煎煮，去渣取汁而成。如治疗肝硬化腹水的复方玉米须饮。

（5）药酒　中药与酒相结合的一种液体剂型。用浸泡法或酿制法制备。汤将食用中药材和溶媒（水、酒、蜜等）混合煎煮而得的液体。如《伤寒论》中的当归生姜羊肉汤。

(6) 药粥　由药物或药汁与米同煮而成的具治疗与保健作用的粥。如百合、薏苡仁等食疗中药与米一起淘洗干净同煮；如用其他药材，则可将药加水煎煮、去渣取汁、再与米同煮，或在粥将熟时加入药物细末或药汁后稍煮即可。药粥在药膳专著中大多占很大比例。

(7) 蜜膏　膏滋或煎膏剂。将食用中药或中药材一起加水煎煮，去渣、取汁、浓缩、加蜂蜜或蔗糖而制成的稠厚状半流体制剂。如治疗支气管哮喘的加味贝母梨膏。

(8) 药糕　将食用中药或中药材一起研末，再与米粉、麦粉或豆粉相混，或加适量白糖、食用油等做成糕，蒸熟或烘制而成的熟食。如治疗慢性肠炎的八珍糕。

(9) 药饼　将食疗中药或中药材一起研末，与麦粉、豆粉或米粉混合，或加适量枣泥、白糖、食用油等做成饼，蒸、烙、烘烤等制成的熟食。

(10) 菜肴　各种治疗或保健作用的荤素菜肴。如治早期肝硬化的归杞甲鱼。

四、人体体质调养药膳

1. 阴虚型体质调养药膳

阴虚型体质表现为五心烦热、口干、咽燥、心烦气粗、尿黄便干等"阴虚生内热"体质特征，需多吃一些滋补肾阴的食物，如甲鱼、鸭肉和鲍鱼具有清热降燥的功效。同时，生吃黄瓜、番茄等寒凉性质的蔬菜，番茄、梨、柠檬、甜瓜等食材也起到"甜味与酸味结合起来可滋阴"的功效；但要避免食用辣椒、胡椒等调料，还有大葱、大蒜等辛辣蔬菜。代表性药膳有党参煮马铃薯、百合豆沙饼等。

2. 气虚型体质调养药膳

气虚型体质表现为体倦乏力，少气懒言，易出虚汗，劳累时症状加重，头晕目眩，面色淡白。食物宜选择补中益气的食品，如高丽参和牛肉、鸡肉等肉类，虾、鳗鱼等海鲜，马铃薯等蔬菜类。贝类、豆类、蘑菇等可增强胃的消化功能，也是补气的重要食材。避免食用生冷食物，少食不易消化的油腻食物、甜食，及辛辣刺激食物。代表性药膳有人参鹌鹑蛋，灵芝黄芪炖肉等。

3. 血虚型体质调养药膳

血虚型体质是以血液生成不足，或血的濡养功能减退，导致脏腑生理功能失调为主要特征，食物应选用具有补血养血作用的黄花菜、黑木耳、菠菜、甜豆、番茄、芦笋、香菇等含铁、黏多糖丰富的食物。忌食辛辣刺激性食物，如大蒜、辣椒、芥末等，少吃海藻类食物以及菊花、槟榔、薄荷等。代表性药膳有鹿茸炖乌鸡，红枣枸杞鸡汤等。

4．痰湿型体质调养药膳

痰湿体质是以肥胖、身重、容易疲倦，喜食肥甘厚味的食物，且食量大为主要特征。饮食上要戒除肥甘厚味，戒酒，最忌暴饮暴食和进食速度过快，多吃些蔬菜、水果、糙米、杂粮、海藻、蘑菇等具有加速新陈代谢功效的食物，尤其是一些具有健脾利湿、化淤祛痰的食物。水的摄入一定要适量，每日食用一个水果即可。代表性药膳有芡实莲子薏仁汤、白果蒸蛋等。

5．气滞型体质调养药膳

气滞型体质表现为面色晦暗，口唇、眼眶发黑，舌紫暗，皮肤干燥，指甲干瘪、紫暗。气滞型体质在饮食上，宜选用带香气的蔬菜，如茼蒿、水芹、洋芹、香芹等，烹饪时，若时间过长，宝贵的香气便会散失，所以应在最后环节时加入，并快速加热。应当忌食或少吃阿胶、牛奶等滋补的食物和容易胀气的食物。代表性药膳有人参雪梨乌鸡汤，糖枣芹菜汤等。

6．血淤型体质调养药膳

血淤型体质以面色晦暗，皮肤偏黯或有色素沉着，容易出现淤斑，易患疼痛症，口唇暗淡或紫，眼眶暗黑，发易脱落，肌肤干等为特征。饮食调养宜先用具有活血化淤功效的食物，可适量饮用葡萄酒，对促进血液循环有益。平时还应多食洋葱、韭菜、大蒜、花椒、肉桂等促进气血运动的食物。"辛"、"苦"、"辣"味以及温热性质的食物，温热性食材有洋葱、韭菜、大蒜、花椒、肉桂等，辣味食材有姜、大葱、紫苏等，以及各种青背的鱼，如沙丁鱼、秋刀鱼、竹荚鱼等。应忌食肥肉、奶油等动物性脂肪及味道过浓的食物，养成饮用常温或温热饮品的习惯。代表性药膳有黑豆龙眼汤、丹参桃花乌鸡汤等。

五、常用药膳的烹饪方法

烹制药膳时，要选择新鲜的药材，许多中药材都适宜食用新鲜的，这样味道上不仅与普通菜肴相似，而且色泽上又很鲜艳，如山药、百合等，新鲜的就比干品要好，有药效却无药味；尽量选择具有甘味的药材，因为具有甘味的药材既有不错的药性，又可以增加菜肴的甜味，这样就会使药膳的整体味道更好；利用调味料将药味减轻，人们日常生活中所用的糖、酒、油、盐、酱、醋等均属药膳的配料，非蔗糖类的甜味剂，如蛋白糖、甜叶菊等更是近代科学特制的新型调味品。利用这些调味料都可以有效减轻药味。如果是炒菜，还可以加入一些味道稍重的调味料；将药材熬成汁再做菜，这样可以使药性变得温和，又不失药效，还可以减轻药味，可谓"一举三得"；药材分量要适中，切忌做药膳时用的药材分量与熬药相同，这样会使药膳药味过重，影响菜品的味道；可以用纱布袋包好药材，这样可以防止药材附着在食物上，维持了菜肴的外观和颜色。

  近年来，随着社会生活水平的不断提高，人们的饮食生活在原有的色、香、味、形的基础上，又增加了一个养字，合称为色、香、味、形、养，这表明越来越多的人开始重视食养，中医药膳在合理利用中药资源的条件下，融入了饮食原料学、现代营养学、中国烹饪学、社会学、民俗学等诸多学科，注重从医食同源、药食同用的思想观念出发，用传统的食养理论去指导烹饪实践，使之在中国烹饪中占有越来越重要的地位。并且，传统的养生膳、食疗药膳等构成了中国烹饪的特色和优势，中国药膳学正以其独特的魅力引起世人关注，受到各国人民的欢迎。

思考题

1. 简述中国烹饪文化的特征。
2. 设计菜品时需要注意哪些问题。
3. 简述中医药膳在养生方面的作用。
4. 列举当地菜系的特色菜肴。

第二篇 中国名胜古迹

中国地域辽阔，自然地理环境复杂多样；中华民族历史悠久，具有古老的文明和丰富的文化，中国特定的自然和人文地理环境造就了中国独特的旅游资源特征，主要表现在旅游资源种类多，分布广，文化内涵极其深远。现代地理环境包括自然地理环境、人文地理环境和经济地理环境。依据中国旅游资源地域分异规律，本书拟将中国划分为8个旅游区：东北旅游区、华北旅游区、华东旅游区、华中旅游区、华南旅游区、西南旅游区、西北旅游区、青藏高原旅游区。

第五章

中国旅游资源及旅游区划简介

☞ 学习要点及目标
- 了解中国旅游资源及其分类。
- 学习中国旅游资源形成的地理背景及基本特点。
- 掌握本书的旅游区划方案。

第一节 旅游资源概述

一、旅游资源概述

从20世纪80年代开始,一些学者根据其研究的实践和理解,从不同角度给出了旅游资源的定义。比较有代表性的观点是:凡能激发旅游者的旅游动机,为旅游业所利用,并由此而产生经济效益、社会效益、环境效益的各种事物和因素的总和。

旅游资源的含义从以下三方面理解比较客观科学。

第一,旅游资源对旅游者具有吸引力。旅游资源与其他资源相比,最大的差异是它能激发旅游者的旅游愿望,吸引游客到异地进行旅游观赏、消遣娱乐、休憩疗养、登山探险、科学考察、文化交流等旅游活动。因此,有人将"旅游吸引物"作为旅游资源的代名词。不过,在不同的历史时期,对不同的旅游客源市场,同一旅游资源的吸引力大小是不同的。

第二,旅游资源是客观存在的。旅游资源与地球上其他资源是一样的,是客观存在的。有自然因素形成的物质资源,也有根植于物质资源的基础上所产生的非物质资源,如文化艺术作品、神话传说等。

第三，旅游资源是发展变化的。旅游资源不是一成不变的，它是带有发展性质的概念。阶段性：作为旅游资源的自然或人文的现象或因素，只有当人们对它们产生浓厚的审美兴趣时，它们才成为旅游资源。开发程度：旅游资源从状态上看有两种，即未开发的和已开发的旅游资源。旅游资源的范畴是随着人们旅游需求的多样化而不断扩大的。

二、旅游资源的分类

根据不同目的，旅游资源可以有不同的分类标准和分类方法。常见的分类方法有三种。

1．将旅游资源按照本身的属性及成因分类

可分为自然旅游资源和人文旅游资源。

（1）自然旅游资源　指由地貌、水体、气候、生物等自然地理要素所组成，基本上是天然赋成的旅游资源，包括地质地貌类旅游、水体旅游资源、生物旅游资源、气象与气候旅游资源等。

（2）人文旅游资源　指由人类所创造的旅游资源，它是人类历史和文化的结晶，是民族风貌的反映，包括古人类遗址与古陵墓旅游资源、城镇风貌旅游资源、伟大工程旅游资源、古典园林旅游资源、宗教旅游资源、民俗风情旅游资源、文学艺术与主题公园等。

2．按旅游资源的市场特性和开发现状分类

可分为潜在旅游资源、现实旅游资源和人工旅游资源。

（1）潜在旅游资源　指具有独特吸引力的自然景观、历史遗存等，旅游价值较高，但目前尚无力开发的旅游资源。

（2）现实旅游资源　指自然或历史文化赋予的客观存在的旅游资源。有的开发利用历史悠久，旅游设施较完备；有的利用历史长，但需加以调整、充实、丰富；有的已列入规划，即将开发，也作为现实的旅游资源。

（3）人工旅游资源　这类旅游资源原来并不存在，完全是人工创造出来的新的旅游资源。

3．按旅游资源的级别及管理来分类

可分为国家级旅游资源；省级旅游资源；市（县）级旅游资源。

第二节　中国旅游资源的地理背景与特征

一、中国旅游资源形成的地理背景

1. 辽阔的疆域与复杂的地形结构

中国位于北半球世界最大的亚欧大陆的东部，太平洋的西岸，中国国土南起南沙群岛的曾母暗沙，北至黑龙江的漠河，直线距离约 5500 公里。东起黑龙江和乌苏里江汇合处，西到帕米尔高原，直线距离 5200 公里。中国地势西高东低，呈阶梯状下降。以青藏高原为主体的一级阶梯，平均海拔 4000 米以上；青藏高原东南边缘到大兴安岭—太行山—巫山—雪峰山一线以西为二级阶梯；大兴安岭—太行山—巫山—雪峰山一线以东为三级阶梯，平均海拔 500 米以下。中国地貌复杂多样，山地、高原、平原、盆地、丘陵兼备，但广义的山地占国土面积的三分之二。中国地域辽阔，加之地形复杂，从而造就了丰富多彩的自然风景旅游资源，也孕育了独具特色的人文旅游资源。

2. 复杂多样的气候与突出的地域差异

中国辽阔的地域，地形地貌的复杂与多样，造就了中国气候的基本特征：季风气候明显；大陆性气候显著，雨热同期；气候类型复杂多样。从北到南，我国地跨寒温带、温带、暖温带、亚热带、热带和赤道带。从东到西又可划分为湿润、半湿润、半干旱、干旱等气候类型，其自然景观也随之变化，具有森林、森林草原、草原、半荒漠、荒漠等。青藏高原更是一个特殊的气候单元，形成独特的高寒气候区。

3. 悠久的历史与发达的人类文明

中国是人类历史文明的主要发源地之一。我们的祖先从远古时代就在中华大地上生活、劳动、繁衍。考古研究表明，早在 170 万年前的旧石器时代，中国的史前文明就已经形成了华北和华南两大谱系。到距今 4000～9000 年的新石器时代，中国形成了旱地农业、稻作农业、狩猎采集三大史前文化区。公元前 16 世纪的商代就出现了甲骨文，周朝形成了以礼、乐为中心的政教系统，战国时期出现了诸子百家争鸣，文化空前繁荣。

4. 众多的民族与丰富多彩的民族风情

中国是一个统一的多民族国家，包括汉族在内共有 56 个民族。各个民族由于所处的客观环境的差异或经历了不同的历史发展过程，形成了各自鲜明独特的习俗。早在汉代我国就有"千里不同风，百里不同俗"的说法。中国的各民族在居住、饮食、服饰、生产、交通、婚丧、岁时、家庭、村落、宗教、道德、礼仪、禁忌乃至语言文字、文学艺术等方面，无不反映出强烈的地域特色和民族风格，成为中国人文地理环境中最富活力的景观。

二、中国旅游资源的基本特征

1. 旅游资源种类齐全、数量丰富

我国幅员辽阔，自然地理环境复杂多样；历史悠久，人文地理环境丰富多彩。在这种地理环境条件下，我国旅游资源不仅种类齐全，而且数量也十分丰富。山川河流、峡谷瀑布、湖泊涌泉、沙滩礁岛、峰林溶洞、雪原冰川、沙漠戈壁、珍禽异兽、奇花异草、历史古迹、文化遗产、园林建筑、民情风俗、工艺特产、风味佳肴等这些旅游资源，我国皆有分布。不仅如此，各种类型都具有极其丰富的数量。

2. 旅游资源分布广泛、地域性强

我国旅游资源十分丰富，在空间分布上具有普遍的广泛性。从东海之滨到西北内陆，从南海礁岛到黑龙江畔，从高原到盆地，从高山到峡谷，从城镇到乡野，都有丰富的自然和人文旅游资源。尽管我国旅游资源广泛分布，但由于各地自然地理和人文地理环境的差异，使得各地旅游资源亦迥然不同，表现出显著的地域性。名山胜水主要集中在东部季风区，壮阔的雪域冰川、沙漠戈壁、草原草甸基本上在西部和北部地区；历史古迹主要集中在黄河流域和长江流域；民族风情主要体现于西北、西南及东北边陲地区；皇家建筑、帝王陵寝以北京、西安为代表的北方为胜；山水园林则以苏州、杭州为代表的南方为优；现代建设成就以京津地区、长江三角洲地区和珠江三角洲地区最为集中。

3. 形成了区域性的典型主题

我国总体上是自然旅游资源组合结构以山水风光为主体，人文旅游资源组合结构以历史古迹及民俗风情为突出。由于各地地理环境结构的差异，各大地区形成了区域性的典型主题：东北地区的林海雪原与关东文化，华北地区的京都古迹与中原文化，华东地区的名山秀水与吴越文化，华南地区的南国风光与岭南文化，西南地区的石林洞乡与西南少数民族的农业文化，华中地区的峡谷巨川与巴蜀和楚文化，青藏地区的雪域藏乡与高原游牧文化，西北地区的丝路古迹塞外风光与西北少数民族的游牧文化。

4. 自然旅游资源和人文旅游资源紧密结合

在我国大凡有自然旅游资源的地方，都有人文旅游资源存在。

第三节 中国旅游区划方案

旅游区是以旅游资源特征为基础，具有组织旅游活动的相应机构、设施和旅游点、旅游地的相对完整的地域综合体。旅游区划是将区域内部相似性最大、差异性最小，与临近区域差异性最大，相似性最小的旅游地理现象从地域上加以划分，以形成各具特色而又相对完整的旅游地理区域体系。由于教学或科研需要，不少学者进行了有益探索，先后提出了一些不同的中国旅游区划方案及分区体系。

本书遵循中国旅游区划的基本原则，结合中国旅游资源地域分布规律及中国旅游业发展现状，根据地理区位，拟将中国划分为8大旅游区：东北旅游区，包括黑龙江、吉林、辽宁3个旅游省；华北旅游区，包括北京、天津、河北、山东、山西、河南、陕西7个旅游省市；华东旅游区，包括安徽、浙江、江西、江苏、上海5个旅游省市；华南旅游区，包括福建、广东、海南、台湾、港澳5个旅游省区；华中旅游区，包括重庆、湖北、湖南3个旅游省市；西南旅游区，包括四川、贵州、云南、广西4个旅游省区；西北塞外旅游区，包括甘肃、新疆、内蒙古、宁夏4个旅游省区；青藏旅游区，包括西藏、青海2个旅游省区。

1. 简要谈谈你对中国旅游资源的认识。
2. 简单描述一下中国旅游资源的地理背景。
3. 中国旅游资源有哪些基本特征？
4. 简述一下本书的旅游区划方案。

第六章

中国名胜古迹特色荟萃

学习要点及目标
- 掌握中国八大旅游区的名胜古迹特色。
- 了解各旅游区的自然地理环境和资源的主要特征。
- 学习各旅游区的主要风景名胜。

第一节　东北林海——雪原·火山特色

东北旅游区位于我国东北部，西起大兴安岭，东达长白山地，北至黑龙江，南抵辽东半岛，包括黑龙江、吉林、辽宁三省，因本区在山海关以东，故俗称"关外"或"关东"。

东北旅游区是我国纬度较高的旅游区，在山环水绕的地形大势中，有茫茫林海，皑皑雪原、火山熔岩奇观，更不乏文物古迹和独特的民族风情，其良好的避暑气候条件、奇特的火山熔岩地貌、中西文化交汇的城市建筑等都是东北旅游区的特色旅游资源。一个以大连、哈尔滨、长春、吉林、沈阳等旅游中心城市为核心，联系全区各旅游景点的旅游网络基本形成，发展潜力巨大。

一、自然地理环境特征

1. 三环水绕、沃野千里，火山熔岩地貌典型

在富饶美丽的东北大地上，有山有水，平原广布，其地貌类型的分布很有规律。东北地区的中心区域是东北平原，它是由三江平原、松嫩平原、辽河平原组成的大平原。东北地区位于世界环太平洋火山地震带的边缘，其火山形成与板块运动有关。本区的火山熔岩景观即有集中分布的火山群。

2. 冬长严寒、夏短温湿，冰雪旅游资源得天独厚

本区占据我国最北与最东两端点，位于中纬度大陆东岸，是我国纬度最高的地区，其气候类型属于温带季风气候，气候特征为冬季严寒而漫长，夏季暖湿而短促。东北地区山水兼备，山区山体高度一般不大，外形也比较浑圆，尤其是山地向平原过渡的丘陵地带，坡度和缓且有变化，又有大量优质积雪覆盖，雪期较长。适宜的地形条件与积雪条件的结合，使本区成为我国低海拔地区中最有条件开展各种滑雪运动的地区。冰雪艺术作品和雾凇是本区独具魅力的奇景。

3. 避暑胜地众多，消夏生态旅游地域广阔

全区夏季温度不高，白天时间长而温暖，夜晚时间短而凉爽，是本区消夏避暑的基本条件。本区避暑胜地遍布，具有代表性及地域特色的主要有：漠河"北极"特色游、温带海滨风光游、森林湿地生态游。

本区山环水绕、平原中开的地表结构，在不同程度上加强了气候的冷湿性。山地形成了寒温带明亮针叶林和温带针阔混交林。山地的内侧、东北中部平原，湿度减低，形成了温带森林草原与草甸草原景观。由于气候冷湿，适宜林木生产，使森林成为本区主要的自然景观。

二、人文地理环境特征

本区历史上的土著民族是长期以游猎为生的少数民族，其中满族的前身也是游牧狩猎部族，满族于明末在此建立大清，随后入关迁都北京。在民族和文化发展的演变进程中，直至明清以前本区始终以少数民族土著文化占主导地位，其中包括满族农耕文化、蒙古族游牧文化、鄂伦春、达斡尔的狩猎文化和赫哲族的渔猎文化等。随着土著文化入主中原和中原人口大量流入东北，中原文化才融入东北当地民族文化，形成具有东北特色的传统关东农业文化，并成为本区文化的主体。近代由于沙俄、日本入侵及欧美移民的涌入，给关东文化留下了殖民色彩的痕迹，表现在城市建设、宗教、经济、生活等方面。本区典型的多元化特性形成别具特色的人文旅游资源。

1. 丰富多彩的民俗风情

在多元文化背景下，农耕与渔猎文化相复合，透射出具有关东文化特色的民俗风情。最能代表关东农耕文化的民俗，当数乡土气息极为浓厚的"二人转"。东北"二人转"是由东北农村民间歌舞"大秧歌"演变而成的一种自娱性的民间歌舞艺术形式。冰雪艺术活动和冰雪娱乐活动是既传统又时尚的独具北国特色的关东风情。

2．受多种文化影响的建筑艺术

东北少数民族的发展历史及中原文化对本区的影响，在各地特色建筑中得到了很好的反映。其中明清以前的建筑文化遗址主要体现了游牧民族风格，但也可发现其中与中原文化的联系。从明代起，河北、山东农民开始"闯关东"，随着中原人口的大量迁入，使得中原文化与当地文化进一步融合。满族人所建的沈阳故宫，是清朝入关前的清室皇宫，独具满族生活色彩与艺术风格，是融合满、汉两族建筑风格的经典之作。在近代历史上，由于沙俄和日本以城市为据点对本区进行殖民统治，使本区城市建筑风貌出现与关内截然不同的风格，留下了大量欧式及日本式或多种文化融合式的建筑。

3．快捷便利的交通运输网络

本地区地形和缓，便于修筑铁路，目前东北有全国最发达的铁路运输网，共有铁路70余条，总长1.4万km，此外，近几年为满足本地区的交通需要，又修建了很多高等级公路，在弥补铁路网不足之处的同时，又为人们设计旅游线路提供了更多的选择。在水运方面，主要有黑龙江、松花江的内河航运。海上运输有全国著名的大连良港，其吞吐量位居全国第二位。可以说本地区已形成了全国最发达的交通网络，为旅游业的发展奠定了良好的基础。

三、主要风景名胜

(一) 黑龙江省主要旅游地

黑龙江省位于我国东北部，以边境大河黑龙江而得名，其境内物产丰富，山环水绕，平原中开。拥有巍峨连绵的大小兴安岭，沃野千里的三江平原，逶迤茫茫的林海雪原，一望无际的湿地、草原和冬寒夏凉的气候条件，决定了黑龙江省在冰雪旅游资源、森林旅游资源和消夏旅游资源方面的优势。黑龙江省还有3000多公里的中俄边境线，其得天独厚的对俄边境旅游资源如今越来越受到人们的重视。另外，黑龙江省境内还居住着汉、满、朝鲜、蒙古、回、达斡尔、鄂伦春、赫哲等49个民族。其丰富多彩的地方民族风情，又为民俗旅游创造了较好的条件。

1．哈尔滨

哈尔滨（图6-1）位于美丽的松花江畔，原为一渔村，现在是黑龙江省的省会，以她美丽的城市风光和独特的冰雪旅游活动闻名于世，被誉为天鹅颈下的一颗明珠。她是黑龙江省的政治、经济、文化中心和交通枢纽。

图6-1 哈尔滨雪景

主要景点有太阳岛、斯大林公园、兆麟公园、博物馆、极乐寺、圣·索菲亚教堂等。

2. 五大连池

五大连池风景区位于黑龙江省德都县西北，小兴安岭西南侧，在火山群环抱之中，是我国火山地貌及生态系统自然保护区，有"火山地貌博物馆"之称。风景区由五大连池火山群、五大连池（湖）、矿泉和熔岩组成，具有池、石、泉"三绝"，湖泊、冰洞、石海"三奇"的风景特色。五大连池（湖）是因为火山喷发阻塞河道而形成的五个碧波荡漾的熔岩堰塞湖。

3. 亚布力滑雪场

位于黑龙江省尚志市境内，总面积达220平方公里。这里山高林立，雪域广阔，平均积雪厚度达40厘米左右。积雪期可达半年，且雪质好，硬度适中，是非常理想的滑雪场地。由于1996年2月第三届东亚会的滑雪比赛项目曾在此举行，目前它已成为我国第一家按国际标准设计并为国内旅游者提供综合服务的最大旅游滑雪场地。滑雪场设施齐全，除拥有总长度达30公里的初、中、高级滑雪道15条外，还拥有1条长5000米的雪地摩托和气垫船轨道，1条2680米的世界超级旱地雪橇滑道。

4. 镜泊湖

镜泊湖风景区（图6-2）位于黑龙江东南部、牡丹江市西南宁安市境内，由于牡丹江下游河道被火山熔岩堰塞而形成，是我国最大的高山堰塞湖。景区中的吊水楼瀑布、大孤山、小孤山、城墙砬子、老鹳山、白石砬子峭壁、珍珠门双峰、道士山九龙探水被誉为湖中八景。

图6-2 镜泊湖风景区

由火山喷发熔岩而形成的地下岩熔洞穴，像一条地下隧道，长数公里，洞穴内有熔岩乳石、熔岩花、熔岩瀑布等。千姿百态、琳琅满目。

（二）吉林省主要旅游地

1. 长春

吉林省原属辽阳行中书省，辽置春州，明时为女真地，清嘉庆五年置长春厅，治所长春堡，道光五年（1825年）移至宽城子，即今长春市。长春市是吉林省省会，长春也是我国著名的汽车城和东北地区著名文化城，长春市街道整齐宽阔，绿树成荫，故又有"塞外青城"之称。

2. 吉林

吉林市原名"吉林乌拉"，满语为沿江之意，故吉林又称"江城"。清初，为抵御沙俄，曾临江设置船厂，吉林又有"船厂"之称，1954年以前，一直是吉林省的省会，现在是我国著名的"化工城"。吉林四周环山，第二松花江呈"S"形纵贯市区南北，西北部的北山公园，东部的龙潭山公园都是著名的风景游览地，松花湖为第二松花江上的一个人工湖，风光十分美丽。

3. 长白山风景区

长白山风景区（图6-3）位于吉林省东南部，是第三纪以来火山活动熔岩喷溢的产物，多次火山喷发形成主峰白头山主体，著名奇景都与火山喷发后形成的地貌现象以及地表植物有关。长白山地区生长着大面积种类繁多的温带针阔叶混交林，还有东北虎、梅花鹿、紫貂等珍贵动物。

图6-3 长白山风景区

由于独特的地质地貌、气候、土壤、动植物的分布，是个具有世界意义的自然博物馆和很有价值的风景旅游胜地。

（三）辽宁省主要旅游地

辽宁省共有9处国家重点风景名胜区、1处国家历史文化名城、35处全国重点文

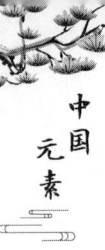

物保护单位。

1. 沈阳

沈阳是座有2000余年历史的古城，现已成为有200多万人口的现代化工业城市。以沈阳为中心，由鞍山、抚顺、本溪等组成的城市群是东北工业区的心脏。沈阳又是辽宁省的省会，位于京沈、哈大、沈丹、沈吉铁路的交点上，交通四通八达。

2. 大连

大连位于辽东半岛南端，东濒黄海，西临渤海，海岸线绵长，沙软水清，环境幽雅，气候受海洋调节。大连古属青州，汉武帝时辟山东至朝鲜半岛航线途经大连沿海，该地始得发展，后元世祖曾派新附军在此屯田。清康熙时重修金州炮台，旅顺口遂成为北洋海军基地。大连古称三山浦、青泥洼，原曾称旅大市。

大连旅游胜地主要有大连海滨、金石滩和旅顺景区、冰峪沟和长山群岛风景区以及市区市郊外众多的游览景点。

第二节　华北古都古迹——名山特色

华北旅游区包括北京、天津、河北、山西、陕西、河南、山东五省两市，位于我国北部中枢地区，是我国历史文化的主要发祥地，旅游资源种类丰富，分布相对集中，旅游资源价值高，是我国主要的旅游区域，是全国的政治、经济、文化和交通中心，是我国旅游活动兴起较早的地区。华北旅游区地貌类型齐全，名胜景点众多，尤以名山海滨最为突出，华北旅游区又是古人类和古文明的发祥地，以丰富的文化遗产构成旅游资源的主要特色。长城、故宫、北京猿人遗址、承德避暑山庄、颐和园、天坛、平遥古城、泰山、孔府、孔庙及孔林等已被列入《世界遗产名录》。国家级风景名胜区也大多含有丰富的文化内涵。

一、自然地理环境特征

1. 地貌形态复杂多样

华北旅游区在我国地貌格局上跨二、三级阶梯，拥有山地、高原、平原、丘陵和盆地等多种地形，地貌类型齐全，自然景观多样。山地主要包括冀北山地、太行山地、陕南山地和豫西山地几部分，冀北山地包括燕山山脉和辽西一带山地，它横亘于华北平原北部，西接太行山，是华北平原向内蒙古高原的过渡地带。

2．暖温带温润、半湿润季风气候

典型华北旅游区位于亚欧大陆东部，北半球中纬度地带，除汉中盆地以外，皆为暖温带湿润、半湿润季风气候，其气候特点是：春季干燥多风，夏季炎热多雨，秋季秋高气爽，冬季寒冷少雪，四季分明。冬夏长而春秋短，秋季是一年中旅游的黄金季节。华北旅游区降水集中在七八月份，占全年降水量的70%，降水自东向西递减。在此气候条件下，本区植被以暖温带落叶阔叶林为主，生长不够茂密，冬春季节自然景观比较萧条，但自有其粗犷、豪放之风采。山地的垂直分布以秦岭最为典型，秦岭植被种类多，被辟为"太白山自然保护区"。

二、旅游资源的主要特征

华北旅游区是中华民族的发祥地，人文旅游资源异常丰富，且山水胜景和文物古迹相融合，构成了本区旅游资源的独特优势。

1．文物古迹荟萃，精华众多

华北旅游区历史上自然条件优越，所以成为亚洲大陆早期人类文明比较发达的地区之一，如蓝田猿人、丁村人等古人类化石均发掘于本区，半坡文化、仰韶文化、大汶口文化、龙山等新石器时代的文化遗址，它们在同一种文化中历史悠久，出土物有代表性，所以成为我国古文化发展阶段的标志。帝王陵寝是华北旅游区重要的人文旅游资源，帝王陵墓有黄帝、尧、舜、秦、汉、唐、宋、明、清等各朝代陵墓。还有孔墓、孟墓、司马迁墓等，陵墓中以明十三陵、清东陵、清西陵、秦始皇陵、孔林等最为著名。华北旅游区宗教遗址也较丰富，佛教建筑分布广，也最为壮观。三大石窟中的龙门石窟、云冈石窟也在本区。五台山为四大佛教名山中开发最早的。现存最古的木塔佛宫寺释迦塔在山西应县。北京牛街清真寺也为全国清真寺中的佼佼者。基督教第一次传入中国也首先是到达唐代的长安。古建筑绝世超群，我国三大古建筑群（北京故宫、曲阜孔庙、泰山岱庙）都分布于本旅游区，华北旅游区古都名城多。

2．海滨优美、名山众多

华北旅游区的渤海、黄海之滨，是我国著名的海滨旅游胜地。海岸漫长曲折，滩面平缓宽阔，冬无严寒，夏无酷暑，气候宜人，是消夏避暑和沐浴的良好场所，其中以北戴河、南戴河、烟台、青岛等地为理想的阳光海滩旅游胜地。华北旅游区名山众多，可进入性大。著名的五岳本区占有四岳（泰山、嵩山、恒山和华山）；还有佛教名山五台山、道教名山崂山以及云中公园鸡公山、京东第一山盘山等。

3．开发历史悠久，旅游经济兴盛

由于历史的原因，本区自古就是旅游重点地区，无论帝王巡游，官宦仕游，士大夫漫游，僧侣云游，商贾贸易，以及外国使臣辐辏云集，因此道路和设施都曾具备相当规模。现今的华北旅游区交通运输更是发达，拥有以铁路、公路为主，海运、空运为辅的现代化交通运输网。北京是该运输网的中心，也是全国运输网的中枢。华北旅游区的旅游纪念品也是非常引人注目的，如陕西、河南的唐三彩、陕西的古碑帖拓片、山东的鲁砚、北京的景泰蓝、宫灯、金漆镶嵌等。华北旅游区的多种文艺形式也是深受广大旅游者喜爱：如京剧、河北梆子、豫剧、秦腔、山东快书等。

三、主要风景名胜

（一）北京市及其主要游览地

1. 北京市

北京是中华人民共和国的首都，是全国政治、经济、文化、交通和对外交往的中心，气候属温带大陆性季风气候，春秋两季是旅游的最佳季节。北京是举世闻名的历史文化名城，我国七大古都之一。北京的历史可追溯到50万年前的北京猿人故居——周口店，秦始皇统一全国后，蓟城成为广阳郡的治所所在地。五代时在此建陪都，称南京。金占领中原后，改称中都，北京作为我国封建王朝统治中心的历史从此开始。元朝统治中原后，金中都毁于一炬。明朝攻入大都后，改称北平，1403年又改称北京，清朝入关后迁都北京，全盘接受了明北京城的总体布局，1912年随着清朝的灭亡，北京作为封建王朝都城的历史也随之结束。1928年，中华民国时期改名北平。1949年10月1日中华人民共和国成立，定为首都，更名为北京。随着现代化娱乐活动的兴起，北京也先后建起密云游乐场、石景山游乐场、龙潭湖游乐场、世界公园、中华民族园、亚运村等具有现代化水平的娱乐场所。

2. 故宫

故宫旧称"紫禁城"（图6-4），原是明清两代的皇宫，曾有24代皇帝在此居住，后辟为故宫博物院，故宫修建于明永乐四年至十八年间（1406—1420年），距今已有近600年的历史。它位于北京城中心，周围6公里，占地72万平方米，有大小宫殿70多座，房屋9999间，建筑面积达15万平方米，它是我国现有最大最完整的古代宫殿建筑群，也是世界最大的皇家宫殿。故宫内部主要分为"前朝"和"内廷"两部分，前朝以太和、中和、保和三大殿为中心，文华、武英两殿为两翼，为封建皇帝举行大典和召见群臣、行使权力的主要场所。"内廷"有乾清宫、交泰殿、坤宁宫及御花园，两侧分列东、西六宫，为封建皇帝进行日常活动及后妃太子们居住、游玩和祭神的地方。故宫建筑从布局、规模到制式，一律保持严格的等级区别，表达了皇权至尊的中心思想，集中体现了我国古代建筑艺术的传统风格，是我国古代建筑艺术的精华。

图6-4 故宫

3．天坛

天坛始建于明永乐十八年（公元1420年），占地4000亩，是明清两代帝王祭天祈谷之所。天坛由内、外两重坛墙围绕，南方北圆、象征"天圆地方"。在一条中轴线上，从北到南依次排列着祈年殿、皇穹宇、回音壁、圜丘四组建筑，以圜丘、祈年殿为主体。绮丽雄伟的祈年殿高32米，殿顶琉璃瓦采用象征天空的深蓝色，殿内全用木料造成，没有大梁长檩，没有墙，殿中28根大柱，象征28星宿，其中4根龙柱象征一年四季，中层12根金漆柱象征一年12个月，外层12根象征一天12时辰，中外层共24根柱表示24节气。皇穹宇是存放圜丘祭礼牌位的地方，为一座单檐蓝瓦圆殿，共围于一圆墙之内，形成一座三层汉白玉圆形石坛。皇穹宇外围圆墙巧应声波反射原理，形成了著名的回音壁，是我国四大回音壁建筑之一。斋宫是皇帝行祭礼时的斋戒处，中心建筑是座单檐庑殿顶五楹大殿，俗称无梁殿，以示心灵至敬至诚。

4．天安门广场

天安门广场是中华人民共和国的象征，位于北京市的中心，面积44万平方米，是当今世界最大的城市中心广场，天安门广场每天隆重庄严的升旗仪式已成为新中国"第一景"。

天安门城楼雄伟壮观，总高33.7米，红色城墙，金黄琉璃瓦，城台下方的五个拱形门洞与门前五座汉白玉石刻栏的金水桥一一对应，相互呼应，桥外美丽的华表和威严的石狮雕刻精美绝伦。人民英雄纪念碑正对着天安门，碑座上八幅大型浮雕，再现了近代中国人民斗争的历程，毛泽东的题词"人民英雄永垂不朽"与周恩来书写的碑文，表达了全国人民对幸福生活缔造者的深切缅怀和崇敬之情。纪念碑的南面坐落有毛主席纪念堂，广场东侧是中国国家博物馆，西侧是人民大会堂。

5．颐和园

颐和园在北京海淀区，主要由万寿山和昆明湖组成，清乾隆十五年（1750年）始建为清漪园，咸丰十年（1860年）被英法联军焚毁。光绪十四年（1888年）重建，

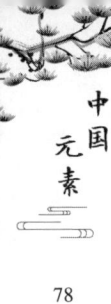

改名颐和园；光绪二十六年（1900年）遭八国联军严重破坏，光绪二十九年（1903年）再次修复，即为今日颐和园之规模。颐和园是中国最后一座采用传统规则设计程序、施工技术、构件材料和匠作组织所完成的杰出巨制，是中国封建社会末期园林兴造鼎盛时期出现于北京西郊的"三山五园"中最后建成且规模最大和保存最完整的一座皇家园林。颐和园布局政治活动区、生活居住、游览三个区域。

6. 雍和宫

雍和宫位于北京东城区雍和宫大街东，是北京最大的宫殿式喇嘛庙，面积约6.6万平方米，始建于清康熙三十三年（1694年），原为清雍正皇帝登基前的府邸。宫内规模宏大，主要由三座精致牌坊、天王殿、正殿、永佑殿、法轮殿、万福阁、雍和宫殿组成，其中以法轮殿最为雄伟，殿中的檀木雕像和铜像为世上珍品。万福阁为宫内最高建筑，阁内高26米的弥勒佛站像，为世界罕见的室内巨像，它与金丝楠木的木雕佛龛、金银铜铁锡制成的"五百罗汉山"一起被誉为雍和宫"三绝"。雍和宫是北京最华丽的寺庙，也是我国著名寺庙之一。

7. 八达岭长城

八达岭长城和慕田峪长城都是长城中保存较好的段落，八达岭长城位于北京北郊延庆县境内军都山上，海拔逾千米，地势险要。该处长城以巨型花岗石条石为基，青砖砌城墙，平均高7.8米，墙基平均宽6.5米，可容五六匹马并行，城墙每隔三五百米设敌台或敌楼一座，在山脊高地，城墙转角或地势险要处加筑有堡垒式城台，附近小山岗上筑有烽火台，防御体系十分完整，是长城精华之所在。居庸关筑在八大岭南一条峡谷内，有"一夫当关，万夫莫开"之势，历来为兵家必争之地。沟内森林繁茂，"居庸叠翠"是著名的燕京八景之一。

（二）天津市及其主要游览地

1. 天津市

天津地处华北平原东北部，渤海湾西部顶端，海河五大支流汇合处，自古为"河海要冲"，"畿辅门户"。早在战国时代，天津一带已有不少居民点，东汉末年，曾在此开凿运河，天津在元朝时因漕粮转运，1316年元代设置"海津镇"，明朝时称天津（天子的津渡之意），并筑城设卫，故有天津卫之称。天津地形以平原为主，仅北部有占面积5%的山地。

近年来先后建成食品街、旅馆街、服装街及以天后宫为中心的文化街仿古建筑群；并修复文庙、吕祖堂、鼓楼、广东会馆等古建筑，与海河风景线共同构成了主要游览观光地。

2．独乐寺

独乐寺位于天津市蓟县城内，始建于唐代，是我国著名的古代佛教建筑之一，其主要建筑有山门、观音阁及东西配殿。观音阁为我国现存最古老的木结构高层楼阁建筑，高23米，共用二十四种不同的斗拱连接而成，建筑手法高超，阁内供奉的十一面观音菩萨像，高16米，为国内最大泥塑之一，它同寺内的辽代彩塑和明代壁画，均为我国古代文化宝库中的精品。

3．盘山风景名胜区

盘山在蓟县城关西北十多公里处，又称"盘龙山"，系燕山余脉，花岗岩石体平均海拔约500米，主峰挂月峰海拔864米。盘山相传是东汉末年田畴的隐居地，到唐代始成为一处佛教圣地。现存名胜古迹有天成寺、古佛舍利塔、万松寺、石塔林和摩崖石刻等。盘山素以五峰、八石、三盘之胜著称。五峰以主峰挂月峰为中心，前有紫盖峰、后有自来峰、左有舞剑峰、右有九华峰。八大怪石是悬空石、摇动石、晾甲石、将军石、夹木石、天井石、蛤蟆石、蟒石。三盘胜景，一是上盘松胜，蟠龙松、卧龙松、迎客松等，苍松翠柏，姿态各异；二是中盘石胜，仙台石、将军石、喝断石等千姿百态；三是下盘水胜，甘泉、神潭、飞潭等20余处水景，涓流不息。盘山山势雄伟，峰奇林茂，古迹众多，是中外游人竞游之地。

4．水上公园、文庙、大沽口炮台

水上公园是天津市内最大的公园，占地160多公顷，园内有三湖十三岛，岛之间以造型精美的拱桥、曲桥和桃柳堤相连，兼有北园情趣和江南风貌。文庙是天津市规模最大，保存最完整的古建筑群，由牌坊、礼门、泮池、棂星门、大成门、大成殿、崇圣祠和配殿等建筑组成，庙内雕梁画栋；庙外两座明代过街牌楼造型独特精美，为我国牌楼中所罕见。大沽口炮台，建于明代，有炮台五座，以"威"、"镇"、"海"、"门"、"高"五字命名。在光绪二十六年（1900年）抗击八国联军和第二次鸦片战争期间，爱国军民曾在此浴血鏖战。

(三) 河北省重点旅游城市和主要游览地

1．秦皇岛市

秦皇岛背依燕山余脉，前绕渤海之滨，是我国渤海海滨著名的旅游城和避暑胜地。该市历史悠久，汉代属幽州，公元前215年，秦始皇东巡到达碣石，刻下了著名的"碣石门辞"，三国时曹操北征乌桓路过此地，写有著名诗篇《观沧海》。

秦皇岛港冬季不封冻，水深风小，泥沙淤积缓慢，是一处理想的深水港。秦皇岛腹地广大，距北京仅300公里，无论城市经济、港口建设和旅游业发展潜力都很大。北戴河海滨位于秦皇岛西南15公里处，因戴河流经而得名。北靠联峰山，南连渤海，受海洋调节，夏季气候凉爽，是理想的海滨浴场。

2. 承德避暑山庄

承德避暑山庄和外八庙避暑山庄又称承德离宫或热河行宫，是我国现存最大的皇家园林，是清代皇帝避暑和从事政治活动的场所。山庄始建于清康熙四十二年（1703年），乾隆五十五年（1790年）竣工，占地达564万平方米，是北京颐和园的两倍，也大于圆明园。

避暑山庄在我国园林建筑艺术中别具一格，在设计上以"自然天成就势，不待人力假虚设"为指导思想，用集锦式布局方法巧妙地因山理水，凿湖开渠，造林筑堤，修宫筑苑，使人工建筑和自然风光和谐地融为一体；它集我国南北造园之大成，汇集了镇江金山寺、苏州寒山寺与沧浪亭、杭州六和塔、南京报恩寺、宁波天一阁、嘉兴烟雨楼等建筑之长，并加以创新，使人在视觉、听觉、触觉上获得清新、恬静、典雅之感。

（四）山东省重点旅游城市和主要游览地

1. 济南

济南建城很早，古称历城、历下，现在是山东省的省会，京沪、胶济铁路交会与此，济南南近泰山、北临黄河，是一座具有2000多年历史的名城。济南市区位于鲁中南丘陵和华北平原的交界线上，地下水资源十分丰富，城南山区的岩石是质地较纯的石灰岩，而平原地区却是质地坚硬的岩浆岩。石灰岩多孔隙和溶洞，南面山区的大量地下水便沿着山势向北流，到了济南一带受阻于岩浆岩便在地下聚集起来，沿着某些裂缝喷涌而出，形成天然涌泉，因而济南自古就有"泉城"之誉。众泉汇集大明湖，碧波绿柳，清人咏湖有"四面荷花三面柳，一城山色半城湖"之句，其中山指千佛山，湖即大明湖，泉、湖、山构成了济南"三胜"。

2. 青岛

青岛位于胶东半岛南侧，黄海胶州湾出口处东岸，三面环海，一面临山，为港阔水深，风平浪静，冬季不冻的优良海港。青岛以避暑和海浴为主要旅游内容，海滨岸线曲折，多港湾，岩礁星罗棋布，胜景甚多。崂山位于青岛市东北崂山县境、黄海之滨，主峰崂顶海拔1133米，山势东峻西缓。崂山兼具山、海、石、洞、林、泉诸景，景色秀丽，气势磅礴，古有"泰山虽云高，不如东海崂"之说。

3. 泰山风景区

泰山（图6-5）位于山东省泰安市，成山于太古代，距今已24亿多年，是一个古老的片麻岩、花岗石构成的断

图6-5 泰山

块山地，主峰海拔1545米，山势磅礴，常被誉为中华民族伟大崇高的象征，又因其雄伟壮丽而获"五岳独尊"之誉。岱庙是泰山第一名胜，始建于汉代，以后各代均有增修、扩建，规模宏大，主殿天贶殿高22.3米，宽9间，重檐八角，红墙黄瓦，斗拱彩绘，雄伟壮观。泰山是优美的自然风光和人文景观巧妙融合的典型风景名胜区。

4．孔府、孔庙、孔林

孔府旧称"衍圣公府"，是历史衍圣公的官署和私邸，几经扩建，面积达16公顷，厅、堂、楼、轩等建筑460多间，布局分东、中、西三路，中路为主体部分，前为官衙，后为内宅，最后是孔府花园；西路为客厅院，东部为家庙。孔庙（图6-6）是国内规模最大的文庙之一，位于曲阜市城内，原为孔子故宅，后历代维修扩建，规模日大，现占地327亩，规模宏大，殿宇众多。大成殿是孔庙的主体建筑，高32米，重檐九脊，斗拱交错，庄严雄伟，规模仅次于北京故宫太和殿；奎文阁为高34.3米的阁楼式建筑。孔庙内珍藏历代碑刻2100余方，是仅次于西安碑林的我国第二个书法艺术宝库。

图6-6 孔庙

5．胶东半岛海滨风景名胜区

该区位于山东省胶东半岛东北部，包括陆上烟台—蓬莱和威海—成山头两片区以及海上长山岛、黑山岛、刘公岛等岛屿。区内海湾岬角曲折多姿，地形起伏，林木繁茂，海蚀地貌如天然群雕，人文景观十分丰富。蓬莱古称登州，倚山抱海，自古就是人们幻想中的"仙境"，在春夏之交可以看到"海市蜃楼"奇景。蓬莱阁位于城西北丹崖山巅，面对大海，如凌云烟，是神话里"八仙过海"的地方。蓬莱水城位于阁东侧，为明代抗倭名将戚继光所筑，水城巧妙的布局，独特的结构为建筑界、考古界、军事界所称道。长岛有"海上仙岛"之称，威海刘公岛是我国著名海上重镇，北洋水师曾在此建立基地，成山头是我国东部"天涯海角"，地势险要，秦始皇两次登临，留有众多古迹，是历代著名风景名胜地。

（五）山西省重点旅游城市和主要游览地

1．太原

太原古称"晋阳"，战国时秦曾设郡，唐以后为太原府。太原市始设于1927年，今为山西省省会，同蒲、石太、太焦铁路交会于此，重工业发达。太原位于晋中盆地，三面环山、西临汾河，市西南有著名的晋祠，西北有大佛寺，还有开元寺、连理塔、双塔寺、天龙山石窟、多福寺等寺观塔窟，但规模价值则以晋祠为最。晋祠位于悬瓮山下晋水发源处，"前临曲沼，后拥危峰"（郦道元《水经注》），景色极美，始建年代已无考证。唐李渊父子曾在此起兵灭隋，唐太宗亲临并撰写了《晋祠之名并序》，从此名声大振。晋祠建筑分三大部分：北是以文昌宫、东晋祠、三清洞为代表的景物建筑群；南部是有江南园林特色的楼台耸峙；中间是以圣母殿为主体的中轴线建筑群。

2. 大同

大同古称云州，为历史名城与边防重地。大同市内有明代九龙壁，壁长45米，高8米，优美精致，色彩绚丽，工艺精湛，是我国最早和最大的九龙壁。善化寺俗称南寺，位于大同城南，为全国辽金时代所建寺院中布局保存最完整者。华严寺位于大同城西，始建于辽代，是辽金时期我国华严宗重要寺庙之一，其建筑、泥彩塑像、壁画俱绝佳。云冈石窟位于市西16公里的武周山南麓，开凿于北魏年间，凿石开山，东西长约1公里，现存主要洞窟53个，造像5.1万余尊，造型古朴刚健，具有典型的北魏造像风格。方形窟室，中央刻满浮雕的方形塔柱是云冈石窟特色之一，最大塔柱断面为60平方米，塔柱与整个洞壁嵌满大小佛像、菩萨、罗汉和飞天造像，进入石窟可以领略当年"山堂水殿，烟寺相望"的佛教盛况，同时也为雕刻家们精湛的雕刻技艺而赞叹。

3. 五台山风景区

五台山位于山西省东北部五台县境内，为太行山一脉。五台山主峰北台顶海拔3058米，素称"华北屋脊"，山势雄伟，五峰耸立，因峰顶平缓如台，故称五台，因山区高寒，盛夏凉爽，故又称清凉山，山上有大片原始针叶林和天然牧场，已被列为国家级森林公园。五台山是文殊菩萨的经场和居住圣地，古刹梵宇星罗棋布。自汉明帝建大孚灵鹫寺以来，五台山就成为我国佛教中心之一，以后魏、北齐以及隋、唐等各代不断修建寺庙，到明代时已有佛寺百余座，成为我国佛教名山。现仍保存四十余座寺庙、佛殿及众多佛教文物。著名的佛寺有显通寺、塔院寺、菩萨顶、殊像寺以及唐代南禅寺大殿和佛光寺等。南禅寺内大佛殿是中国现存寺庙中历史最长的唐代木结构建筑；佛光寺现保存的唐代木构建筑，以及泥塑、壁画、墨迹、石雕、墓塔等，是我国文物中的瑰宝。

4. 恒山风景区

恒山位于山西浑源县，绵延150公里，犹如多匹骏马奔腾，故有"恒山如行"之说。主峰海拔2017米，山势雄伟，横亘塞上，自古为兵家必争之天险。山上怪石争奇，古树参天，自然景观幽静清雅。恒山古有十八胜景，今存有琴棋台、朝殿、会仙府、九天宫、悬空寺等十多处，另有出云洞、紫芝峪等自然风光。悬空寺建于恒山下金龙口两崖峭壁上，始建于北魏晚期，全寺有殿宇楼阁四十多间。陡崖上凿洞穴，插悬梁为基，楼阁之间建栈道相通。寺背西面东，院内南北各有危楼对峙，既是碑亭，又是门楼，下砌砖壁，上筑楼阁，寺内有各种铜铸、铁铸、泥塑、石雕像80多尊。悬空寺建在峭壁上，宛如空中楼阁，构筑惊险，造型奇特。游人走悬空栈道，如行绝壁，极富诗情画意。

（六）河南省重点旅游城市和主要游览地

1．洛阳

洛阳位于河南省西部、陇海铁路线上，是国家历史文化名城，由于位于古代中国的中心位置，一向有"中州"之称。洛阳最大的吸引力则在于龙门石窟（图6-7）。石窟开凿在伊河两岸，长达一公里，大都利用天然溶洞扩展而成，因而窟室平面简单，且为平顶形式，共计有窟龛2100多个，造像十余万尊，另有题记和其他碑刻3600多品，佛塔40多座。佛像形态各异，面目清秀，线条流畅，栩栩如生。

图6-7　龙门石窟

2．开封

开封位于河南省东部、黄河南岸，附近的汴河等诸多河道使其很早就成为一个水运交通枢纽。战国时期的魏国最早在此建都，称"大梁"。隋唐时称"汴州"。五代时后梁定都汴州，改称"开封府"。后晋、后汉、后周也都建都于此，并改称"东京"。公元960年北宋建都东京，使其成为当时全国的政治、经济、交通和文化中心，张择端的《清明上河图》就是当时东京生活情景和社会面貌的现场写生。开封的旅游景点主要有：雄伟壮丽的相国寺，原为信陵君故宅，后有扩建，居我国十大古寺之列。

3．嵩山风景区

嵩山位于河南省登封县西北，由太室山和少室山各36峰组成，东西绵延30余公里，峰顶有1400多米。太室山磅礴如卧，"峻极于天"；少室山陡峭秀丽，"摇曳云表"。历史上嵩山为我国儒、释、道三教汇集之区，自秦建立太宗祠开始，历代都在此建大规模的宗教建筑。山麓地带名胜古迹星罗棋布，尤以少林寺、中岳庙、嵩阳书院等闻名。嵩阳书院位于太室山麓峻极峰下，原为北魏嵩阳寺旧址，宋仁宗时改为嵩阳书院，司马光、范仲淹、欧阳修、朱熹、程颢、程颐都曾在此讲学。院内两株树龄超过两千年的古树——汉封"将军柏"，为嵩山胜景之一。

(七) 陕西省重点旅游城市和主要游览地

1. 西安

西安市位于关中平原中部，古称"长安"、"京兆"、"西京"，现为陕西省省会。西安市北临泾河、渭河，南依终南山、翠华山，东则可望见骊山、华山。市区人口约200万，是我国西北地区最大的城市。西安是我国历史上六大古都之一。因关中平原气候温和，雨量充沛，土壤肥沃，自古即称"沃野千里"、"八百里秦川"，所以我们的祖先很早就在此繁衍生活。半坡遗址就是距今六千年前的母系氏族村落遗址。自公元前11世纪西周建都丰镐以来，秦、西汉、西晋、前赵、前秦、后秦、西魏、北周、隋、唐10个王朝先后在西安及其附近建都，历时1000余年，黄巢、李自成等农民起义也曾于此建立政权。因此，西安市及其周围，处处皆有文物古迹，如古城遗址、皇家宫苑遗址、帝王勋臣陵墓、寺庙浮屠、碑刻等。

西安除了作为古都的胜迹外，南面有太白山、终南山、翠华山，东面有华山、骊山，都是风景旅游胜地。大雁塔（图6-8）、小雁塔都是唐代建筑，耸立于唐代都城长安，随寺所建。西安城墙是明代初年在唐长安城的皇城基础上修筑而成，为我国中世纪后期著名的城垣建筑之一，布局严谨，雄伟坚固，是我国保存至今唯一较为完整、规模最大的古城墙。半坡博物馆在西安东郊，是我国新石器时代仰韶文化的重要遗迹，出土有大量的石器、骨器、陶器，在陶器上刻有符号22种113个，可能是最早的文字或数字。西安市中心矗立着高36米的钟楼，为重檐覆屋四角攒尖顶的木构楼阁，楼上悬钟一口，作为报时之用，游人可登楼梯盘旋至顶，一城风光，尽收眼底。

图6-8　大雁塔

2. 骊山风景区

骊山是秦岭山脉的一个支脉，坐落在陕西省临潼县西南，临近古城西安、咸阳，以名胜古迹众多著名。骊山林木苍郁，素有"秀岭"之称，远望似一匹骊马，最高海拔914米。人们游览骊山的历史悠久，山顶的土台，据传是周幽王为博取褒姒一笑而举烽火戏诸侯的烽火台，西绣岭上的老君殿是唐华清宫的长生殿所在地，山腰处有兵谏亭等。"骊山晚照"为古长安八景之一。骊山温泉久负盛名，温泉内含多种矿物质，祛痛延年，疗效神奇，自西周以来，骊山风景区与温泉便被辟为帝王离宫。华清池位于骊山北麓山脚下，水温43摄氏度，正好适于沐浴，唐玄宗每年携杨贵妃与文武近臣到此越冬，"骊宫高处入青云，仙乐风飘处处闻。缓歌曼舞凝丝竹，尽日君王看不足"，描绘了当日的盛况。安史之乱中华清宫建筑被毁，清代重建华清池，后在其基础上改建为公园，园内宫宇楼阁鳞次栉比，雕梁画栋，富丽堂皇，保留了贵妃池等古迹。骊山北麓有秦始皇陵，在陵东侧发掘出震惊世界的兵马俑丛葬坑。兵俑姿态各异，表情多变；马俑膘肥体壮，充满活力。布阵严密，军容整肃，表现了秦始皇的治军思想及秦人卓越奇绝的雕塑技艺，被称为"世界第八奇迹"。

3. 华山风景区

华山坐落在陕西省华阴县东南，是秦岭北坡的一条支脉。南依秦岭，北环渭河，东南西北中五峰对峙，状如莲花，故名华山。华山岩体是白垩纪时，由于地壳强烈运动，花岗岩侵入而形成的一个"岩株"，后经上升与河流切割、风化剥蚀等内外力不断作用，花岗岩岩株出露地表，故形成四面如削，倚天拔地"自古华山一条道"之险峻、陡峭的山形，千尺幢、百尺峡、苍龙岭、擦耳崖都是十分险峻之处。华山分东南西北中五峰，东峰名朝阳峰、南峰落雁峰、西峰莲花峰、北峰云台峰、中峰玉女峰，五峰是各具特色。华山名胜古迹甚多，从山脚玉泉院起至南峰极顶，庙宇古迹，天然奇景随处可见。历代高贤名士隐居于此修道者甚多，石壁峪道，诗文、刻字比比皆是。华山脚下的西岳庙是历代帝王祭祀的神庙，创建于西汉，至今仍保存着明、清以来的古建筑群，因其形制与北京故宫相似，有"陕西故宫"之称。

第三节 华东名山胜水——园林特色

华东旅游区地处长江下游地区，包括上海、江苏、浙江、安徽、江西四省一市，是我国人口最稠密的地区。全区地理位置优越、气候条件良好、经济文化发达，物产丰富，旅游资源丰富，是我国开展旅游业最早的地区之一，在全国旅游业中占有举足轻重的地位。华东旅游区的地形以长江中下游平原及三角洲平原、黄淮平原、江南丘陵、皖浙丘陵及淮南山地为主。该区属亚热带湿润性季风气候，冬温夏热、四季分明、降水充沛、季节分配均匀是本区的气候特点，该区植被是以常绿阔叶树种为主的亚热带常绿阔叶林。

一、自然地理环境特征

1. 地貌类型以平原、丘陵为主

本区地处我国地形三大阶梯的最低一级，地形结构上平原与丘陵相间分布：自北而南依次为黄淮平原，皖中丘陵，长江中下游平原及长江三角洲，江南丘陵及闽浙丘陵。黄淮平原是华北平原的一部分，位于苏皖二省北半部，地势西高东低，海拔在20～40米之间。平原北部徐州和连云港附近有局部侵蚀残丘，海拔可上升到100～200米。长江中下游地势低平，河网密布，湖泊众多，包括鄱阳湖平原、苏皖平原和长江三角洲。江南丘陵是指长江以南，南岭以北，武夷山和天目山以西，云贵高原以东的低山丘陵区。

2. 典型的亚热带季风气候

本区具有四季分明、冬温夏热、雨量丰富的特征，为典型的亚热带季风气候，每年3～11月均适宜旅游，其中春秋两季为旅游旺季，尤其秋季是黄金旅游季节。夏季偏热，但本区的名山、湖泊、滨河分布广，适宜避暑。冬季与北方相比，并无严寒，仍可开展旅游活动。温暖湿润的气候使本区大多数地区的植被发育为常绿阔叶林，加之丘陵山地分布，使本区植被茂盛，花卉繁多，森林覆盖率高，形成一派山清水秀的秀丽景观。

二、旅游资源的基本特征

1. 名山众多

本区风景名山数量众多，并且许多居于国家级重点风景名胜。它们是：庐山、紫金山、钟山、云台山、雁荡山、普陀山、天台山、黄山、九华山、天柱山、井冈山、三清山、龙虎山、琅琊山、齐云山等。这些风景名山融丰富的自然景观和文物古迹于一体，加上宜人的气候和便捷的交通，历来多为著名的避暑游览胜地，对本区的旅游业发展具有十分重要的意义。

2. 水景秀丽多姿

本区水景丰富，秀丽多姿，既有海滨风光，又有江河美景，还不乏名泉名瀑。嵊泗列岛、普陀山、朱家尖是本区著名的滨海旅游区。杭州西湖、江苏太湖、扬州瘦西湖是国家重点风景名胜区。众多的泉水与瀑布更增添本区旅游资源的色彩，其中黄山温泉、杭州虎跑泉、南京汤岗子泉、庐山三叠泉、雁荡山的大小龙湫瀑布皆为驰名全国的旅游景点。

3. 古典园林荟萃

本区气候温暖湿润，水系发达，常绿阔叶树种与花卉繁多，为造园提供了优越的自然条件，加之经济文化发达，历代达官富豪纷纷在此兴建园林。本区园林集中分布于苏州、南京、无锡、扬州、杭州、绍兴、嘉兴等地。狮子林、拙政园、留园、扬州个园等更为江南园林之精华，成为中外游客向往的游览胜地。

4. 名城、古都、古镇繁多

由于本区历史悠久,人口稠密,经济繁荣,因而自古皆为经济、文化要地,形成了众多的古都与特色各异的名镇。我国著名的"六大古都"中的南京和杭州都在本区,全国99座历史文化名城位于华东旅游区的有15座。历史上曾有不少名人荟萃于此,留下浩如烟海的诗文给后人欣赏,而周庄、乌镇等古镇在江南独特的文化与小桥、流水的映衬下,形成了别有风味的江南小镇风光,是近年的旅游热点。

三、主要风景名胜

(一)上海市及其主要游览地

1. 上海

上海位于长江入海口,黄浦江与吴淞口的汇合处,苏州河畔。上海是我国最大的工商、金融名城,重要的工业科技信息中心,中国沿海主要的开放城市和进出口岸,是我国最大的综合性城市和海港,也是世界著名的大都市之一。公元前6世纪上海属吴国,名华亭。大约在公元前3世纪,这里成为楚国宰相春申的封地,因此黄浦江也叫春申江,申即成了上海的别称。因吴淞口一带称沪渎(一种捕鱼工具)江,所以上海又简称沪。

上海作为行政区划出现较晚,北宋熙宁年间设镇,元朝建上海县。以后的几百年里,上海各种经济开始发展,港口繁荣。鸦片战争以后,上海被辟为通商口岸,从此上海成为列强对中国进行经济侵略的重要据点,城市畸形发展。1930年设上海市。上海市虽缺乏山水景色,且古迹不多,但其旅游业在我国具有举足轻重的地位。首先,上海的航空、水运、铁路与公路交通四通八达,又是我国三大进出口岸之一,使其成为我国最重要的国内外游客的集散地;其次,上海是我国最大的商业中心,购物旅游十分发达,加之繁华的都市风貌,使其成为国内外旅游的重要目的地;再者,上海北接苏州、无锡太湖风景区,南临杭州,到这些地方旅游的游客许多以上海为落脚点,直接促进了上海旅游的发展。此外,上海经济文化发达,是我国重要的国内旅游客源地。上海资源内容十分丰富,其旅游资源以人文景观为主,主要的旅游点有:豫园、玉佛禅寺、龙华寺、鲁迅故居、鲁迅墓、徐光启墓园、宋庆龄墓、淀山湖、崇明岛、外滩等。

2. 豫园

豫园位于黄浦江边,地处闹市,为上海最大的古典园林。豫园以其高超的造园艺术、久远的文物古迹成为江南名园之一。该园始建于明嘉靖38年(1577年),其最早的园主为明嘉靖年间进士,四川布政司潘先端,取名豫园,意在"豫悦老亲",让其父母在园中安度晚年。豫园历史上极盛期曾占地 70 余亩,现占地 30 多亩。园内假山奇石、亭台楼宇、荷池曲池、小桥流水布置得曲折有致。点春堂为园内主要建筑之一,为清末小刀会起义时的指挥处。玉华堂前的太湖石"玉玲珑"相传为北宋"花石纲"遗物,为江南园林三大奇石之一(另两奇石为苏州的冠云峰、杭州的绉云峰),一直是豫园的精华所在。

3. 外滩

外滩(图6-9)地处南京路东头,苏州河边,黄浦江畔,是一条南北走向的临江大道,全长约 1.5 公里。外滩是游客在上海旅游的必到之处,已成为上海的象征。一幢幢兴建于 19 世纪末到 20 世纪初的风格迥异的异国建筑使外滩享有"万国建筑博览"的美称,如汇丰银行大楼与海关大楼,人称"姐妹楼",均出自英国建筑设计师威尔逊之手,是上海的主要标志。建于 1928 年的沙逊大厦,楼顶成金字塔形,大厦内汇集了 39 个国家不同风格的装饰和家具。外滩也因此成为百年近代上海历史的缩影。近年来,新建的东方明珠广播电视塔、杨浦大桥都是外滩的重要游览地。

图6-9 外滩

(二) 江苏省重点旅游城市与主要游览地

1. 南京

南京是江苏省省会,简称"宁",别称金陵、石头城。地处长江中下游平原东部,江苏省西南部,东距上海市 300 余公里。长江横卧南京城北,秦淮河蜿蜒城南,钟山盘绕在东,清凉山雄踞于西,古人曾以"钟山龙盘,石城虎踞"形容其地势之险要,历来为兵家必争之地。南京是中国六大古都之一,历史悠久,早在 2400 多年前的春秋时期即为吴国重镇。公元前 472 年,越王勾践复国灭吴后,令范蠡修筑越城池于秦淮河畔,为南京最早古城。东汉末年到三国时期,南京开始成为政治中心。公元 212 年孙权在清凉山筑石头城,改名建业。此后,南京相继为东晋和南朝宋、齐、梁、陈的国都,故称为"六朝古都"。公元1356年朱元璋建都南京,改称应天府,定都。公元1421年,明成祖朱棣迁都北京后,才正式有南京的称呼。此后,太平天国、"中华民国"都曾先后定都于此。悠久的历史使南京积淀了深厚的文化,文化遗存众多,1982年南京被国务院列为国家历史文化名城。南京地处江河湖泊、平原丘陵相会之处,又是六朝古都,是个既有历史古迹之雅,又有自然山水之胜,旅游资源种类繁多,品级较高的旅游名城。

钟山是南京风景名胜云集之所,南麓的明孝陵是我国现存最大的帝王陵墓之一。中山陵规模宏大,气势非凡。灵谷寺修建于佛教兴盛的南朝。紫金山天文台是我国建设最早、设备完善的天文台。雨花台烈士陵园、秦淮河风光带、玄武湖公园、莫愁湖、中山植物园、总统府、南京长江大桥、明故宫、中华门、清凉山、燕子矶等都是市内重要游览地。

2. 苏州

苏州位于江苏省东南部,太湖东侧,紧临上海,境内地势低平,河流纵横,湖泊遍布,水面占总面积的42.5%,是著名的江南水乡,有"东方威尼斯"之雅号。苏州历史悠久,为中国历史文化名城之一。苏州古称吴,商末建"勾吴"国。公元前541年,吴王阖闾命伍子胥在今苏州城北建吴国都城。因有姑苏山,隋代始称苏州。苏州古城极富特色,其路河平行的格局和水巷特色基本保存完好,两千五百多年前由伍子胥所建城池至今仍坐落在春秋时期的城址上,并基本上保持着古代的河道水系和"水陆并行,河街相邻"的棋盘格局。苏州古典园林堪称中国园林之最,有拙政园、狮子林、沧浪亭、留园、网师园等,苏州园林不仅数量多,且文化价值极高,已被联合国教科文组织列为世界文化遗产。

苏州自古文化发达,使该城具有深厚的文化内涵,吸引着全世界的旅游者。吴人初尚武,春秋争霸,干将铸剑,孙武统军,吴越干戈,名扬天下。东晋以后,文风渐兴,唐白居易、宋范仲淹都曾留迹于苏州。杰出的书画家名标史册,明清以来更是人文荟萃,诗词文章、刻书藏书、绘画书法、昆曲评弹、刺绣雕刻名扬海内外。清人状元、榜眼、探花半出苏州。苏州山清水秀,文物古迹丰富。虎丘相传是吴王阖闾的墓地,号称"吴中第一名胜"。苏州也是太湖风景名胜区的一部分,寒山寺始建于南朝梁武帝时,因张继《枫桥夜泊》一诗而名扬四海。

3. 太湖风景名胜区

太湖古称震泽,又称笠泽、五湖。位于江苏省无锡、苏州两市与浙江省交界处,湖面海拔3.33米,最深达4.8米,面积2338平方公里,是我国第三大淡水湖。太湖美美在山与水交相辉映,自然景观与人文景观浑然一体,令人流连忘返。太湖风景名胜区位于苏州、无锡两市和吴县、无锡、宜兴三县境内,有木渎、石湖、光福、东山、西山、甪直、同里、虞山8个景区。

宜兴又称陶都,为太湖十大风景区之一,以洞、陶、竹、茶著称,号称名山136座,岩洞19孔,其中以张公洞、善卷洞和灵谷洞最大、最古、最奇。无锡占据了太湖最美的一角,是一个以"水"为主要特色的城市,有"太湖明珠"之美誉,有鼋头渚、梅园、锡惠公园、无锡影视城等旅游景点。"到无锡必游太湖,游太湖必至鼋头渚"。鼋头渚位于无锡城南,是一处以天然山水为主,辅以人工景点的园林。其最高处光明顶,是观赏太湖的最佳位置,站在顶上极目远眺,太湖万顷碧波,渔帆点点,令人心旷神怡。蠡湖位于无锡市南五里湖畔,是太湖的一部分,相传春秋时越国大夫范蠡偕美女西施泛舟于此而得名。锡惠公园位于无锡市西郊,由锡山、惠山、映山湖等组成,惠山为江南名山之一,有二泉之水而闻名天下,更有瞎子阿炳的名曲"二泉映月"悲怆的故事。著名古典园林寄畅园坐落于惠山脚下,全园布园巧妙,凸现山林野趣、清幽古朴的园林风格,为江南名园之一,北京颐和园的谐趣园即仿寄畅园所建。

4. 苏州名园——拙政园、沧浪亭、狮子林、留园

拙政园(图6-10)位于苏州市娄门内,占地4余公顷,是苏州最大的古典园林,也是全国十大名园之首。拙政园之所以驰誉古今,一是历史悠久,已有1000多年的历史;二是历史名人雅士集于此园,除唐代陆龟蒙及其师友外,明有书画家文征明、王心一,清有著名学者钱谦益、沈德潜、袁枚,近代有忠王李秀成、湘军头领李鸿章等;三是相传其为《红楼梦》大观园描绘的原型。当然使拙政园独领风骚之原因更主要的是在于它卓越的园林胜景和别具一格的造园手法。拙园的布局被誉为"毫发无遗憾"。

图6-10 拙政园

王献臣开始建园就与画坛巨匠文征明一起，顺应原宅地势池洼，积水较多的特点，挖塘浚湖，垒山理水，并在水面四周环以林木，缀以楼堂馆所，从而创造出一个以中部为主体，以水景为主题，因水成景的园宅。

沧浪亭位于苏州南三元坊附近，是我国现存最早的一座名园，这里原为五代吴越广陵王钱元璙的花园，后被北宋诗人苏舜钦买下筑亭，园主感于渔父《沧浪之水》歌名命名为"沧浪亭"，并作《沧浪亭记》。该园占地1公顷余，以山为主，建筑均环山面筑，沧浪亭翘立于山顶。山南有明道堂、五百名贤祠、看山楼等建筑。

狮子林在苏州园林路，始建于元至正二年（1342年），整个园林由元朝大画家倪云林设计。主要特点是假山重峦叠嶂，亭台变幻无穷，主要景观有"揖峰指柏轩、古雪松阁、贝生楼、荷花厅"等建筑。狮子峰为诸峰之首。

留园位于苏州市阊门外。始建于明嘉靖年间，是太仆徐时泰的私园，称东园，后几易其主并改为现名。园林布局巧妙地运用了分合、高深、曲直、虚实、明暗等对比手法，堪称古代建筑的杰作。主要景观有涵碧山房、闻香轩、五峰仙馆等。

5．云台山

云台山位于连云港市境内，原为黄海中一列孤岛，清康熙五十年（公元1711年）前后成陆。由前云台山、后云台山、东西连岛等组成，其中前云台山主峰海拔642米，为江苏省的最高点。风景点主要集中于前云台山一带，多奇峰异洞，其中以花果山、水帘洞等最为有名。相传明代著名文学家吴承恩的《西游记》对花果山的描写就取材于此。云台山在历史上盛行时，庙宇景观多达20余座，为海内四大灵山之一。

（三）浙江省重点旅游城市与主要游览地

1．杭州

杭州市是浙江省省会，位于浙江省中部偏北，北距上海180公里，地处钱塘江北岸，京杭大运河南端。杭州是我国沿海经济发达地区的重要城市之一，附近是全国著名的鱼米之乡、丝绸之府，也是我国东南沿海主要交通枢纽之一，沪杭、浙赣等铁路经过此地。相传公元前21世纪夏禹乘舟会诸侯于会稽山（今绍兴），舍其杭（方舟）于此，因有"余杭"、"禹杭"之名。杭州历史久远，为中国历史文化名城和六大古都之一。

杭州是我国著名的旅游城市。西湖风景区驰名中外，还有孤山、岳坟、灵隐寺、六和塔、虎跑泉等名胜古迹，以及茶叶、丝绸等地方特产。历史上素称"文化之邦"、"鱼米之乡"、"茶叶之都"，近千年来被誉为"人间天堂"。

2. 西湖

西湖（图6-11）位于杭州城西，旧称钱塘湖、西子湖。全湖面积5.6平方公里，南北长3.3公里，东西宽2.8公里，周长15公里。白堤、苏堤将湖面分成外湖、里湖、岳湖、西里湖、小南湖五个湖区。于是人们又用"一山二堤三岛五湖"来概指西湖风貌。西湖最著名的景点要数岳庙、飞来峰、六和塔、玉泉、孤山和"西湖十景"。西湖十景为：苏堤春晓、平湖秋月、花港观月、柳浪闻莺、双峰插云、三潭印月、雷峰夕照、南屏晚钟、曲院风荷、断桥残雪。

图6-11 西湖

3. 绍兴

绍兴位于浙江东北部。远古时称为会稽。相传4000年前夏禹治水曾3次到此。春秋时，绍兴为越国境内，由越大夫范蠡始筑。秦始皇曾东巡会稽，登会稽山。东汉太守马臻主持修筑鉴湖，会稽逐渐成为富庶之地，南宋初年，成为绍兴府。绍兴城始建于越王勾践七年（公元前490年），距今约两千五百年，建成至今城址不变。至宋代，城市总体格局已形成。绍兴历史上人才辈出，灿若群星：越王勾践，书圣王羲之，诗人陆游，明代哲学家王守仁，文学家徐渭，清代史学理论家章学诚，民主革命家徐锡麟、秋瑾，教育家蔡元培，文学巨豪鲁迅，学者科学家马寅初、竺可桢、钱三强等。绍兴后代名人留下的遗物、遗迹遍及全城，故有"文物宝地"、"没有围墙的博物馆"之称，成为今天重要的旅游资源，如马臻墓、大禹陵、古迹藏书楼、鲁迅故居、秋瑾故居等。风景名胜区则有东湖、鉴湖、会稽山、兰亭国家森林公园等。

（四）安徽省重点旅游城市与主要游览地

1. 合肥

合肥是安徽省省会，位于安徽省中部，巢湖北岸，古称庐州。因古代淝水出山分支后在此合流故而得名。合肥始建于秦朝，汉代置合肥县，元、明、清时为庐州路，府治所，1946年安徽省会由安庆迁于此。合肥自古为江淮间交通咽喉和物资集散地，又有"中国科技城"之称。合肥有"三国故地，包拯故乡"之誉。市内的旅游点有三国张辽追袭孙权大军的古战场逍遥津公园、曹操为教士兵射箭所筑的教弩台、包公祠、包河公园。包公祠是纪念北宋忠臣包拯的祠宇，始建于明代，重建于清代，这里曾是包公读书处。

2. 黄山

黄山位于安徽省南部,在歙县、太平、休宁、黟县之间,为峰林状花岗石高山构成的风景名胜区。主峰莲花峰海拔1840米,是中国以自然景观为主要特色的最重要的名山,已被联合国教科文组织收入"世界自然遗产"名录。相传黄帝曾在此采药炼丹,因此有关黄帝的传说很多,并得名"黄山"。黄山风景区可分为温泉、玉屏楼、北海、云谷寺等游览观赏区,以玉屏楼、北海两观赏区旅游点最集中、最精彩。黄山之美在奇松(图6-12)、怪石、云海、温泉"四绝"。

图6-12 黄山迎客松

3. 九华山

九华山位于安徽省青阳县境内,因山有九峰如莲花而得名。方圆100公里内有九十九峰,主峰十五峰海拔1341米,山体由花岗石组成,山形峭拔凌空,素有"东南第一山"之称,至今保留着乾隆赐御笔金匾"东南第一山"。九华山是我国四大佛教名山之一,为地藏王菩萨道场。自东晋开始有佛寺建筑,历经各代佛事兴盛不衰。其化成寺始建于东晋年间,距今已有1500多年的历史。百岁宫有江南罕见的木乃伊——无暇和尚肉身坐像。九华山的文物很多,现尚保存有1500多件,其中有历代皇帝御赐的金印玺、明万历皇帝御赐的全套藏经等。

4. 齐云山

齐云山位于皖南休宁县境内,因"一石插天、与云并齐"而得名,面积110平方公里,主峰海拔585米。齐云古称白岳,以山奇、水秀、古怪、洞幽著称,是一处集丹霞地貌、道教文化、摩崖石刻及水光山色于一处的风景名山。清乾隆帝巡游江南,誉齐云山为"天山无双胜境,江南第一名山"。

5. 琅琊山

位于安徽省滁州市西,古称摩陀岭,包括琅琊山、城西湖、始山湖、三古四大景

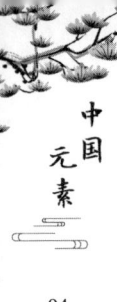

区。以茂林、幽洞、碧湖、流泉为主要景观特色。琅琊山人文景观丰富,有始建于唐代的琅琊寺,醉翁亭为我国四大名亭之一,它和丰乐亭都因有欧阳修文、苏东坡字而著名。三古景区(古关隘、古驿道、占战场)古遗址留下了大量的古迹和道场。著名的碑碣有唐吴道子画观音像、唐李幼卿等摩岩石刻、元代数百处摩崖石刻等。

(五) 江西省重点旅游城市与主要游览地

1. 南昌

南昌是江西省省会,地处江西省中部偏北,鄱阳湖南端。早在五千多年前,南昌就有较为集中的居民点,汉高祖六年(公元前201年)建灌城,为南昌建城之始。唐宋时,南昌已成为江南著名都会,明清以来,是官商南来北往的重要通道。南昌作为江南历史名城,人文荟萃。历代文坛名流如王勃、白居易、欧阳修、陆游、曾巩、王安石、文天祥、汤显祖均在南昌留有传世佳作。南昌又是中国共产党领导的八一起义地,革命遗址众多。南昌的历史名胜繁多,如因王勃的《滕王阁序》而名扬天下的滕王阁,八一公园,素有"小庐山"之称的梅岭,以及南昌"八一"起义纪念馆等。

2. 景德镇

景德镇位于江南省东北部,地处浙、赣、皖三省交界处。景德镇历史上经春秋、秦、汉、三国、唐历代开发,北宋景德元年(1004年)定名景德镇。景德镇陶瓷文化源远流长,是我国著名的瓷都。古窑遗址众多,如全国重点文物保护单位谅有湖田右窑遗址、祥集居民3号、11号明代建筑。现代化的陶瓷生产流程,历代陶瓷精品,明清世俗建筑群以及市场上琳琅满目的精美瓷器,展现着其辉煌的陶瓷文化,吸引了国内外游客,景德镇由此成为名副其实的中国陶瓷旅游胜地。

3. 庐山

庐山又名匡山、匡庐,西周匡氏七兄弟结伴在此隐居,以草庐为舍,故称匡山、庐山。庐山位于江西省北部,北临长江,东临鄱阳湖,是鄱阳湖平原拔地而起的一座孤山。主峰大汉阳峰高1474米。在特殊的地形与亚热带暖温气候的作用下,庐山形成了奇峰、飞瀑、劲松、云海的风景,是我国著名的风景名山和避暑胜地。庐山也是佛教圣地,其东林寺是佛教净土宗的发源地,始建于东晋。白鹿洞书院是我国最早的书院之一。"匡庐奇秀甲天下",庐山美景自古为人称道,吸引了众多文人骚客。

4. 滕王阁

滕王阁为江南四大名楼之一,位于南昌市沿江路赣江边。原为唐永徽四年(公元653年)太宗李世民之弟、滕王李元婴任洪州都督时所建,阁因其封号命名。因唐诗人王勃所作《滕王阁序》而名扬天下。滕王阁历时1300多年,屡经毁建,规模也各有不同，现存为1989年重建，高57.5米，为钢筋水泥仿木结构。

5. 井冈山

井冈山地处湘赣边境的罗霄山脉中段，东西40公里，南北绵延45公里，号称"五百里井冈"。井冈山雨量充沛、云雾较多，竹林葱绿、千姿百态的井冈山峰构成一幅宜人的画卷。井冈山也是当年工农红军活动的根据地，茨坪和茅坪留有较多的革命遗迹。茨坪是井冈山的中心。茅坪是井冈山革命遗址中保存较好的地区。毛泽东同志住过的"八角楼"、湘赣边界第一次党代会旧址、红军医院等基本保持着原来的样子。

第四节 华中名山胜水——古迹特色

本区位于我国中部的长江中、上游地区，包括湖北、湖南与重庆两省一市，是全国唯一既不靠海又无边境线的旅游区，本区北部是我国自然地理南北分异的地域，也是东西之间的过渡地带，旅游资源极为丰富。

本地区结构复杂，地貌类型多样；亚热带湿润季风气候，河网稠密，湖泊众多，经济发展迅速，交通较为便捷，极具旅游发展潜力。在旅游资源方面，本区自然风光秀丽，峻岭名山各具风采；生物旅游资源丰富，自然保护区较多；三峡风光秀丽多姿；三国古迹和近代革命圣地遍布各地。有重庆、武汉、长沙等旅游城市，本区是我国重要的极具发展潜力的旅游区。

一、自然地理环境特征

1. 地表结构复杂、地貌类型多样

本区地形大致由大巴山地、四川盆地、两湖平原和湘西山地丘陵等地形单元组成。大巴山地包括大巴山、武当山和荆山，岩溶地貌发育，风景荟萃，如武当山、神农架、巫山、荆山，巫山以其形势险峻著称。本区的重庆市位于四川盆地东部，有缙云山、嘉陵江、小三峡等风景区。两湖平原包括长江以南的洞庭湖平原与长江以北的江汉平原，是三国名胜集中之地。湘西山地丘陵是江南丘陵的一部分，以湘江为轴，洞庭湖平原为低洼中心，周围排列有北东走向的山岭，南岳衡山、岳麓山、湘西张家界是著名的风景名胜区。

2. 亚热带湿润季风气候

这一地区的气候为亚热带湿润季风气候，夏热而长，冬寒而短；春秋相等，四季分明。但受地形影响，各地差异明显。该区降水丰沛，春夏之交多梅雨，秋天则天气晴朗。四川盆地东部的重庆一带，其北、东、南三面皆有山地屏障，冬季较两湖平原温暖湿润，1月均温在5℃左右，冬春多雾，有"雾都"之称，夏季十分炎热，是长江流域"三大火炉"之一。总的来讲，本区一年四季皆适宜旅游，加之名山分布较多，南岳衡山、缙云山都是避暑胜地，弥补了气候的不利因素。

  3. 河网稠密，湖泊较多

本区河网密布、湖泊较多、河流水量大、汛期长、泥沙少、无冰期、水流稳定，为开展水上旅游创造了十分有利的条件。本区的主要河流是长江及其支流，如嘉陵江、乌江、汉水、湘江；主要湖泊是洞庭湖，湖北省湖泊也较多，有"千湖之省"之称，如武汉东湖。这些河网湖泊形成了丰富的自然旅游资源，并孕育了各具特色的人文旅游资源。本区河湖流经的地区往往都是旅游业发展较好的地区。

二、旅游资源的基本特征

本区自然风光秀丽，峻岭名山各具风采。本区自然环境具有南北交融的过渡色彩，自然景观丰富多彩。多样的地貌形态、湿润多雨的气候、苍翠的森林植被孕育了秀丽多姿的峻岭名山，张家界、武夷山、衡山、缙云山等各显风采，景色迷人。

本区自然保护区较多，植物资源丰富且有明显的过渡性特征。神农架林区的植物树种多达2000多种，动物500余种。建有湘西的武陵源自然保护区、鄂西的神农架自然保护区、金佛山自然保护区、四面山自然保护区。

长江三峡是长江风景线上景色最为壮丽奇秀、资源最为集中的地带，沿线文化古迹众多，又构成了一幅历史文化画卷。其幽深壮丽的峡谷景观，配以众多的名胜古迹和现代雄伟的三峡水利工程，形成了驰名中外的峡谷风光旅游景观带。

三、主要风景名胜

(一) 湖北省重点旅游城市与主要游览地

  1. 武汉

武汉是湖北省省会，位于湖北省江汉平原、汉水与长江交汇处的南北交通中点上，素有"九省通衢"之称。春秋战国时为楚国所在地，秦属南郡。东汉末年至三国时期，武汉成为兵家必争之地，在现主城区内开台形成城堡鲁山城、却月城和夏口城，即现在的汉阳、汉口和武昌三镇，合称武汉市。武汉是中国古代繁华的商埠，近代民主革命的中心，历史遗迹十分丰富。武汉地区地势低洼，有大小湖泊百余个和一系列东西走向的残丘，使地貌景观丰富多彩。蛇山、龟山和洪山是武汉名胜古迹集中地。

武汉的旅游景点主要有古琴台、晴川阁、归元寺、黄鹤楼公园、东湖风景区、辛亥革命政府旧址、武昌起义广场、中央农民运动讲习所旧址、二七烈士纪念碑、八七会议旧址以及八路军驻武汉办事处旧址等革命纪念地。

2．赤壁之战遗址和东坡赤壁

赤壁之战遗址位于湖北省蒲圻县的南岸，是历史上有名的古战场。东汉建安十三年（公元208年），曹操领兵南下，孙权、刘备联兵火攻大破曹军，这就是有名的赤壁之战。临江的石壁上镌刻"赤壁"两字，相传系周瑜亲笔所题，因而该古战场遗址又称"周郎赤壁"。周郎赤壁一带，古迹较多，有翼江亭、巨型林寨、武侯宫、拜风台等景点。东坡赤壁位于武汉以东90多公里的黄州（鄂州市）。北宋著名文学家苏轼被贬于此，曾多次往游，写下了脍炙人口的《赤壁怀古》、《前赤壁赋》、《后赤壁赋》等怀古诗文，后人就称之为"东坡赤壁"，也称"黄州赤壁"，此地虽非真正的赤壁古战场，却因名人吟咏而名声大振。其建筑几建几毁，现存为清同治七年重修，近年扩建成赤壁公园，内存苏轼的书法手迹和名画以及历代书法名家作品。

3．武当山

武当山又称大武当山、太和山，位于湖北省西北的丹江口市，主峰天柱峰，海拔1600米。武当山有72峰、36岩、24涧、11洞、10池、9泉，风景清秀幽静，有八岳门、太子坡、南岩、金顶、琼台、玉龙六大景区。武当山是我国四大道教名山之一，历代道教名流如汉阴长生、唐吕纯阳、元张守清、明张三丰均在此修炼。武当山的道教建筑已作为世界文化遗产列入《世界遗产名录》。武当山也是武当拳术的发源地，刚柔兼蓄，独具风格的武当拳术是我国与嵩山少林拳齐名的重要流派。武当山自然资源丰富，动植物种类繁多，有"天然药库"之称。

4．神农架林区

神农架林区位于湖北省境内，三峡以北的长江、汉水之间。一般高度在海拔1000米以上，超过3000米的高峰达6座，被称为"华中屋脊"。神农架具有雄伟、险峻、深邃、奥秘的景观特色。其主要观赏内容为：古代植物、珍稀动物和高山风光。神农架作为我国著名的林业基地和自然保护区之一，又是我国中部最大的山区，我国动物和植物系的起源和过渡地带，有许多珍贵生物种类。如金丝猴、珙桐树等。巴东峡和红坪峡以奇峰怪石取胜，冰冻山的冰洞和潮水河的"潮水"以水文景观取胜。神农架之神秘更在于关于"野人"的传说，吸引了众多旅游者前往探险。

（二）湖南省重点旅游城市与主要游览地

1. 长沙

长沙是湖南省省会，位于湖南省东北部，湘江之滨，岳麓山侧。湘江自南向北穿过市区，东有浏阳河汇入。长沙是个古老的城市，早在战国时期已得到发展，秦统一中国后即设立了长沙郡。长沙周围地区多楚汉古墓，震惊世界的马王堆汉墓就是在长沙东郊发掘的。长沙素有"楚汉名城，革命圣地"之称，是国家历史文化名城之一，名胜古迹众多，有岳麓山（包括岳麓书院、爱晚亭）、马王堆汉墓、贾谊祠、天心阁等。此外，长沙还有谭嗣同、何叔衡、刘少奇、黄兴、徐特立等重要历史名人故居，有曾国藩、何绍基等数十座名人墓，还有极具历史价值的湖南省第一师范学校、新民学会成立旧址等。

2. 岳阳

岳阳位于湖南省东北部洞庭湖与长江汇合口。居长江中游，西临洞庭，北通襄汉，襟带荆楚，屏蔽湖南，自古为控扼重地，有"湘北门户"之称，是历史文化名城。岳阳主要胜迹有岳阳、洞庭湖、君山、屈子祠、杜甫墓、柳毅井等。洞庭湖古称梦泽，是我国第二大淡水湖。洞庭湖烟波浩渺，横无际涯，号称"八百里洞庭"。北宋年间，范仲淹所撰《岳阳楼记》使岳阳楼（图 6-13）名闻天下，千古传诵的"先天下之忧而忧，后天下之乐而乐"的胸襟抱负与洞庭水光山色相映增辉，令人景仰。

图 6-13　岳阳楼

3. 韶山

韶山位于湖南省湘潭县，为南岳 72 峰之一。相传舜帝曾携妻臣在此山奏过韶乐因而得名。山上松柏葱茏，风景秀丽。韶山是毛泽东的故乡，留下了不少毛泽东青少年时期求学、生活及从事革命活动的纪念物。有毛泽东故居、韶山农民夜校旧址、毛泽东铜像、毛泽东诗词碑林、韶山烈士陵园、毛泽东著作图书馆、毛泽东文物展览馆等景点。

4．衡山

衡山位于湖南衡山县，世称"南岳"，群峰绵延数百公里，有著名的山峰72座，主峰祝融峰海拔1290米。衡山地处江南，气候湿润，林木繁茂，终年翠绿，有"五岳独秀"之称。据称南岳历史上有48胜景，祝融峰之高、藏经殿之秀、方广寺之深、水帘洞之奇合称"南岳四绝"。南岳大庙、祝圣寺、方广寺、南台寺、福严寺等名刹古庙和历代高僧名儒的题刻碑石遍布全山。南岳大庙始建于唐代，是衡山最大的庙宇，是帝王祭祀之地，与岱庙、中岳庙等齐名。祝圣寺是衡山第一大佛教禅林，规模庞大，内有五百罗汉石雕。

(三) 重庆市及其主要游览地

1．重庆

重庆简称"渝"，因依山建城，别称"山城"。重庆位于长江和嘉陵江汇合处，是长江上游最大的港口，也是国家历史文化名城。公元前8世纪，周武王分封姬姓宗族于巴，以今重庆为首府。重庆具有历史悠久的巴渝文化，丰富的陪都遗迹和独特的山城风貌。市内主要游览点有：红岩村、红岩革命纪念馆、枇杷山公园、白公馆、烈士纪念地等。重庆山城夜景尤为著称，入夜，万家灯火层层叠叠，立体感强，倒映江中，构成十分壮观的山城夜景。

2．大足石刻

大足石刻位于重庆以西162公里的大足县，有石刻40多处，造像5万多尊，以北山和宝顶山的规模最大，雕琢于晚唐，盛于两宋，历经1200多年的历史，其雕刻精美、技艺娴熟、内容丰富、艺术造诣极高，是中华文化艺术的宝库，现已列入世界文化遗产名录。北山摩崖石刻始造于晚唐，终成于南宋，摩崖造像神表兼备，栩栩如生。其中"数珠手观音"、"普贤菩萨"、"日月观音"、"玉印观象"等雕像极其精美，为其中的艺术极品。

(四) 长江三峡风景名胜区

位于重庆市东部和湖北省西部，是以长江峡谷水道为主的河川型风景名胜区。它西起重庆奉节白帝城，东止湖北宜昌南津关，跨奉节、巫山、巴东、秭归、宜昌两省五县市，全长193公里，由瞿塘峡、巫峡、西陵峡三个大峡谷和其间的两个宽谷组成，其间还有众多名胜古迹，是我国著名的风景河段。整个风景名胜区包括峡谷景观、古迹遗址与现代水利工程三类景观。

1．峡谷景观

峡谷景观主要有包括瞿塘峡、巫峡、西陵峡的长江三峡和大宁河小三峡。瞿塘峡位于奉节白帝城与大宁河口之间，全长约8公里，是长江三峡中最短、最狭、最雄伟的一段。最窄之处仅有几十米，两岸山峰高耸，江水穿峡而过，如万马奔腾，甚为惊险壮观，包括风箱峡和错开峡两段，在两岸绝壁上还有号称"天梯"的古栈道遗迹、巨幅书法摩崖石刻等。巫峡在大宁河口到巴东的官渡口之间，地跨渝、鄂两省市，全长42公里，巫峡以秀著称，包括金盔银甲峡和铁棺峡。著名的巫山12峰屹立于南北两岸，神态各异，一峰一传说，峰峰皆引人入胜。西陵峡西起香溪口，东至宜昌南津关，全长7公里，是长江三峡中最险、最曲折的一峡。

2. 古迹遗址

长江三峡（图6-14）沿岸古迹遗址众多，著名的有丰都鬼城、忠县石宝寨、云阳张飞庙、奉节白帝城、屈原故里、昭君故乡等。丰都鬼城位于重庆下游172公里处的长江北岸，是集道、佛、儒教文化为一体的鬼文化宝库，堪称中国神曲之乡。石宝寨位于忠县县城东约40公里的长江北岸，于清嘉庆二十四年（1819年）建于江边孤峰玉印山上，共12层，整座楼阁造型奇特，巍峨堂

图6-14 长江三峡

皇，楼与山依岩取势，山与楼浑然一体，是我国古建筑艺术的珍品。张飞庙在长江南岸。庙前是长江，庙后则是凤凰山。主要建筑有结义楼，取"桃园三结义"之意。白帝城位于瞿塘峡西江的北岸。李白"朝辞白帝彩云间，千里江陵一日还"的诗句使其初获盛名。"刘备白帝城托孤"更使其名声远扬。溯香溪上行，有屈原故里秭归县乐平镇，在县城东江边建有屈原庙和屈原墓。香溪上游兴山县的宝坪村是汉王妃王昭君的故乡，这里山清水秀，有昭君宅、井、台和昭君纪念馆，附近还有珍珠潭和绣鞋洞等景点，是参观游览的好地方。

3. 现代水利工程

三峡沿线的现代水利工程主要有葛洲坝水利枢纽工程和三峡工程。三峡工程坝址在湖北宜昌三斗坪附近的中堡岛上。它是我国跨世纪的一项伟大工程。西陵峡西起香溪口，东至宜昌南津关，全长7公里，是长江三峡中最险、最曲折的一峡。川江五大险滩中西陵峡就占三个，即青滩、泄滩、崆岭滩。西陵峡宽谷和深峡交替，峡中有峡，如兵书宝剑峡、牛肝马肺峡、黄牛峡、灯彩峡等。大宁河发源于陕西终南山，在巫峡西口注入长江，全长250公里。大宁河小三峡包括大宁河上的龙门峡、巴雾峡和滴翠峡。小三峡两岸峰秀水清，景幽石美，峡谷幽静，林木葱郁，千峰竞秀，野趣横生，令人流连忘返。

第五节 华南海湾海岛——热带特色

华南旅游区位于中国最南部,包括南岭以南,武夷山以东的闽、粤、琼、台四省及港澳地区及东南海域中属于我国的诸多岛屿。地形破碎,海岸曲折,岛屿众多;地热资源丰富,热带风光浓郁。华南特有的历史地理环境孕育了中外交融的岭南特色文化,因为历史的原因,华南区历史悠久的古迹较少,近现代遗迹多,爱国主义教育资源丰富,广州、厦门、深圳、香港和澳门等城市是华南区的重点旅游城市。鼓浪屿—万石山风景区、武夷山风景区、金湖风景区、海坛风景区、肇庆星湖风景区、西樵山风景区、三亚热带海滨风景区等都是全国重点风景名胜区。华南旅游区华侨众多,经济发展迅速,旅游资源丰富,旅游业发展前景广阔。

一、自然地理环境特征

1. 地形破碎,海岸曲折,海域广阔,岛屿众多

华南旅游区地貌类型齐全,山地、丘陵、平原各地都有分布,地表破碎,闽、粤、琼三省山地、丘陵占总面积的3/4以上,其中台湾省山地占全岛面积2/3以上,福建山地、丘陵占地面积多达90%以上。本区西部和北部为武夷山、南岭山脉、云开大山,是阻碍寒风侵袭与海洋气流进入内陆的天然屏障。由上述山脉向沿海地势逐渐下降,大部分为海拔500米左右的低山、丘陵和台地,平原和谷地散布其间,至沿海多为狭窄的滨海平原和江河三角洲,海拔一般约200米,面积均较小,但经济发达,多为著名的农业区和城市密集区。华南大陆海岸线长达9000多公里,而且十分曲折,曲折率居全国首位,这是地表切割破碎在海岸形态上的反映,大部分海岸属山地型,由花岗石构成。

2. 高温多雨的热带、亚热带季风气候与丰富的水资源

华南位于低纬地区,由于受临海的地理位置和地形特征的影响,本区四季交替不明显,没有真正意义上的冬季,一年四季皆适于旅游,更是我国避寒、冬泳的好地方。华南旅游区年降水约1400~2000毫米,台湾岛山地迎风面降水要达5000毫米。降水规律一般沿海岛屿少于内陆,平地少于山地,背风坡少于迎风坡,降水季节分配不均,一般5~10月降雨量占全年的60%~80%,具有明显的季节性气候特征。台风影响明显是华南气候的重要特色,袭击我国的台风,80%在华南沿海登陆,集中于5~11月,对旅游活动有一定影响。

二、旅游资源的基本特征

1. 热带性森林景观与多样地貌景观

华南旅游地区的植被是终年常绿的热带雨林—季雨林和南亚热带常绿阔叶林，植被的季节变化不明显，常年青翠，花果期长，终年花开不断，各季都有果实成熟。大部分地区覆盖着季雨常绿阔叶林，南亚热带景观突出，雷州半岛、海南岛和台湾省以热带雨林和季雨林为主，热带景观显著。此外，榕属、杜英属植物的板根和支柱根，沿海红树林为适应海潮环境生长的呼吸根和红树林海滩等都是华南独有的景观。

2. 中外交融的岭南特色文化

华南区开发历史比黄河流域、长江流域都晚，至唐宋仍被视为瘴疠之区，常作为失势官员的流放之所。唐宋以后，全国经济中心南移，海上丝绸之路的发展推动了华南地区经济和文化的繁荣，岭南的人文旅游表现出了与中原文化和外国文化的交融，形成了独具特色的岭南文化。

3. 爱国主义教育资源丰富

华南旅游区拥有众多的革命遗迹、遗址、陈列馆等革命圣地和爱国主义教育资源，是进行爱国主义教育和革命思想教育的好课堂。如：广州三元里人民抗英斗争纪念碑、黄花岗七十二烈士墓、虎门要塞保留的沙角炮台和威远炮台遗址、孙中山故居及陈列馆、北伐誓师大会会址、广州农民运动讲习所纪念馆、福建上杭古田村的古田会议旧址及会议陈列馆、龙岩红四军司令部旧址等。香港、澳门、是特别行政区，透过它们的发展演变历史，也可以对我们新中国建设的伟大成就有更深的体会。

三、主要风景名胜

(一) 广东省重点旅游城市和主要游览地

1. 广州

有"花城"之称的南国名城广州，坐落在珠江三角洲的北端。广州又名穗，别称羊城。广州城的历史最早始于秦始皇三十三年，至今已有2100多年。三国时属吴国，广州之名相传始于吴黄武五年（公元226年）。唐代在此设置了"市舶使"及"蕃坊"，成为我国对外贸易的中心。广州也是外国侵略者最早觊觎的地方，鸦片战争首先由此爆发，后成为帝国主义侵华基地之一。广州现为广东省省会，也是广东省及我国南方主要经济、交通、教育和外贸中心，广州市内主要景点有越秀山、荔湾湖、流花湖、东山湖等公园和光孝寺、六榕寺、海幢寺、华林寺、怀圣寺、三元里、中山纪念堂、黄埔军校旧址等名胜古迹,东北郊有白云山、罗峰山、南湖等山水风光和植物园、动物园等。

2．深圳

深圳市地处珠江口东岸,距广州约150公里,南连香港新界,横跨深圳河上的罗湖桥,成为自香港入境的主要通道。深圳面积2000平方公里,靠山临海,地形复杂,有山地、丘陵和平原,海岸线长195公里。深圳历史文化古迹缺乏,但人造景观相当突出。"锦绣中华"将全国著名的名胜古迹按一定比例浓缩到景区里,开创了中国缩微景观之先河。"中国民俗村"集中了全国主要的少数民族建筑、民居陈设、民间工艺品、民族风味小食,错落分布,各具特色。"世界之窗"汇集了世界奇观和亚洲风情的大型文化旅游景观,展示着世界古今名胜、历史遗迹,浓缩了世界几千年人类文明的精华。

3．珠海

珠海市位于珠江口两岸,南接澳门,东与深圳、香港隔珠江口相望,背山面海,海滨地区港湾相连,湾上绿树成荫,风光绮丽,具有"城市连风景,风景连城市"的南国乡土特色。珠江主要景点有：石景山旅游中心、白藤湖旅游区、珠海特区度假村、国际高尔夫球场、圆明新园等,已初步形成一个环境幽美、设备先进、管理完善、服务优良的旅游度假体系。石景山旅游中心是我国开发现代旅游的一个样板,依山临海,建筑优美别致,山上怪石嶙峋,海滨公园花木繁茂,滨海沙滩广阔优良,中心还设有骑马场、网球场、高尔夫球场、射击场等游乐场所和高级宾馆,是集住、食、游、娱为一体的旅游区。

(二) 福建省重点旅游城市和主要游览地

1．福州

福州自汉封闽越王都至今已有2100多年的历史,唐代改设福州都督府,始有福州之称。宋时因福州市内"编户植榕",绿荫满城,至今榕树遍布,故有"榕城"之称。1684年即清康熙年间在福州设置海关,鸦片战争后成为"五口通商"口岸之一,之后兴建了居中国造船业之冠的马尾船厂。新中国成立后,福州现代工业兴起,交通条件改善。现在的福州是我国东南沿海重要商港和造船基地之一,是福建省的省会城市,夏无酷暑,冬无严寒,街头花木锦簇,自然风光绮丽。福州名胜集中于三山：于山、乌山和屏山。于山西麓的白塔与乌山东麓的乌塔东西对峙,是福州的主要标志,即榕城双塔。

2．闽南金三角地区

福建南部以厦门、漳州和泉州三城市为中心的三角地区,是福建面向世界发展经济的门户,人们誉称为闽南"金三角"。在这不足全省5%的土地上,对外贸易出口额占全省的60%，福建籍华侨中有80%的祖籍是厦漳泉地区。闽南金三角地区依山面海，以海滨冲积平原和低丘为主，气候终年温暖湿润，沿海港湾众多，岛屿棋布，海上交通发达。闽南金三角地区也是我国对外开放最早的地区之一，早在公元6世纪泉州就与南洋有海运往来，宋元以后泉州成为中国最大的贸易海港，是古代海上丝路的起点，后为漳州月港代替。鸦片战争以后，厦门辟为"五口通商"口岸之一，开始兴起，直到1933年设厦门市。

3．武夷山风景区

武夷山（图6-15）坐落在闽北武夷山市西南15公里处，为纪念彭武、彭夷两兄弟治水征服自然的功绩而得名。山属典型的丹霞地貌，以"碧水丹山"著称。武夷山风景区是指武夷山西南的一片几十公里范围内的山岭溪谷地区，主要景点集中于闽江支流的崇阳溪和九曲溪一带，自然风景被概括为"三三六六"："三三"是一条三三九曲的溪水；"六六"是指六六三十六座峰峦。

图6-15　武夷山

（三）海南省重点旅游城市和主要游览区

1．海口

海口市位于海南岛的北部，南渡江口，是海南省的省会。海南岛北隔琼州海峡，与雷州半岛相望。全岛属热带季风气候，长夏无冬，高温多雨，年降雨量1700多毫米，是全国著名的避寒旅游胜地。海口市及其附近主要的旅游资源有五公祠、海瑞墓、东坡书院、琼台书院等人文景观和假日海滩、马鞍山火山口、红树林、东郊椰林等自然景观。五公祠位于海口市市区东南5公里处，由五公祠、苏公祠、学圃堂等一组古建筑群构成，习惯上统称五公祠，是为纪念唐代宰相李德裕、宋代宰相李纲和赵鼎、宋代大学士李光和胡铨等五位历史名臣而建，至今也有100余年，素有"琼台胜境"之盛誉。

2．三亚热带海滨风景区

三亚热带海滨风景区位于海南省三亚市，由海棠湾、亚龙湾、南山文化区、鹿回头、天涯海角、大小洞天等景区组成，独具特色的热带植物景观和曲折多变的海岸线构成了典型的热带海滨风光。天涯海角位于三亚市西南海滨，因热带海滨和耸立的形态各异的石柱而闻名，其中有三块特别引人注目的巨石，分别刻有"天涯"、"海角"和"南天一柱"。

3．五指山风景区

五指山位于海南岛东部，主峰高1879米，为海南岛最高峰。因长期受侵蚀切割，山峰呈锯齿状，山分五脉，形如伸开的五指，因此而得名。全山为热带原始森林，遍布奇花异木，有闻名于世的南药沉香、槟榔、益智、木灵芝等30多种植物。有时还可看到长臂猿、梅花鹿等珍贵动物。中华民族文化村坐落在素有"翡翠城"之称的避暑胜地通什市，占地600余亩，是一处集各民族民居建筑、民俗风情、民间艺术于一体的大型民族文化游览区。

（四）港澳地区主要游览地

1．香港

香港（图6-16）位于珠江口外东侧、北与深圳市毗邻，西隔珠江口与澳门相望，南为浩瀚的南海。香港包括香港本岛、九龙半岛和"新界"三部分，总面积1061.8平方公里。香港岛是一个山岛，地势高峻、山峦陡峭，太平山海拔552米，为岛上最高峰，平原很少，地面径流奇缺。香港气候热而湿润，年均温22℃，年雨量2200毫米。

图6-16 香港夜景

香港经济发达，它不仅是国际贸易和航运中心，而且是国际金融、信息、旅游、购物中心。同时香港是世界最大的钻石进口及转口市场，还是世界上最大的股票市场和期货市场之一，香港也是世界上最大的成衣、玩具、电子制品、家电和手表的出口地。主要旅游景点有九龙的清水湾、宋城、荃湾寺庙群，尖沙咀的太空馆及市区内许多公园、艺术中心、博物馆和非居住区的郊野公园等。

2．澳门

澳门位于珠江口西南岸，毗连珠海市，包括澳门半岛和凼仔、路环两个岛，总面积16.14平方公里。

澳门已有近400年的开埠历史，它是中国同西方贸易最早的商港之一，同时又是西方在亚洲东部的第一个主教区，最早的文化和宗教中心。澳门是世界上宗教建筑最

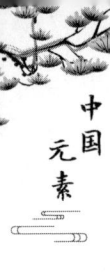

密集的地区之一，基督教、天主教、佛教、伊斯兰教建筑林立，以妈阁庙、观音堂和莲峰庙三大古刹最为著名。此外，澳门景点还有东望洋山、卢氏花园、镜海长虹、三巴圣迹、龙环葡韵等处。妈阁庙又名阿妈庙，位于澳门半岛南端，创建于明朝，已有500余年历史。

（五）台湾省主要游览地

1. 台北风景区

本区以台北市为中心，包括基隆、宜兰、桃园、新竹、苗栗等区域，其中台北市是台湾的政治、经济、文化中心，也是台湾第一大城市，是台湾的旅游活动中心。本区地形复杂，具有多种类型及独特的海岸地形景观，并且火山、温泉和瀑布之多为全省之冠，主要景点有：大屯火山群、北投温泉、石门水库、乌来瀑布和福隆海滨浴场等。大屯火山群为台湾八景之一，是由众多的火山、温泉和喷气孔构成的独特的火山地貌。从阳明山去台北途中，有一个著名的旅游胜地——北投温泉，北投温泉为硫磺泉，泉水可治疗风湿及皮肤病，这里环境幽雅，古木丛林，郁郁苍苍。

2. 台中风景区

本区以台中市为中心，包括台中、彰华、云林、南投、嘉义等区域。本区西部以盆地、平原为主，分布有一些著名的庙宇与古迹；东部多高山峻岭，是全省自然风光旅游资源最丰富的地区之一，台湾八景中有三景分布在本区，即"双潭秋月"、"阿里云海"、"玉山积雪"。"双潭秋月"指的是日月潭景色，日月潭为玉山和阿里山间的断裂盆地积水而成的天然湖，环湖层峦叠嶂，郁郁葱葱；湖面水平如镜，湖水湛蓝，潭中有一小岛名光华岛。

3. 台南风景区

本区以高雄市为中心，包括台南、高雄、屏东、澎湖等区域，以滨海风貌、山水风景、古迹景观为主要特色，以西子湾浴场、恒春半岛、关子岭温泉、赤嵌楼、安平古堡、开元寺为代表性景点。"安平古堡"是台湾八景之一，是台湾历史悠久的一座古城镇，始建于明末，当时称红色城，郑成功收复台湾后，改名为安平镇，古堡内现存有古老的街市房舍、古灯塔、古寺庙和亿载金城等古迹。"澎湖渔火"是澎湖列岛著名的夜景，澎湖列岛共有岛屿64个，扼台湾海峡两岸海上交通咽喉，是著名的渔港。

4. 台东风景区

本区包括台东和花莲两县，以原始风情和峡谷自然景观为主要资源特色，以花莲阿美文化村、太鲁阁峡、八仙洞长滨文化遗址、鲤鱼潭、绿岛等为代表性景点。太鲁阁位于花莲县，在花莲县北20公里处的立雾溪谷内，从天祥至太鲁阁19公里由大理石所形成的峡谷最为壮观，其断崖高达 1000 米，为峡谷地形所罕见，是台湾八景之一，称"鲁阁幽峡"。"清水断崖"在花莲县北 30 公里处的青水。阿美文化村在花莲市西南的吉安乡，是展示阿美族文化的游览地。

第六节　西北荒漠绿洲——原野特色

西北旅游区包括甘肃、宁夏、新疆、内蒙古四省区。本区历史上是陆地丝绸之路的必经之地，文化遗存丰富，自然景观以沙漠与草原风光最为奇异。本区民族构成复杂，是我国民族成分较多的地区之一，少数民族风情浓郁。

本区地貌结构排列有序，西部为高山盆地，东部为高原与河套平原，典型的温带大陆性干旱气候；本区河流多为季节河，高山湖泊分布，荒漠植被与山地森林草原风光，旅游交通以铁路、公路为主。本区旅游资源特征显著，自成风格。丝绸之路历史悠久，文物古迹丰富；奇异的风沙地貌与美丽的草原风光共存；少数民族风情浓郁。本区旅游线由丝绸之路东线、丝绸之路西线、宁夏旅游线、内蒙古旅游线组成；有兰州、敦煌、乌鲁木齐、吐鲁番、喀什、银川、呼和浩特等旅游城市。本区经济发展水平较低，旅游业正在积极发展中。

一、自然地理环境特征

1. 排列有序的地貌结构

本区从自然地理上大致可分为东西两大地貌单元：西部为高山与盆地相间分布的地表结构，东部为坦荡的高原和河套平原地貌。本区西部地域，即新疆全境、内蒙古和甘肃的西部地区，高山与盆地相间分布，阿尔泰山与天山之间的准噶尔盆地、天山与昆仑山、阿尔金山之间的塔里木盆地，北山与祁连山之间的河西走廊构成了本区的地貌单元。阿尔泰山海拔一般在 3000 米以上，有现代冰川、山地植被垂直分布显著，为新疆主要牧场之一。天山横亘新疆中部，由数列东西走向的平行山脉和众多的断陷盆地组成，海拔一般超过 4000 米，高峰终年积雪。塔里木盆地、准噶尔盆地和河西走廊内部戈壁流沙千里，风沙地貌发育典型。盆地边缘的山麓地带，有肥沃的绿洲，历史上许多古城沿山麓分布，连成古代丝绸之路。

2. 温带大陆性干旱气候

本区属典型的温带大陆性干旱气候，其特点是：光照长、气温变化大、干燥少雨、多风沙天气。本区气温昼夜变化大，所产瓜果特别甜，新疆的葡萄、哈密瓜，甘肃的

白兰瓜等都闻名全国。本区气温变化强烈，气温年较差达35摄氏度以上，日较差可达11~16摄氏度，呈现出"早穿棉袄午穿纱，抱着火炉吃西瓜"的奇妙场面，本区干旱少雨，广布黄土、戈壁、沙漠。

3. 水文条件、高山湖泊、荒漠植被及山地森林草原风光

本区河流多为季节河，有玛纳斯河、塔里木河、叶尔羌河、和田河、孔雀河、疏勒河等大河。境内的塔里木河和伊犁河分别是我国最长、水量最大的两条内陆河。河流滋润着绿洲，形成了富有生机的自然风光。在一些山地的顶部分布着一些湖泊，湖泊沿岸，森林茂密，如天山的天池，就是著名的国家级风景名胜区。本区属典型的温带大陆气候，植物多呈旱生、叶退化的半灌木、灌木和小乔木。植被覆盖率低。大兴安岭西坡的呼伦贝尔直到乌兰察布和鄂尔多斯的草原，东部草质好，往西渐差，草原坦荡开阔，毫无阻碍，可任意驰骋。

4. 铁路、公路并举的旅游交通

本区幅员辽阔、地形复杂，过去交通十分闭塞，新中国成立后，是国家铁路建设的重点地区之一，如今已基本形成了以兰州为枢纽，铁路、公路、航空都有了一定基础的交通运输网。本区交通运输网不仅连接了区内的重点，还沟通了本区与东部地区，对开发区内旅游资源起到重要作用。由于铁路密度小，公路运输占有重要地位，全区县和乡已通公路，区内很多旅游热点也要依靠公路联结。

二、旅游资源的基本特征

1. 丝绸之路历史悠久，原野风沙草原风光壮美

丝绸之路东起长安（今西安），经渭河流域，穿过河西走廊和塔里木盆地，跨越葱岭（今帕米尔），经中亚和阿富汗、伊朗、伊拉克、叙利亚而达地中海沿岸，全长7000公里，丝绸之路连接亚欧两大洲，历史上盛极一时，留下大量的历史遗迹。丝路沿途遍布风光壮丽的高山、大河、沙漠、戈壁、长城、古道、城堡、烽燧、石窟和文物。

本区是我国沙漠集中分布的地区，在风力作用下，风沙地貌发育典型，形成多种自然奇观。风蚀地貌以准噶尔盆地西北的乌尔禾"风城"最为驰名，风积地貌主要为沙丘，响沙是沙漠地区有趣的自然现象，敦煌的鸣沙山最为有名。内蒙古高原北部和中部，属温带草原区，水清草绿、景色宜人。呼伦贝尔草原水草丰美，生态环境保存较好，是理想的草原旅游目的地。在新疆天山南坡，气候温和湿润，草场植被丰富，与天山皑皑白雪相映，景色迷人，也是本区旅游胜地之一。

2．浓郁的少数民族风情

本区是我国少数民族聚居的地区，有维吾尔、哈萨克、蒙古、回、满等40余个民族，各民族有着悠久的历史和独特古老的文化，民俗活动异彩纷呈，民族风情多彩多姿。新疆的主体民族是维吾尔族。各民族以能歌善舞著称，在服饰、饮食、民居、交往、婚丧、节庆、禁忌等方面都有鲜明的民族特色。宁夏是我国回族聚居区，清真寺风格独特。甘肃西南地区是藏、回、东乡、保安、撒拉等少数民族的聚居地，这里的宗教民俗活动丰富多样，独特隆重，令人叹为观止。规模庞大的"花儿会"在世界民俗风情中也占有一席之地。内蒙古是我国蒙古族的聚居地，美丽的蒙古包、奶茶、手扒羊肉等蒙古美食以及传统的那达慕大会与蒙古大草原的风情融为一体，令人流连忘返。

三、主要风景名胜

(一) 甘肃省重点旅游城市与主要游览地

1．兰州

兰州是甘肃省省会，西北著名的交通枢纽。古丝绸之路的重要补给站，黄河上游的一座古城。汉置金城县，故别称金城。隋始为兰州治所，宋元末年间在兰州古城西南黄河畔建新城，清康熙五年（1666年）始为甘肃省省会。兰州又有"瓜果城"之称，特产白兰瓜、黑瓜子，名胜主要有五泉山、白塔山、秦、明长城古迹等。

2．敦煌莫高窟

敦煌莫高窟（图6-17）位于甘肃敦煌市区东南约25公里处的鸣沙山东麓，是中外闻名的佛教文化和东方艺术圣地，洞窟凿于鸣沙山东麓断崖上，上下5层，南北长约1600米。莫高窟建于前秦元二年（366年），其后从隋至元，历代均有修建。今存洞窟492个，壁画4.5万多平方米，彩塑2415尊。如果把壁座接起来，可以组成一个长达25千米的画廊，壁画描绘了大量的人们生产活动的片断，其构图之宏伟多变，用色之浓艳繁复，线条之细密流畅，堪称莫高窟的艺术精华。

3．麦积山石窟

该石窟位于甘肃天水市东南约30公里的山中，有一峰突起，高150米，如农家积麦之状，因有此名。据史料记载，石窟建于后秦时期，经西秦、北魏、北周、隋唐、五代、宋、元、明、清等10多个朝代的营造，建洞窟194

图6-17　敦煌莫高窟

个、存泥塑像、石雕像7000余尊，壁画1300多平方米，被称为"东方雕塑艺术馆"。麦积山石窟建造在崖壁上，上下相叠，密如蜂房，凿建难度极大。麦积山石窟既受西部佛教艺术影响，又有中原文化的烙印，发展中起着承前启后的作用。

4．嘉峪关

嘉峪关是万里长城西止点之重关，南面是终年积雪的祁连山，北面是连绵起伏的马鬃山，地势险要，巍峨雄伟，故称"天下雄关"。这里是"丝绸之路"必经的关隘和东西文化的交通要道。关城初建于明洪武五年（1372年），后经200余年的增修，形成一座布局严谨、雄伟壮观的军事关隘。关城呈梯形，周长733米，墙高10米，由内城、瓮城、罗城、外城、城壕等组成，整个工程坚固雄伟、工艺精绝。

（二）新疆维吾尔自治区重点旅游城市与主要游览地

1．乌鲁木齐

乌鲁木齐是新疆维吾尔自治区首府，位于天山中段北麓，自古为天山南北间交通要冲，是丝绸之路北新道的必经之路。清初置乌鲁木齐厅，1955起成为新疆维吾尔自治区首府。乌鲁木齐名胜有红山、天山牧场、燕儿窝等。红山位于市内乌鲁木齐河东岸，海拔910米，山势雄伟。山顶建有九级塔，登山远眺，全市风光一览无余，红山是乌鲁木齐的象征。燕儿窝位于市南郊，是市郊避暑胜地，园内遍植果树，环境清幽，东侧建有革命烈士陵园。

2．吐鲁番

吐鲁番西距乌鲁木齐180公里，古称高昌、西洲、火洲，位于新疆东部吐鲁番盆地中。吐鲁番盆地为丝绸之路北道上的重镇。吐鲁番盛产葡萄，有"葡萄之乡"之称。这里也是著名的火洲，是我国夏季最热的地方。吐鲁番是"丝绸之路"上2000年前的古城，文化灿烂，古迹众多，主要景点有火焰山、葡萄沟、交河故城、高昌故城、柏孜克里克千佛洞、苏公塔等。火焰山位于吐鲁番市以东40公里处，东西长约100公里，南北宽10公里。该山实是中生代红色砂岩构成的低山，山上寸草不生，在夏日骄阳下反射如火焰而得名，《西游记》中描写唐僧路过火焰山，孙悟空三借芭蕉扇的神话故事便取材于此。

3．喀什

喀什位于塔里木盆地西缘，是中国最西端的一座城市，曾是古丝绸之路南道和北道的汇合点，通往中亚的最大中转站，也是我国古西域最早的国际市场。喀什维吾尔语意为"玉石般的地方"和"玻璃瓮屋"。喀什是典型的维吾尔族城市，市内的建设风格，人文风格，都反映出浓郁的维族色彩和气氛。喀什还有"瓜果之乡"、"歌舞之乡"的美称，对游客极具吸引力。喀什的名胜古迹还有阿帕克霍加墓、莫尔佛塔、汗诺依古城遗址等。十二卡姆是东方古典文明的珍贵历史遗产，喀什地毯色彩鲜明，风格独特。

（三）宁夏回族自治区重点旅游城市与主要游览地

1．银川

银川是宁夏回族自治区首府，位于黄河上游银川平原。春秋战国时为匈奴等民族的游牧地区。唐高宗仪凤三年（公元 678 年）筑怀远新城，为后来银川城市发展奠定了基础。北宋时，党项人在此建国，银川作为西夏都城达 189 年。西夏历史文化是银川区别于其他旅游名城的最大特色，有多处西夏遗址。银川是回族聚居区，市区清真寺有数十座，银川自古被誉为"塞上江南"，黄河纵贯境内，景色胜似江南。

2．西夏王陵

西夏王陵是宁夏唯一的一处国家级风景名胜区，位于银川平原西部贺兰山东麓。西夏陵创建于 11 世纪 30 年代，西夏前 7 位皇帝及追谥的两代皇帝均葬于此。另有 70 余座陪葬墓，陵园南北长 10 公里，宽 4 公里，史载该陵"仿巩县宋陵而作"，每座陵园都是一组完整的群，现地面建筑已毁，灵台、神墙等显示了昔日西夏陵园的豪华景象，其出土的殉葬品和西夏文对研究西夏文化艺术有重要价值。

3．海宝塔

海宝塔位于银川市北郊，亦称北塔，公元 5 世纪初修建，清朝又重修了两次，连台基共 11 级，高 54 米，呈正方形，外形线条明朗，层次丰富，具有独特的艺术风格。登顶远眺，东望黄河如带，西顾贺兰巍巍，四周田园阡陌，一幅"塞上江南"图画。

4．沙波头

沙波头位于宁夏中卫县，北接浩瀚的腾格里沙漠，南抵香山，是一处景观独特的游览区，为我国三大响沙之一。游人从高约 100 米的沙波往下滑，由于特殊的地理环境和地理结构，滑沙时座下会发出一种奇特的响声，如大钟巨鼓，沉闷浑厚，称为"金沙鸣钟"。沙波头集大漠、黄河、绿洲、高山于一体，北国的雄伟与江南的秀美和谐地交织在这里。据考证，沙波头还是唐代诗人王维写下"大漠孤烟直，长河落日圆"千古绝唱之地。自然景观、人文景观与治沙成果融于一体，拥有"世界垄断性旅游资源"与"世界沙都"之称。

（四）内蒙古自治区重点旅游城市与主要游览地

内蒙古是蒙古族的聚居区，还有其他各民族，历史悠久，文化多彩。绚丽多姿的草原、湖泊、山脉和内蕴丰富的名胜古迹，形成了鲜明的民族特点和地区特点。举世瞩目的五大奇观——草原、古迹、沙漠、湖泊、森林，令人神往。

目前的草原旅游区呼伦贝尔（图 6-18）的主要旅游景点有呼和诺尔、白音胡硕草原旅游点、察尔森草原蒙古包旅游村；以锡林浩特为中心的典型草原风貌景点有希日塔拉草原旅游度假村、白音锡勒牧场、西乌旗原始游牧部落旅游点、贡宝拉格草原旅游点。

图6–18　呼伦贝尔草原

1．呼和浩特

呼和浩特是内蒙古自治区首府，位于大青山北麓，京包铁路线上。早在新石器时代，我们的祖先就在这里劳动生息。历史上匈奴、鲜卑、契丹、女真、蒙古等民族都在这里居住过。16世纪，达延汗在此建宫殿，新城建于清雍正十三年（公元1735年）。呼和浩特历史悠久，有许多珍贵的名胜古迹，主要有昭君墓、大召、小召、清真大寺、公主府、将军府、青山公园等旅游点。

昭君墓位于呼和浩特市城南10公里的大黑河西岸，为汉王昭君之墓，高大的土丘立于平畴沃野中，顶上有青瓦红柱凉亭。据传深秋时节各处草木皆枯，唯昭君墓上坟草青青，故又称"青冢"。

2．成吉思汗陵

成吉思汗陵位于鄂尔多斯草原中部的伊金霍洛旗，是一代天骄成吉思汗之陵园，相传成吉思汗去世后，安葬于鄂尔多斯高原上。现陵是1954年新建，是蒙古人民祭祀和怀念这位民族英雄的精神圣地。它是三个蒙古包式的并联建筑，高20多米。主体是中央纪念堂，上置以金黄色琉璃宝顶，光耀夺目。纪念堂正中有成吉思汗坐像，两廊有彩绘壁画，寝宫安放灵柩，每年6月在此举行一次成吉思汗祭奠。

3．呼伦贝尔湖

该湖位于呼伦贝尔盟满洲里市东南30公里处，面积2315平方公里，是我国东北部最大的咸水湖，又称达赉湖，为"大海一样的湖泊"。呼伦贝尔湖水面宽广，湖水清澈，湖中水产丰富。湖周的呼伦贝尔草原是我国最佳的天然牧场，是理想的疗养避暑地。

4．王当召

王当召位于包头市五当沟，是清初修建的藏式寺庙群，内蒙古现存规模最大的喇嘛庙，有大殿5座，活佛府2座，屋宇2500余间。各殿陈设装修富丽堂皇，塑像俱全，壁画绚丽，宗教文物极为丰富。召内设有神学院。五当召是研究宗教神学、建筑艺术的珍贵场所。

5．响沙湾

响沙湾位于包头市南达拉特旗附近，是中国三大响沙之一。游客登软梯至沙丘顶部下滑，沙丘即发出轰鸣响声。景区服务设施齐全，是内蒙古重要的沙漠旅游区。

6．草原旅游地

内蒙古的天然草场主要在鄂尔多斯高原以东，各族人民努力开发利用这一宝贵资源，推出了丰富多彩的草原旅游项目，在呼和浩特北的四子王旗等草原观光点，设有干净整洁的蒙古包和相应的旅游服务设施，备有调教有素的骏马，游客可尽情享受草原风情，体验牧人生活、观摩民族风俗。

第七节　西南喀斯特——民情特色

西南旅游区包括川、滇、黔、桂四省区。本区地形以高原、盆地、山地为主，岩溶地貌特别明显；气候温暖湿润，四季宜人，全区地域差异明显；长江、珠江、三江水系分布全区，形成众多水体景观。本区旅游资源特征显著，岩溶地貌发育典型，分布广泛；少数民族风情多姿多彩；天然动植物王国，自然保护区众多；自然景观原始奇异。本区旅游资源密集，品级高，是我国旅游热点地区，有成都、桂林、北海、南宁、昆明、大理等著名旅游城市。

一、自然地理环境特征

1．地形以高原、盆地、山地为主，岩溶地貌特别明显

本区地形由四川盆地、横断山地、云贵高原和广西丘陵盆地组成。四川盆地位于四川省中东部，以广元、雅安、叙永、奉节连线为界，盆地地形分为川东平行岭谷、川中方山丘陵和川西成都平原、横断山脉在本区主要分布在四川西部和云南西部，高山河流峡谷众多。云贵高原上分布有许多山间盆地，是云、贵两省经济发达地区。高原碳酸盐类岩石分布广泛，岩溶地貌明显，景观品位很高。高原边缘坡度较大，河流至此常形成急流和跌水，如黄果树瀑布。广西丘陵盆地山岭起伏、石灰

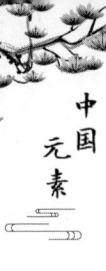

岩分布广泛、岩溶地貌十分明显，是我国也是世界上著名的热带岩溶地带，旅游业较为发达。

2. 气候温暖湿润，四季宜人，但地域差异明显

西南旅游区大部分地区属热带、亚热带气候。由于距海较近，气候普遍温暖湿润，一年四季皆宜旅游。但因地域辽阔，地貌复杂，地区差异明显，云贵高原西部冬暖夏凉、四季如春，昆明是著名的春城。广西北部属于亚热带季风气候，温暖湿润。云南南部与广西南部则为热带气候，夏季炎热，没有真正的冬季。

3. 三大水系分布全区

三大水系指长江、珠江、三江（金沙江、澜沧江、怒江）水系。长江横贯四川盆地中部，接纳了岷江、沱江、嘉陵江三大支流，形成诸多名胜。珠江水系主要分布在广西境内，漓江便是支流桂江上游段，三江并流。金沙江等是三江流域著名景观。

二、旅游资源的基本特征

1. 岩溶地貌发育典型，分布广泛

本区是我国岩溶地貌发育最完美、分布最广泛、规模最大、类型最全的区域。极具观赏价值的岩溶地貌景观有溶洞、孤峰、石林、天生桥、岩洞瀑布等。尤以广西、贵州最为普遍，较为著名的岩溶地貌景观有云南路南石林、贵州龙宫、织金洞、广西七星岩、芦笛岩、四川兴文石林等。

2. 少数民族风情多姿多彩

本区是我国少数民族最大聚居区。其中云南省少数民族最多，有 26 个民族；广西是人口最多的少数民族壮族的聚居地；贵州的苗族、彝族、侗族分布广泛；四川省则分布有藏族、彝族、苗族、羌族等少数民族。这些少数民族在长期的生产生活中，形成了各自的民俗文化，构成了独具特色的人文旅游资源，其服饰、礼仪、建筑及喜庆活动对国内外游客吸引力很大。

3. 天然动植物王国

区内生物资源十分丰富，种类达 1.5 万种以上。仅云南就有植物种类 1.2 万余种，居全国首位，号称"植物王国"。广西有植物 6000 种以上，并不乏名贵树种，如金山茶。本区动物种类多，珍稀品种繁多，如大熊猫、金丝猴、绿孔雀等。为保护这些动植物及其生存环境建有多处自然保护区，如王朗、卧龙、九寨沟、梵净山、西双版纳。本区是我国自然保护区最多的区域，这些自然保护区不仅生物资源丰富，且风光宜人，往往都是著名的风景名胜区。

三、主要风景名胜

(一) 四川省重点旅游城市与主要游览地

1. 成都

成都是四川省省会,又称"蓉城",位于成都平原中部。成都已有2300年的建城史,文化遗存十分丰富。金沙遗址被喻为20世纪我国最大的考古发现之一,表明早在古蜀时期成都的文化就相当发达。成都市内主要旅游点有武侯祠、杜甫草堂、永陵、望江楼、青羊宫等。

2. 都江堰——青城山风景名胜区

都江堰(图6-19)——青城山风景名胜区是我国世界文化遗产地之一,位于成都市都江堰境内。都江堰水利工程位于岷江中游流出山口注入川西平原的交界处。该水利工程由鱼嘴、飞沙堰和宝瓶口三部分组成。成都平原自此成为真正的天府之国,至今仍发挥巨大作用。

图6-19 都江堰

3. 峨眉山、乐山大佛风景名胜区

峨眉山、乐山大佛是我国世界自然与文化双重遗产之一,位于四川省乐山市境内。峨眉山是我国四大佛教名山之一。峨眉山山势雄伟,最高峰万佛顶海拔3099米,登顶可观云海、日出、佛光、圣灯四大奇观。全山流云飞瀑、幽谷深邃、植被葱郁,素有"峨眉天下秀"之称。峨眉山自然景观垂直分布显著,雨量充沛,植物3000多种,有"植物王国"之称。乐山大佛在乐山市凌云山西壁,岷江、青衣江、大渡河三江交汇处,是当今世界上最高的石刻弥勒坐像。乐山大佛在雕琢过程中还设计了排水系统,科学而巧妙地保护了大佛表层不至于被山间流水冲蚀破坏,充分反映了我国古代人民的智慧。

4. 黄龙、九寨沟风景名胜区

九寨沟风景名胜区是我国世界自然遗产地之一，被誉为"人间仙境"、"童话世界"，其景令人如痴如醉。由黄龙沟、丹云峡、牟尼沟、雪宝顶、雪山栗、红星岩、西沟等景区组成。黄龙以彩池（图6-20）、滩流、雪山、峡谷、森林、瀑布"六绝"著称。

图6-20　钙华彩池

九寨沟位于四川阿坝州九寨沟县境内，是长江水系嘉陵江源头的一条支沟，距成都市400多公里，因周围分布有9个藏族村寨而得名。总面积620平方公里，大约有52%的面积被茂密的原始森林所覆盖。九寨沟风景以高山海子（湖泊）与瀑布等构成的水景为主要特点。

（二）云南省重点旅游城市与主要游览地

1. 昆明

昆明是云南省省会，三面临山，南临滇池，海拔1894米，是一座冬暖夏凉四季如春的"春城"。昆明市内及附近有许多名山胜水和古代建筑，如西山、滇池、大观楼、世界园艺博览园、黑龙潭、筇竹寺、圆通山等。滇池又名昆明湖，在市西南西山脚下，面积340平方公里，是云贵高原最大的淡水湖。西岸有金马、碧鸣二峡峙，湖上烟波浩渺、一碧万顷，被誉为云贵高原上的一颗明珠。西山位于市区西南，挺立于滇池西岸，最高的罗汉峰海拔2500米，远眺似一睡佛，故又称"卧佛山"、"睡美人"。其名胜古迹主要有聂耳墓、华亭寺、太华寺等。

2. 大理

大理位于滇西中部，汉置叶榆。唐宋时，南昭国、大理国都曾建都于此，历时500多年。大理曾经是云南政治、经济、文化中心，也是白族的聚居地，风光秀丽，古迹遍布，少数民族风情浓郁。

3．丽江古城

丽江古城位于云南省丽江纳西族自治县城的玉龙雪山下，古城原貌保存完整，是我国纳西族主要聚居区，世界东巴文化中心。它以其古朴的艺术风格和科学的布局艺术著称。这里是滇西著名的商贸中心，历史上茶马古道上的重要枢纽。古镇以四方街为中心，大街小巷向周围呈放射状布局，排列有序，互为通顺，是中国古镇中的佼佼者，已作为世界文化遗产列入《世界遗产名录》。该地还有被称为"中国古典音乐活化石"的纳西古乐，是世界唯一"活着的"东巴象形文字。

4．西双版纳

西双版纳在云南省最南部。风景名胜区以景洪镇为中心，面积约2万平方公里，以神秘的热带季雨林和优美的傣族风情著称。西双版纳热带森林茂密，种类多，层次多，高等植物品种达7000多种，是西双版纳植物游览胜地。这里还是著名的动物王国，动物种类和数量居全国之首，有野象、绿孔雀等珍稀动物。西双版纳居住着十几个少数民族，其中傣族人口最多。傣族民居造型独特，竹楼别具风格，构成花园式村寨，傣族信奉佛教，著名建筑有曼飞龙塔、景真八角亭等。傣族民俗风情独特，傣族新年"泼水节"，人们相互泼水祝福，声势浩大，还举行龙舟赛、赶摆、跳象脚鼓舞、孔雀舞等活动。

(三) 贵州省重点旅游城市与主要游览地

1．贵阳

贵阳位于云贵高原东部，是贵州省省会，又称"筑城"。早在春秋时期，贵阳属柯国，至战国，时属夜郎国范围。宋宣和元年（1119年）得名贵州，明朝永乐年间开始逐渐成为贵州省的政治、经济、文化中心。贵州属亚热带湿润温和气候，气候宜人，博得了"上有天堂，下有苏杭，气候宜人数贵阳"的美誉。贵阳地处山地丘陵环抱之中，素来被称为"山国之都"，它还是一个以汉族为主，苗、布依等多族共居的城市。贵阳的主要风景名胜有甲秀楼、黔灵山、花溪、东山等。

2．凯里

凯里是黔东南苗族侗族自治区首府，位于清水江上源龙头江畔，元朝开始在此设置安抚寺，因而其历史文化积淀较为深厚。凯里之特点在于其浓郁的苗寨风情与民俗文化，凯里市的"姐妹节"是黔南地区广为流行的苗家节目。市内有魁星阁、金泉湖、博物馆、鼓楼、芦笙场、斗牛场、跑马场等游乐地点，是贵州省民族风情最浓郁的地方。

3. 黄果树瀑布

黄果树瀑布位于安顺地区白水河上,是以黄果树大瀑布为中心的一处瀑布群,整个景区呈现出典型的亚热带岩溶地貌,奇峰林立,溶洞密布,瀑布众多,其中较大的地面瀑布多达 18 处,地下瀑布 14 处。黄果树大瀑布宽 81 米,落差近 70 米,其中冲蚀而成的犀牛潭深达 17 米,翻空涌雪,万练飞空,极为壮观,为我国第一名瀑。

(四)广西壮族自治区重点旅游城市与主要游览地

1. 南宁

南宁是广西壮族自治区首府,地处邕江畔,故简称邕。南宁主要游览地有南湖公园、伊岭岩、广西博物馆、人民公园等。

2. 桂林

桂林位于广西东北部,桂江上游的漓江之畔,以盛产桂花,桂树成林而得名。桂林之称始见于杜甫《寄物五桂州潭》:"五岭皆炎热,宜人独桂林",汉置始安县,唐改称桂林,宋以后逐渐成为广西政治、文化中心和军事重镇,唐代杜甫、韩愈、白居易等人诗中多有赞美,历代文人雅士留下诗文、辞赋、题名等摩崖碑刻约计 2000 多件。桂林的山,平地拔起,千姿百态;漓江的水,蜿蜒曲折,明洁如镜;山多有洞,洞幽景奇;于是形成了"山清、水秀、洞奇、石美"的桂林山水"四绝"(图6-21)。

图 6-21 桂林山水

3. 柳州

柳州位于广西中部。唐天宝元年曾改柳州为龙城郡,故又名龙城。柳州是我国古人类研究中心之一。附近柳城"巨猿洞遗址"是两三百万年前巨猿生活的地方。市郊有"柳江人遗址"和"白莲洞人遗址",是距今 5 万年前古人类生活的地方。鱼峰山位于市南区,高 88 米。山上四季常青,亭台楼阁,有翠松亭、冠山亭、观美阁等古建筑。山腰有七个岩洞,彼此相通,人称"灵通七窍",为喀斯特溶洞。

第八节 青藏高原雪山——宗教特色

被誉为"地球第三极"的青藏高原,有着独特的人文环境和自然地理环境。以青藏高原为中心的藏区的人们都有着对自然山林崇拜的习俗,由于民间宗教信仰和自然崇拜等方面的原因,一些农业生产方式的维持是以森林的存在为前提的。该区旅游地理环境条件包括三方面:高峰林立的"世界屋脊"、独特的高原气候以及亟待发展的交通。旅游资源最主要的特征表现在奇特的自然景观与独特的宗教和壮观的古建筑的交融。

一、旅游地理环境特征

1. 高峰林立的"世界屋脊"

青藏地区的地形以高原为主体,地理上的青藏高原,除青藏、西藏两省区外,还包括四川西部、云南西北部的横断山脉,以及甘新边缘山地等,面积达2503平方公里,平均海拔在4000米左右,有"世界屋脊"之称。高原上绵延着数条高1000～2000米的巨大山系,并有多座高逾七八千米的高峰,地势高峻,气势雄伟。高山上终年积雪,冰川明显(图6-22)。青藏高原上的山脉有东西向和南北向两组,构成了高原地貌骨架。

图6-22 青藏高原

2. 独特的高原气候

青藏高原由于其地势高而形成了独特的高原气候:高原上气温低,年较差小,日较差大。青藏高原地处中低纬度,相当于东部的暖温带和亚热带,但高原影响超过纬度影响,年平均气温低于5摄氏度,藏北高原则在0摄氏度以下,气温年变化小于平原地区,日变化则大于平原地区。故"一年无四季,一日有寒暑"。由于海拔高,空气稀薄洁净,少尘埃和水汽,大气透明度好,故成为全国太阳辐射能量最多的地区,全年日照时数在2200～3300小时,拉萨日照时数为3005小时,素有"日光城"之称。

二、自然资源的主要特征

1. 奇特的自然景观

高原外缘高山环绕，壁立千仞，峥嵘壮丽。高原内部的山脉之间分布着高原、盆地和谷地，"远看成山，近看成川"，呈现一派波状起伏、莽莽苍苍的壮丽景象。青藏高原上冰川、冻土广泛分布，大面积冰川及广泛的积雪，形成座座高山固体水库；山岳冰川形态丰富，冰川作用形成的冰蚀地貌和冰碛地貌是本地区自然景观的特点之一。"板块缝合线"与地热奇观。青藏高原是大陆对碰撞而起抬升的一个典型。构造运动强烈，岩浆活动频繁，故为我国地热资源最丰富的地区。众多的湖泊，鸟类的乐园。青藏高原是我国湖泊最多的地区，也是世界上湖面最高、数量最多的高原湖区，星罗棋布着数以千计的湖泊。

2. 独特的宗教和壮观的古建筑

西藏地区流行藏传佛教，俗称"喇嘛教"。由于喇嘛教的发展和兴盛，作为宗教活动场所的寺庙建设自然如火如荼，拉萨的布达拉宫、大昭寺、小昭寺和日喀则的扎什伦布寺不仅在社会上享有极大的特权，建筑也是相当宏伟壮观。同时，因佛教文化交流的需要，不断有建筑家、艺术家和工匠经印度、尼泊尔以及中原地区来到西藏，为西藏佛教建筑、雕塑和绘画艺术贡献他们精湛的技艺。外来艺术的影响同本民族艺术的交融产生了独具特色的西藏佛教艺术。

3. 绚丽多姿的民族风情

青藏高原是多民族的聚居之地，其中藏族是人口最多的少数民族，土族、撒拉族、门巴族、珞巴族等是高原上独有的少数民族，他们世世代代生息繁衍在这片土地上，创造和积累了丰富的民族文化，形成了自己独特的民风民俗。又由于高原环境的相对闭塞，使这些民风民俗保持了相对的完整性和原始性，如各民族的婚丧嫁娶、宗教节日、歌舞戏曲、绘画雕塑、居住方式，均有浓郁的民族特色，是高原文化的精华。

三、主要风景名胜

（一）西藏重点旅游城市和主要游览地

1. 拉萨

拉萨市为西藏自治区首府，位于雅鲁藏布江支流拉萨河北岸。拉萨历史悠久，是一座已有1300多年历史的古城，古称"卧马塘"，秦时属古羌之地，唐时名逻安。拉萨从公元七世纪初松赞干布称王定都以来，一直是西藏的政治、经济和文化中心。拉萨终年阳光明媚、气候宜人,有"日光城"之誉。冬季不太冷、夏季温暖、空气新鲜、大气透明度高,是世界上空气最洁净的城市之一。市内风景胜地有布达拉宫(图6-23)、大昭寺、小昭寺、哲蚌寺、罗布林卡等。庙宇林立,金碧辉煌,穿着黄色袈裟的喇嘛穿行大街,一派佛教圣城的景象,十分引人注目。

图6-23 布达拉宫

2．日喀则

日喀则是西藏第二大城市,是一座有500多年历史的古城。历史上日喀则地区称之为后藏,属班禅势力范围,日喀则即成为班禅额尔德尼的驻锡地,是后藏政教中心。日喀则位于雅鲁藏布江中游宽谷处,自然条件优越,农牧业发达,历来是西藏的粮仓和农牧产品的集散地。历史上也是藏民族集中活动地之一,文物荟萃。

(二) 青海省重要旅游城市和主要游览地

1．西宁

西宁市位于青藏高原的湟水谷地,北川河、南川河与西川湟水汇流处,四周群山环抱,湟水蜿蜒其中,扼青藏高原的东方门户。西宁是一座有2000多年历史的古城,是青海省的政治、经济中心,也是兰青和青藏铁路的起点。西宁海拔2275米,夏季凉爽宜人,是避暑胜地。因其是唐蕃古道上的重镇,故名胜古迹众多,有塔尔寺、瞿昙寺、五屯寺。此外西宁还有美妙的石峡清风、金峨晓日、文峰耸翠、风台流云、龙池夜月、湟流春涨六景,而尤以塔尔寺最为著名。

2．青海湖风景区

青海湖风景区位于青藏高原东北部,距离西宁约130公里,面积4635平方公里,是我国最大的咸水湖,也是全国第一大湖。景区以高原湖泊为主体,兼有草原、雪山、沙漠等景观。湖滨地貌复杂多样,景观丰富;湖区四周山脉环绕;湖畔有千里草原,绿茵如毯,野花缤纷,羊群、马群、牛群漫山遍野,一片草原游牧风光;湖中有海心山、孤插山（三块石）鸟岛、海西皮、沙岛5个形态各异的岛屿，山峦叠秀，景观奇特，其中尤以鸟岛闻名天下。

思考题

1. 简述东北旅游区旅游资源的主要特点。
2. 理解华北旅游区旅游地理环境概况。
3. 比较杭州、南京、上海等地旅游资源特征。
4. 试举一例描述华中旅游区旅游景点的特色。
5. 简述华南、西北旅游区旅游资源的主要特点。
6. 概述青藏高原旅游区旅游地理环境特色。

第七章

旅游审美与环境保护

学习要点及目标

- 了解旅游审美的特点及旅游资源美感分类。
- 了解风景名胜区设立与分级简介。
- 学习旅游与环境的关系以及旅游环境保护策略。

第一节 旅游审美

一、旅游资源美感研究的意义

旅游活动本身是一种审美实践活动。无论旅游者的旅游动机如何变化,其中都包含着对美的追求与享受。而旅游者的审美感受既取决于个体的审美能力,也取决于旅游业的经营与从业人员能否将旅游资源所蕴含的美充分地表现出来。能否发现美、创造美并展现美,才是衡量旅游资源开发质量与旅游业发挥积极作用的因素。

二、旅游审美的特点

1. 审美对象的多样性

旅游审美的对象是各种类型的旅游资源。而旅游资源具有多样性的特点,任何事物在一定条件都可能成为旅游资源,山川河流、风云雨雪、诗词歌赋都可能是旅游审美的对象。这些类型迥异的旅游资源所提供的美感类型也就多样化,因此,旅游审美往往对审美者的审美能力要求较高。

2. 审美主体的广泛性

现代旅游的特点之一就是旅游者的广泛性、大众性。旅游者由各种年龄、职业、

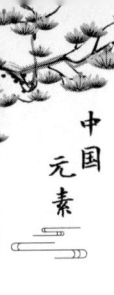

文化背景、宗教信仰、受教育程度等群体构成，每一个人都是潜在的旅游者，因而旅游审美主体是非常广泛的。旅游活动也因此成为审美教育，提高大众审美能力的重要途径。

3. 审美过程的直接性与短暂性

由于旅游活动通常需要游客亲自参与，旅游者需要直接面对审美对象才可以获得强烈的美的刺激，得到美的精神享受。但是，旅游活动又是很短暂的，旅游者与审美对象的直接接触与交流通常很肤浅，因而对旅游对象的印象是零乱不系统的。这就要求旅游从业人员在最短的时间内尽可能地提高旅游者对旅游审美对象的认识以获取更多的精神享受。

三、旅游资源美感分类

1. 形态美

旅游景观的形态美，泛指地象、天象的总体形态和空间形式的综合美。旅游资源的形态美可以概括为雄、奇、奥、险、旷、野等几种典型的风格特征。

2. 色彩美

随着季节变换，昼夜更替，阴晴雨雪，自然风物相映生辉，呈现出丰富的色彩，构成"最大众化的一种审美形式"（马克思语）。旅游资源色彩美的构成要素很多，但究其本质，起主导作用的则是光线。光线通常视为一切色彩的摇篮，它以"自己特有的方式照射在物体上，使其在不同条件下看上去又是相当的不同"。具体而言，旅游资源的色彩美受季节、气候、天象、地域等多种因素的影响。旅游资源尤其是自然旅游资源的色彩美通常包括山色、石色、天色、水色、植物色等。

3. 听觉美

在诸多自然景观中，瀑落深潭、惊涛拍岸、溪流山涧、风吹松涛等自然音响，皆与都市、厂矿、车喧、人吵等噪声形成鲜明的对照，在特定的环境中，它们能给人以赏心悦目的音乐般的美感享受。因此，大凡名山名园，均设有诸如"松涛亭"、"听泉亭"之类的景点。在大自然丰富的声音中具有代表性的主要是鸟语、风声、钟声、水声等。

4. 嗅觉美

芬芳的花卉、诱人的果品、满目苍翠的树林茅草，都会引起嗅觉美，它使人肺腑清净、全身透畅、情绪轻快、精神振奋，这是一种以生理快感为主要特征的审美感受。凡游览过黄山的人都深有体验：春日有山花的芬芳，鲜草的清馨；夏季有含云吐雾的缥缈仙境，沁人心脾，含有益健康的负氧离子的空气。这同都市的各种有害气体形成鲜明对比，亲临其境的游人，在吐纳之际，身心愉快，神思飞扬，充分领略到大自然陶情冶性、洗涤胸襟的妙用。

5．动态美

一般说来，构成自然景观动态美的主要因素可分为两类：一是水流、云雾、光照等自然因素；二是风物传说等人文因素。动态美使人活泼、有朝气、激励人进取，水景如河流、瀑布是动态景观的重要组成部分。一切景物，在不同时间、季节、光度和植被等因素的影响下，其形态也随之变化，呈现出不同的观赏价值。所以说一年四季，景有四色，朝暮阴晴，景生变化。

人的审美意识在这些景物为背景的神话传说的刺激下，会产生联想或幻觉，使这些景物化静为动、化死为活、传无情为有情。这正是风物传说的生动性。这种生动性使人看到景外之景，导致情景交融。

6．质感美

质感是物质的各种物理或化学属性——如硬度、温度、色彩、弹性、光洁度等对人的各种感官刺激所形成的综合印象，由于不同物质均有其特殊的质感，因而人们往往利用质感的作用、想办法使普通的物质具有珍贵物质的质感，以提高其身价。质感美还使某些物质产生了特定的理念，使人们对其重视程度更甚于同质感本身而引发的感情，中国古有"君子比德于玉"之说，即是很好的例证。

7．朦胧美

这是因为照明强度较弱，距离较远能见度较低或被其他事物半遮半掩所造成的模模糊糊、虚虚实实、若隐若现的形象而产生的美感。朦胧美由于其神秘、玄妙感，引起许多遐想。苏轼描写烟雨迷蒙的西湖的名句有"山色空蒙雨亦奇"，在细雨迷蒙中，西湖像穿上一层薄纱的美女，隐隐约约显露出婀娜的体态，产生出特有的魅力，这正是一种朦胧美。

8．形式美

无论是自然景物还是人文景观，其形状、线条、色彩等都表现出整齐、对称、均衡、对比、节奏、多样统一的美，给人产生一种和谐的美感即形式美，自然景观如岩石的纹理、植物的花和叶等。人类则在历史发展过程，经常自觉或不自觉运用了这些原则，并有所发展和创造，古希腊人最早发现的"黄金分割率"（即长宽之比等8：5）则是最有代表性的比例类范式。

第二节　风景名胜区设立与分级简介

风景名胜的称谓早已有之，古往今来人们总是把有文物古迹或者优美风景的名山大川称作风景胜地。这些风景名胜的自然景观别具风采，人文景观特立独行，常常摄人心魄，令人流连忘返。因此风景名胜也总是和观赏旅游联系在一起，以景物环境作为历史文化的载体。我国的风景名胜不计其数，却不是所有的风景名胜都能设立为风景名胜区。

一、风景名胜区的概念和功能

1. 风景名胜区法定概念

风景名胜区是一个严格的法定概念，是指经过特别法定程序，由国家和地方政府批准设立的"具有观赏、文化或者科学价值，自然景观、人文景观比较集中，环境优美，可供人们游览或者进行科学、文化活动的区域。"这一特殊区域属于我国风景名胜的佼佼者，代表着国家的经典风景名胜。

2. 风景名胜区主要功能

风景名胜区的主要功能在于保护生态、生物多样性与自然环境、文化遗产；发展休闲观光旅游和文化旅游；开展科研和文化教育活动；促进风景名胜所在地经济社会发展。

二、风景名胜区的设立与分级

1. 风景名胜区设立

对风景名胜区实施规划管理，必须首先按照法定程序设立风景名胜区，并划定风景名胜区的管理范围，在管理范围以内适用《风景名胜区条例》。

2. 风景名胜区分级

按照《风景名胜区条例》规定，根据不同风景名胜区资源的观赏、文化、科学价值、环境质量、规模大小、旅游条件，将设立的风景名胜区划分为国家级风景名胜区和省级风景名胜区。

（1）国家级风景名胜区　自然景观和人文景观能够反映重要自然变化过程和重大历史文化发展过程，基本处于自然状态或者保持历史原貌，具有国家代表性的，可以由省、自治区、直辖市人民政府提出申请，国务院建设主管部门会同国务院环境保护主管部门、林业主管部门、文物主管部门等有关部门组织论证，提出审查意见，报国务院批准公布，设立为国家级风景名胜区。

（2）省级风景名胜区　具有区域代表性的，可以由县级人民政府提出申请，省、自治区人民政府建设主管部门或者直辖市人民政府风景名胜区主管部门，会同其他有关部门组织论证，提出审查意见，报省、自治区、直辖市人民政府批准公布，设立为省级风景名胜区。

第三节　环境保护

一、旅游与环境的关系

旅游与环境息息相关，二者的关系可以从两方面去理解，一方面，环境是旅游的前提，旅游影响环境；另一方面，旅游发展对环境产生巨大的影响，在旅游发展中应采取多种方法保护环境。

1．环境是旅游的前提

旅游业对环境的依赖程度非常高，在缺乏良好环境的地方基本没有旅游业，环境是发展旅游业的先决条件，因为旅游活动本身是以追求舒适的精神享受为目的。劣质的旅游环境绝不可能吸引游客。而且在旅游活动中观光与度假是最重要的组成部分，这两种活动极大地依赖于自然环境的质量。尤其是现代旅游活动的重要动机为了寻求宁静、优良的环境，并成为医治城市病的良药和逃避日常枯燥、单调、紧张工作及城市生活的良方。

2．旅游发展对环境的影响

一方面，旅游发展在一定程度上改善了环境质量，加强了环境保护。另一方面，旅游业发展又对环境造成巨大的负面影响，在一定程度上破坏了环境。归纳起来，旅游发展造成环境破坏的原因主要有四个方面：第一，游客的行为与生活垃圾；第二，居民的生活与生产活动；第三，旅游企业污染，主要的通道是大气和水体；第四，自然因素，如湖泊的淤积、滑坡、泥石流、风沙等。

二、旅游环境保护策略

中国作为世界四大文明起源地之一，而且是唯一没有受到根本性破坏的文明起源地，文化遗产遍布祖国各地，民间还有许多非物质文明的文化遗产。保护名胜古迹，既有利于继承传统也与有利于坚持历史传统教育。

1．加强环境教育，增强环境意识

要进行多种环境保护教育，建立相关制度，提高政府和公民环保意识。一方面对旅游管理者进行环境教育；另一方面要加强游客环境教育，设立一些环境教育功能设施，如环保录像片、宣传标语等，切实提高环境保护意识。

2．科学规划、合理分区

确定合理的旅游容量旅游地的规划开发应遵循科学合理的原理，避免掠夺式的过度开发。同时，旅游区必须合理地划分功能区，将接待区与游览区分开，严格控制各种污染。旅游容量即旅游承载力，科学合理地确定旅游容量是降低因游人大量拥入而造成对旅游地的破坏。

3．加强环境影响的评估

环境影响评估是一种预防性的环境管理思想，通过环境监测与影响评估，可以及时采取补救措施降低环境破坏的几率。

4．健全旅游地环境管理机构，严格制定和执行管理法规

旅游地应当设立专门的环境管理机构，并确保将环境保护落到实处，责任落到个人。管理机构应严格实施国家、省、州、县制定的环境保护法规，并可结合旅游地实际情况，逐步完善，摸索出一套行之有效的保护方案。执法部门要严格执行，坚决打击破坏旅游环境的行为。

和平与发展已成为当代社会的主题。通过对彼此名胜古迹的认识，可以促进各个国家、地区间的文化交流，有利于保持世界和平，共同发展。中国优秀的文物古迹，不但是中国各族人民的，也是全人类共同的财富；不但属于今天，更属于未来。因此，将它们真实、完整地留传下去，是当代人的神圣职责。

思考题

1．旅游审美有哪些特点？
2．试以一熟悉的旅游资源为例，分析其美感体会。
3．谈谈你将如何避免或制止旅游活动中破坏环境的行为？

第三篇 中国民俗传统

民俗起源于人类社会群体生活的需要，在各个民族、时代和地域中不断形成、扩大和演变，为人民的日常生活服务。中国是一个具有悠久历史民俗传统的国家，自古就有："入国问禁，入乡随俗"的民间传统。民俗是最贴近身心和生活，并世世代代锤炼和传承的文化传统。中国民俗传统作为中国文化的一个组成部分，是在中华民族特有的自然环境、经济方式、社会结构、政治制度等因素的制约下孕育、发生并传承的，既有人类民俗的共性，又有不同于其他国家和民族的独特个性。这些民俗不仅丰富了人们的生活，还增加了民族凝聚力，是人类社会文明的宝贵财富。

第八章

生产劳动民俗

学习要点及目标

- 掌握24节气名称与时序，了解其与劳动生产的关系。
- 学习中国十二生肖的来历与古代人民信仰。
- 了解中国古代招牌与"市声"的文化意义。

第一节　二十四节气

"春雨惊春清谷天，夏满芒夏暑相连，秋处露秋寒霜降，冬雪雪冬小大寒。"这首二十四节气歌在我国民间广为流传。二十四节气系统是我国旧历特有的重要组成部分，起源于黄河流域，形成于春秋战国时代，经过不断地改进与完善，到秦汉年间，完全确立。二十四节气是根据太阳在黄道（即地球绕太阳公转的轨道）上的位置来划分的，能反映季节、气温、降雨、物候等方面的变化，指导农事活动。每个节气约间隔半个月的时间，分列在十二个月里面。

一、二十四节气分类

二十四节气的命名反映了季节、气候现象、气候变化等。因此二十四节气又可以划分为如下几类：

表示寒来暑往变化的有：立春、春分、立夏、夏至、立秋、秋分、立冬、冬至八个节气；

象征温度变化的有：小暑、大暑、处暑、小寒、大寒五个节气；

反映降水量的则是：雨水、谷雨、白露、寒露、霜降、小雪、大雪七个节气；

反映物候现象或农事活动的节气有：惊蛰、清明、小满、芒种四个节气。

春分、秋分、夏至、冬至是从天文角度来划分的，反映了太阳高度变化的转折点。

立春、立夏、立秋、立冬则反映了四季的开始。由于中国地域辽阔，具有非常明显的季风性和大陆性气候，各地天气气候差异巨大，因此不同地区的四季变化也有很大差异。

白露、寒露、霜降三个节气表面上反映的是水汽凝结、凝华现象，但实质上反映出了气温逐渐下降的过程和程度。

惊蛰、清明反映的是自然物候现象，尤其是惊蛰，它用天上初雷和地下蛰虫的复苏，来预示春天的回归。

二、二十四节气命名的讲究

"立"表示一年四季中每一个季节的开始，春夏秋冬四个"立"，就表示了四个节气的开始。立春、立夏、立秋、立冬亦合称为"四立"。公历上一般在每年的2月4日、5月5日、8月7日和11月7日前后。"四立"表示的是天文季节的开始，从气候上说，一般还在上一季节，如立春黄河流域仍在隆冬。

"至"是极、最的意思。夏至、冬至合称为"二至"，表示夏天和冬天的极致。夏至日、冬至日一般在每年公历的6月21日和12月22日。夏至，太阳直射北纬23.5度，黄经90度，北半球白昼最长。冬至，太阳直射南纬23.5度，黄经270度，北半球白昼最短。

"分"在这里表示平分的意思。春分、秋分合称为"二分"，表示昼夜长短相等。这两个节气一般在每年公历的3月20日和9月23日左右。春分、秋分，黄道和赤道平面相交，此时黄经分别为0度、180度，太阳直射赤道上，昼夜相等。

立春：就是春季的开始。

雨水：降雨开始，雨量渐增。

惊蛰：蛰是藏的意思。惊蛰是指春雷乍动，惊醒了蛰伏在土中冬眠的动物。

春分：分是平分的意思。春分表示昼夜平分。

清明：天气晴朗，草木繁茂。

谷雨：雨生百谷。雨量充足而及时，谷类作物能茁壮成长。

立夏：夏季的开始。

小满：麦类等夏熟作物籽粒开始饱满。

芒种：麦类等有芒作物成熟。

夏至：炎热的夏天来临。

小暑：暑是炎热的意思。小暑就是气候开始炎热。

大暑：一年中最热的时候。

立秋：秋季的开始。

处暑：处是终止、躲藏的意思。处暑是表示炎热的暑天结束。

白露：天气转凉，露凝而白。

秋分：昼夜平分。

寒露：露水已寒，将要结冰。

霜降：天气渐冷，开始有霜。

立冬：冬季的开始。

小雪：开始下雪。

大雪：降雪量增多，地面可能积雪。

冬至：寒冷的冬天来临。

小寒：气候开始寒冷。

大寒：一年中最冷的时候。

三、二十四节气与主要农业活动

二十四节气主要是根据我国的地理气候集中反映出了黄河流域的自然季节特征，往北或往南有明显的差别，各地都有各自的节气特点。因此，节气对不同地区、不同作物具有不同的农业气象内容。下面以我国北方地区农事活动安排为例作简要介绍。

立春：立春俗称"打春"。民间以立春日为一年农事之始，是植物开始萌动生长，人们开始备耕之时。

雨水：入春以后，东南风始吹，雨水开始增多。雨水是果树嫁接的好时间，有"雨水节，把树接"的农谚。

惊蛰：气温上升，天气变暖，地下蛰伏的各种动物开始苏醒、蠕动。农事活动主要是育种开始。有"雨水早，春分迟，惊蛰育苗正适时"，"惊蛰不过不下种"，"惊蛰点瓜，不开空花"之农谚。

春分：春季过半，气候转暖，昼渐长，夜渐短，麦子生长迅速，开始起身，有"麦过春分昼夜忙"，"春分麦起身，一刻值千金"之俗谚。是麦田管理、施肥、中耕的时节。

清明：气候清新，草木茂盛，是植物播种的大好时光。有"清明前，去种棉"，"清明种瓜，船装车拉"，"清明十天种高粱"，"清明前后，点瓜种豆"，"清明种高粱，六月接饥荒"等农谚。

谷雨：每年4月20日前后，太阳到达黄经30°时开始。一般天气变暖，断霜雪，雨量也较前增多，是春作物播种出土的重要季节，开始种高粱、谷子、春玉米、红薯等早秋作物。此时枣芽萌发，春播棉花开始种植。谚曰："枣芽发，种棉花"，"谷雨栽秧（红薯），一棵一筐"。

立夏：是为夏季之始，小麦齐穗，开始养花上浆。农谚有"立夏麦挑旗，小满麦秀齐"。此时各种候鸟相继入境，红薯芽普遍移栽下地，并继续播种早秋作物，黄瓜成熟。农谚有"四月八，鲜黄瓜"，"立夏种棉花，有苗无疙瘩"。

小满：部分早秋作物开始成熟。俗云："小满见三新"，即大麦、油菜、蚕茧。农民购置农器家具，做收麦前的准备工作。开始套种晚秋作物。

芒种：每年6月6日前后，太阳黄经75度时开始。农事活动主要是收割小麦，抢种晚秋，管好大秧。

夏至：夏至是农事很重要的节气，是秋田管理的紧张季节。气温升高，天气变热，开始锄头遍地。"春争日，夏争时，中耕锄草不宜迟"，"夏至种芝麻，头顶一朵花，立秋种芝麻，老死不开花"。

小暑：天气逐渐炎热，汛期到，作物旺长，主要是加强秋作物管理。

大暑：为一年中气温最高的时期，正值伏中。谷子甩大叶，黄豆二棚楼，头二茬地均中耕完毕。注意治虫、防旱、防涝等事。

立秋：秋季开始，时在三伏之中。农事有"立秋前后，燕瓜绿豆"，"立秋栽葱，白露种蒜"之谚。

处暑：暑尽天凉，炎热的天气将于是日结束。可种荞麦，俗谚云："处暑荞麦甭等肥"。"处暑谷渐黄，大风要提防"。

白露：时值中秋，天气转凉，夜间露水发白。农事活动开始收获高粱和早玉米。腾茬子，早耕，小麦备播，育油菜苗。

秋分：秋季的一半，此后北半球昼渐短，夜渐长。秋分后，送粪犁地，积极备播小麦，又夹带收秋，是秋季最忙时期。

寒露：进入寒露，气候明显转凉，夜有寒冷之感，开始播种小麦。农谚云："寒露到霜降，种麦莫慌张"。

霜降：以天冷，露水结成薄霜而故名。霜降无霜，主来岁饥荒。"霜降有霜，米谷满仓"，"十月不下霜，种地一包糠"。霜降后进入种麦高潮时节，俗云："霜降至立冬，种麦莫放松"。

立冬：立冬意味着冬天的到来，太阳黄经为225度。抓紧播种晚茬小麦。立冬日忌讳吃生冷食物，如萝卜、水果等。否则以为会损伤身体。

小雪：气温下降，始飘雪花，冬播结束。开始建房屋，开展农田水利基本建设，整修道路，开展副业活动。

大雪：天寒地冻，大雪纷飞而故名。瑞雪兆丰年。"麦盖三床被（大雪），头枕蒸馍睡。"农事活动继续进行水利建设，整修道路水渠，开始磨粉，从事商业经营及商品生产等活动。大雪忌无雪，俗谚有"今年大雪把门封，来年一定好收成"之说。

冬至：太阳直射南回归线，是日交九，此后天气渐入严寒。有冬九九歌："一九二九袖装手，三九四九冰上走，五九六九河开冰走，七九八九抬头看柳，九九加一九耕牛遍地走。"农业生产上，继续进行防冻、积肥、深耕等工作。

小寒：进入严寒天气，"小寒大寒，滴水成团"，"小寒冻土，大寒冻河"。

大寒：进入一年中最寒冷的时候，时在十二月，准备过春节。"小寒、大寒，杀猪过年"。

四、二十四节气表

春季 Spring	立春 Spring begins 2月3—5日	雨水 The rains 2月18—20日	惊蛰 Insects awaken 3月5—7日
	春分 Vernal Equinox 3月20—22日	清明 Clear and bright 4月4—6日	谷雨 Grain rain 4月19—21日
夏季 Summer	立夏 Summer begins 5月5—7日	小满 Grain buds 5月20—27日	芒种 Grain in ear 6月5—7日
	夏至 Summer solstice 6月21—22日	小暑 Slight heat 7月6—8日	大暑 Great heat 7月22—24日
秋季 Autumn	立秋 Autumn begins 8月7—9日	处暑 Stopping the heat 8月22—24日	白露 White dews 9月7—9日
	秋分 Autumn equinox 9月22—24日	寒露 Cold dews 10月8—9日	霜降 Hoar-frost falls 10月23—24日
冬季 Winter	立冬 Winter begins 11月7—8日	小雪 Light snow 11月22—23日	大雪 Heavy snow 12月6—8日
	冬至 Winter solstice 12月21—23日	小寒 Slight cold 1月5—7日	大寒 Great cold 1月20—21日

第二节　十二生肖

生肖即属相，是古人用十一种源于自然界的动物即鼠、牛、虎、兔、蛇、马、羊、猴、鸡、狗、猪以及传说中的龙与地支相配组成的，用于记年。十二生肖广泛流行于亚洲诸民族及东欧和北非的某些国家之中。每个人都以其出生年的象征动物作为生肖，所以中国民间常以生肖计算年龄，还有人用生肖来推测一个人的脾气性格。古时候，人们比较迷信，认为年轻人结婚要讲究生肖般配，才会带来幸福，可见生肖也具有很强的社会功能。

一、生肖的来历

生肖与干支同出于我国第一部诗歌总集《诗经》。《诗经·小雅·吉日》曰："吉日庚午，既差我马"。十二生肖之说，究竟产生于何时？有史料云：它最晚应形成于汉代。其依据是东汉王充《论衡·物势篇》云："寅，木也，其禽，虎也。戌，土也，其禽，犬也"。又云："午，马也。子，鼠也。酉，鸡也……申，猴也"。共提出十一种生肖名。加上东汉赵晔《吴越春秋》中有"吴在辰，其位龙"。恰好补上了"辰龙"，而成全了十二生肖。可见在东汉十二生肖已经形成。

关于12生肖来历的说法还有：洪巽的《阳谷漫录》中说，12地支中位居奇数者，以动物的趾或蹄也为奇数相配，如子位居首位，与它相配的鼠为5指，地支中居偶数位的，则取相属之偶数以为名，如牛与丑相配，为4爪。其它的说法还有种种。诸如：黄帝要选拔12种动物在天上按时值班。通过竞赛而选中了鼠、牛、虎等12种动物；12生肖来源于原始社会一些氏族的图腾崇拜，按某次集会时各部落的强弱划分；12生肖可能是从天竺引进的；或28个星宿分布周天，以值12个时辰。每个星宿都以一种动物命名。从每个时辰值班的动物中挑选某种常见的作某一年的代称等等，不一而足。尽管人们不能确定12生肖的确切来历，但因为它的通俗、方便又具有趣味性，所以一直沿用至今，成为古人留给我们的一种仍有实用价值的宝贵遗产。

二、生肖与时辰

古人根据太阳升起的时间，将一昼夜区分为十二个时辰，用十二地支为代号，方便熟记。中国用地支计时法，叫做十二时辰（大时），每个时辰相等于两小时，也就是我们所称的二十四小时。相传古人根据中国十二生肖中的动物的生活习惯和出没时间来命名各个时辰。

子（鼠）（午夜23时至1时）：在一日中，子时是一天的最后时刻，也是新一天的开始，正是老鼠趁夜深人静，频繁活动之时。在十二生肖中属于鼠。

丑（牛）（凌晨1时至3时）：丑时是黎明前的黑暗阶段。据说是牛准备日出耕田的时刻。在十二生肖中属于牛。

寅（虎）（凌晨3时至5时）：一日中天将大白之时，正是老虎开始活动的时刻，在十二生肖中属于老虎。

卯（兔）（清晨5时至7时）：卯时是太阳已东升，天刚亮，兔子出窝，吃带有晨露的青草的时候。在十二生肖中属于兔。

辰（龙）（清晨7时至9时）：辰时太阳光热增强时刻，据说是群龙行西的时刻，因此在十二生肖中属于龙。

巳（蛇）（上午9时至11时）：巳时，大雾散去，艳阳高照，蛇类出洞觅食，在十二生肖中属于蛇。

午（马）（上午11时至下午13时）：在一日中，阳光最为猛烈，古时野马未被人类驯服，每当午时，四处奔跑嘶鸣。在十二生肖中属于马。

未（羊）（下午13时至15时）：在一日中，未时是暑气将消之时，有的地方管此时为"羊出坡"，意思是放羊的好时候，在十二生肖中属于羊。

申（猴）（下午15时至17时）：在一日中，申时的暑气已快过去了，太阳偏西了，猴子喜在此时啼叫。在十二生肖中属于猴。

酉（鸡）（下午17时至晚上19时）：在一日中，酉时是夜晚将要来临的时刻，太阳落山了，鸡在窝前打转。在十二生肖中属于鸡。

戌（狗）（晚上19时至21时）：在一日中，戌时正是黑夜扩散，华灯初上时分，人劳碌一天，闩门准备休息了，狗卧门前守护，一有动静，就汪汪大叫。在十二生肖中属于狗。

亥（猪）（晚上21时至午夜23时）：在一日中，亥时是一日将尽，要迈向明日之前时分，夜深人静，能听见猪拱槽的声音。在十二生肖中属于猪。

三、生肖与古代人民信仰

生肖本是用于纪年的一套符号，是古代天文历法的一部分，后来成为了普遍被人们认同的生肖历法。中国古代哲学观是"天人合一"、"阴阳五行为宇宙之本"，认为阴阳五行决定了世间万物的生存与发展，因此十二生肖便被阴阳五行观念所浸染，成为民间信仰的一部分。

生肖信仰中另一个非常重要的部分是中国人本命年的观念。汉民族的本命年是按照十二生肖循环往复推出来的，它与十二生肖紧密相连。一个人出生的那年是农历什么年，那么以后每到这一属相年便是此人的本命年，由于十二生肖的循环往复，每过12年，人们就要遇到自己的本命年，民间认为本命年为凶年，需要趋吉避凶，消灾免祸。因此，汉族北方各地每到本命年时，不论大人小孩都要买红腰带系上，称为"扎红"，小孩还要穿红背心、红裤衩，认为这样才能趋吉避凶、消灾免祸。这种习俗到今天仍在各地流行，每逢春节，市场上到处有出售"吉祥带"、"吉祥结"的红黄绸带，本命年的人们将之系在腰间、手腕上，这样便可禳解灾祸、化凶为吉。

第三节　招幌与市声

在古代，从事商业贸易的行商坐贾们，为了使顾客了解自己经营行业的属类、宣传自己所经营商品的特点，也为了便于和同行之间展开竞争，必须借助于某种宣传方式，于是就形成了市、商特有的民俗标识。这种民俗标识主要可以分成：一是以色彩、造型等视觉标识传播信息的招幌，一是通过有声语言和器乐音响招徕顾客的市声。传统招幌和市声是一种弥足珍贵的民俗文化形式，是传统商业民俗文化中的精髓，是中华民俗文化宝库中彰显特色的民俗之一。20世纪80年代以来，随着人们对传统民俗文化的认识和市场商品经济的迅猛发展，传统招幌与市声以其独特的民族风采和现实功能被重新推上商业竞争的舞台，同现代广告艺术相互辉映、各领风骚。

一、招幌

（一）招幌的由来

招幌，即"招牌"和"幌子"的复合式通称，是商家用以宣传所经营项目、特点、档次等招徕性信息的视觉标志。常以图形、色彩等视觉标识来传达商业信息以达到吸引顾客的目的。在《清稗类钞·农商类·市招》中有这样的记载："市招：商店悬牌于门以为标识广招徕者曰市招，俗呼招牌，大抵专业字，有参以满、蒙、回、藏文者，有用字兼绘形者。"招幌这种商业贸易的产物发展至今已成为家喻户晓的广告形式。

（二）招幌的分类

1. 实物性招幌

实物性招幌即将本行业有代表性的样品、成品、半成品，直接挂出来，是招幌的最原始形式。例如：席箔铺以一卷席筒上书字号立于店外；麻店以麻坯一绺，挂于幌杆之上；筛子铺则挂一铁筛子，下缀幌绸；铜件铺则是以三尺长的木板，上钉各种铜门环、铜拉手、铜合页、铜包角。

2. 模型性招幌

模型性招幌即将实物扩大，以求醒目。例如：笔墨庄以木质大笔头陈于店外；钟表铺则以木板制成六棱形，上书罗马字的旧式大钟，下缀幌绸，挑挂于门外；香蜡铺则以木质红漆龙抱柱形式的大蜡，立于店外。

3. 牌匾性招幌

这是现代商业 LOGO 的前身，大致分为两种：一种是纯文字性的，如酱园常以二尺长的木板涂以黑漆，用金色写上"酱园"二字；另一种是带有绘图性的牌匾招幌，如刀剪铺门前挂两块木牌，上面绘有刀、剪图案，最上角书写字号。又如：鞋铺则于木匾上绘男靴、女鞋各一只，靴与鞋下为云朵图案，上端书"内联升"。

4. 象征性招幌

招幌经过发展渐渐由实物走向抽象化。在我国，最早见于文字记载的抽象化的招幌是"酒旗"。《韩非子》："'宋人酤酒，悬帜甚高。'酒市有旗，始见于此。"另外，杜牧在《江南春》中写道："千里莺啼绿映红，水村山郭酒旗风。"古代酒旗多为布帘，又称"青帘"，形状以三角形最为多见。在远处便可遥望到是哪个酒家，所以又称"望子"，"幌子"便是由"望子"读音的讹传而来。招幌之说源于"望子"，"望子"滥觞于"酒旗"。后来比较常见的饭店招幌，往往是门外挂一草板纸做的圆筒，形如面笸，上糊色纸，下垂红、黄纸穗。

（三）招幌的民俗文化内涵

1. 民间工艺美术之花

商家和民间艺人从朴素的生活经验出发，凭着精巧的艺术构思加工、因材施艺、量材为用，把美好的情感和愿望物化在各种材料中来表现。各种幌子自然古朴的材质，红布的幌坠与白墙、青瓦组成了具有浓郁乡土气息的氛围，体现了招幌最为民俗文化的质朴性，更在深层次上折射了人与自然共生的审美文化理念。如图 8-1、图 8-2、图 8-3 所示。

图 8-1 酒旗

图 8-2 鞋铺招幌

图 8-3 陈醋招幌

2. 民间传说对招幌的阐释

在一些传统招幌的民间传说中，"仁"、"德"、"信"的品格可见一斑。例如东北的关于罗圈幌的传说,生动地向世人展示了以"仁"为本的经营之道。相传沈州(沈阳的古称)住着石心、良女夫妇。一年春天,不知从哪来的逃难百姓经过这里,这对善良的夫妇热情地招待大家吃喝,门前搭了个棚子,请大家坐下来吃面条。良女看着丈夫每天吆喝得嗓子都哑了,很心疼。于是,她就把一个旧箩挂在棚子檐上,上面搭上一圈面条。这么一来,无需吆喝,来吃面条的倒比原来多了。不过,挂上去的面条被风吹干后容易掉下来,他们觉得很浪费,就改挂白布条。从此,只要他们挂出这个幌子,路过的不管有钱没钱,都能吃上热面。面馆的生意越做越好,却招来了附近一个姓麻的恶霸财主的嫉妒。一天,他赶来50头猪要换饭幌和面摊,石心夫妇不肯,他便要求把猪放这寄宿一晚,夜里财主拿着尖刀想杀掉几头猪来敲诈,石心夫妇闻声赶来,吓得财主逃进深山。他们只见满地猪毛、猪血染红了地上的幌子。天亮后,他们索性挂出了这个红幌子,并用猪肉做了菜。从此,饭馆便开始挂红色罗圈幌了。总之,从招幌的背后,我们能看到"仁"、"德"、"信"始终是传统商业文化的核心思想和商人的人格追求。

3. 五彩缤纷的民俗画卷

招幌作为商业民俗的重要分支在发展和演进中起到了强烈的规范个体行为、维持社会秩序和调节社会心理的作用。在古代,商家每天早上开门第一件事就是挂幌,其中最忌讳的是没挂住而掉下来,视为"落地",被认为是很不吉利的,如果有伙计挂幌掉下来了就要被解雇,所以我们在很多民俗绘画作品中看到挂幌都是小心翼翼的。可见,招幌在中国人的心中已经具有了一种信仰的力量,体现着中国人趋利避害的心理。除此,招幌还有区分商业规格和口味的作用,成为人们约定俗成的东西。如在哈尔滨的市区和乡村,许多地方都可以看到挂着罗圈幌子,有一个的、两个的、还有四个的,而且颜色也不一样。哈尔滨饭店烹饪协会秘书长淳于书杰介绍说:"挂一个幌子的饭店是经营大众小吃,挂两个幌子的饭店是经营中档熘炒,像我身后挂四个幌子的饭店是南北大菜为主的哈尔滨一家名店。"红色的幌子是汉族口味的,挂蓝色的幌子是回民饭店。

二、市声

(一)市声内涵

市声是一种诉诸于听觉系统的商品宣传和促销方式。有关中国市声的描述性文字,始见于《韩非子·难一》:"楚人有鬻盾与矛者,誉之曰:'吾盾之坚,物莫能陷之。'以誉其矛曰:'吾矛之利,于物无不陷也。'""自相矛盾"这个成语再现了古代商贩运用叫卖吆喝的方式促销"盾"和"矛"的生动画面。可见,在当时的社会市声

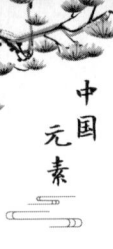

已普遍存在。

(二) 市声分类

1. 叫卖吆喝

俗语说，卖什么吆喝什么。明末王季重《谑庵文饭小品》卷三《游满井记》所录市肆叫卖饮食的"邀诃"（即吆喝），直观、生动地展示了叫卖者的商业心理特点，其书记载："卖饮食者邀诃：'好火烧！''好酒！''好大饭！''好果子！'"当然，因经营内容及乡土习俗而异，叫卖吆喝不拘一格。明代浮白主人《笑林》中的一则笑话所表现的收旧货者的吆喝，即为另种情形："有戴破帽破网者，途中见人呼'破帽子换铜钱'，急取帽袖之；再呼'破网巾换铜钱'，复急脱网巾袖之；又呼'乱头发换引钱'，乃大怒曰：'你这人无礼，忒寻得我要紧。'"其完整而有节奏的吆喝，显然是"破帽子换铜钱——破网巾换铜钱——乱头发换引钱……"作家张恨水20世纪40年代中旅居当时北平时，注意到这里的叫卖吆喝市声，如其记"禁夜市声"的《白话摸鱼儿》词后半阕写道："谁吆唤？隔条胡同正蹿，长声拖得难贯。硬面饽饽呼凄切，听着教人心软。将命算，扶棍的，盲人锣打叮缓。应声可玩，道萝卜赛梨。央求买，允许辣来换。"可以说声声入耳，画在其间。

2. 韵语说唱

原始的叫卖吆喝，并非音乐，但不失音乐色彩。富有音乐色彩的叫卖吆喝市声，亦可谓一种源于商业活动的艺术。有关韵语说唱招徕市声语料，主要是清代以来文献所录。郑振铎先生从清乾隆年间抄本《仙庄会弹词》中，曾发现了苏州商人卖年画的大段说唱招徕之辞，如："打开画箱，献过两张，水墨丹青老渔翁，老渔翁朵哈哈笑，赤脚蓬头戴笠帽，手里拿之大白条，鳞眼勿动还为跳。笔法玲珑手段高，苏杭城里算头挑，扬州城里算好老。只卖八个钱，两张只卖十六钱……"从年画的主题、内容、质量，直唱到价格和劝买。再如卖调料摊贩的说唱，至今在许多地方仍可见到。这类唱卖套辞，从调料种类、用途、特点、劝买之类，乃至历史掌故、民间故事、人生道理，尽在其中，长者多达四五百句，历代口耳相传。例如在安徽淮北泚河流域流传已久的《八大咪叫卖歌》，长达近500句，而且是二人对唱形式，其开篇唱辞是："吸过烟来喝罢茶，以前干啥还干啥，小磨推来碾子挨，俺把材料配起来。八大咪，九大香，漂江过海大茴香，有肉桂和凉姜，砂仁豆蔻都放上。还有花椒和草果，云南的胡椒再配上。……想买材料往前站，离得远了难看见。要买材料定包全，买回家里好过年。"如此一路唱去，边唱边卖，嘴里手上一齐忙活。

3. 器乐音响

中国古乐器，素有吹、打、弹、拉四大类。这四大类乐器，是构成传统商业器乐音响广告的基础。器乐音响不仅可以同叫卖吆喝、说唱相配合,还可以作为"代声"单独使用。尤其是对于受民俗禁忌等社会因素制约而不宜口头招徕顾客的行当,如旧时的磨刀剪匠要用串板、算命的要用糖锣、游方行医或粘扇子的要用串铃(图8-4),约定俗成的特定器乐音响成为了必要的招徕广告媒介。

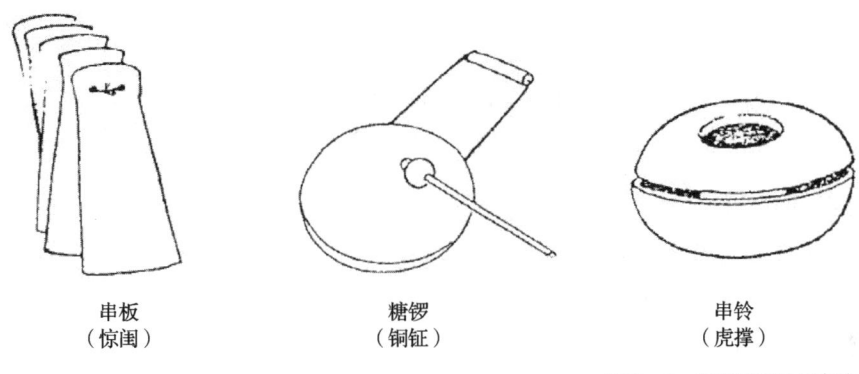

图8-4 叫卖用的器乐音响

从民俗学的角度来看,市声是民间市井商业美学的一个重要组成部分,是中国传统商业文化的一种物质遗存,也是一个重要的民俗美术的现象,研究市声对于挖掘民族艺术的内涵具有重要的意义。

思考题

1. 古人根据太阳升起的时间,将一昼夜区分为十二个时辰,每个时辰相当于多少个小时?
2. 二十四节气名称中"立"、"至"、"分"分别代表什么含义?
3. 我国民间广为流传的二十四节气歌的内容有哪些?
4. 中国传统的商业广告民俗有哪两种形态?
5. 商幌体现了怎样的民俗文化内涵?

第九章

社会生活民俗

学习要点及目标

- 了解中国汉族与少数民族的节日习俗。
- 理解岁时节日的形成与发展。
- 学习中国姓氏起源与谱牒文化。

第一节 中国传统节日

一、春节

春节,农历新年,古代又称"元日"、"新正"、"正月朔日",民间俗称"过年",是中华民族最隆重的传统节日。自汉武帝太初元年始,以农历正月初一为"岁首"(即"年"),年节的日期由此固定下来,延续至今。正月初一为"岁之元、月之元、时之元",故而又称"三元",俗称"大年初一"。传统风俗上,以正月初一、二、三日为正年,而节日活动则从除夕、乃至腊月二十三,一直延续到正月十五元宵节。千百年来,人们使年俗庆祝活动变得异常丰富多彩。

(一)祭灶

古时人们认为灶王爷上天在玉皇大帝面前美言几句,便会给家里带来幸福,可保佑来年一家平安。因此,每年腊月二十三(有些地方是腊月二十四),家家户户都要祭祀灶神,请求他上天后多说好话、吉利话。这种送灶神的仪式称作"送灶"或"辞灶"。除夕夜,还要把"灶神"再接回来。因为,年三十的晚上,灶王爷还要与诸神来人间过年,那天还有"接灶"、"接神"的仪式。按一般地方的风俗,接送灶王爷都由男主人主持,女眷不参加,古时有"男不拜月、女不祭灶"的说法。送走"灶神"

以后，便轮到祭拜祖宗，民间称"挂影"。

（二）扫尘

据典籍记载，上古就有年终扫除的习惯。据《吕氏春秋》记载，中国在尧舜时代就有春节扫尘的风俗。按民间的说法：因"尘"与"陈"谐音，新春扫尘有"除陈布新"的涵义，其用意是要把一切"穷运"、"晦气"统统扫出门。民谚称"腊月二十四，掸尘扫房子"。扫尘就是年终大扫除，北方称"扫房"，南方叫"掸尘"。扫尘之日，全家上下齐动手，用心打扫房屋、庭院，擦洗锅碗、拆洗被褥，干干净净迎接新年。

（三）守岁

守岁，就是在旧年的最后一天整夜不睡，熬夜迎接新一年的到来的习俗，也叫除夕守岁，俗名"熬年"，是最重要的年俗活动之一。守岁之俗由来已久，最早记载见于西晋周处的《风土志》：除夕之夜，各相与赠送，称为"馈岁"；酒食相邀，称为"别岁"；长幼聚饮，祝颂完备，称为"分岁"；大家终夜不眠，以待天明，称曰"守岁"。古时守岁有两种含义：年长者守岁为"辞旧岁"，有珍爱光阴的意思；年轻人守岁，是为延长父母寿命。自汉代以来，新旧年交替的时刻一般为夜半时分。

（四）拜年

大年初一，人们都早早起来，穿上新衣服，打扮得整整齐齐，出门去走亲访友，相互拜年，恭祝来年大吉大利。拜年的方式多种多样，有的是同族长带领若干人挨家挨户地拜年；有的是同时相邀几个人去拜年；也有大家聚在一起相互祝贺，称为"团拜"。由于登门拜年费时费力，后来一些上层人物和士大夫便使用名帖相互投贺，由此发展出来后来的"贺年片"。春节拜年时，晚辈要先给长辈拜年，祝长辈人长寿安康，长辈可将事先准备好的压岁钱分给晚辈，据说压岁钱可以压住邪祟，因为"岁"与"祟"谐音，晚辈得到压岁钱就可以平平安安度过一岁。压岁钱有两种，一种是以彩绳穿线编作龙形，置于床脚，此记载见于《燕京岁时记》；另一种是最常见的，即由家长用红纸包裹分给孩子的钱。压岁钱可在晚辈拜年后当众赏给，亦可在除夕夜孩子睡着时，由家长偷偷地放在孩子的枕头底下。现在长辈为晚辈分送压岁钱的习俗仍然盛行。

（五）贴春联和倒贴"福"字

春联也称门对、春贴、对联、对子、桃符等，它以工整、对偶、简洁、精巧的文字描绘时代背景，抒发美好愿望，是我国特有的文学形式。每逢春节，无论城市还是农村，家家户户都要精选一副大红春联贴于门上，为节日增加喜庆气氛。这一习俗起于宋代，在明代开始盛行，到了清代，春联的思想性和艺术性都有了很大的提高，梁章矩编写的春联专著《槛联丛话》对槛联的起源及各类作品的特色都作了论述。

在贴春联的同时，人们还要在屋门上、墙壁上、门楣上贴上各种"福"字。春节

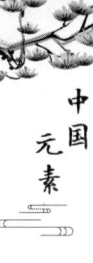

贴"福"字，是我国民间由来已久的风俗。"福"字指福气、福运，寄托了人们对幸福生活的向往，对美好未来的祝愿。为了更充分地体现这种向往和祝愿，有的人干脆将"福"字倒过来贴，表示"幸福已到"、"福气已到"。民间还有将"福"字精描细做成各种图案的，图案有寿星、寿桃、鲤鱼跳龙门、五谷丰登、龙凤呈祥等。

(六) 爆竹

春节放爆竹这个习俗在我国已有两千多年的历史。中国民间有"开门爆竹"一说，就是正月初一，鸡叫头一遍时，人们就在自己院子里放爆竹。在过去没有火药和纸的时候，人们就用火烧竹子，发出爆裂的声音，以驱逐瘟神恶鬼，表达渴求安泰的美好愿望。后来，发明了火药，人们就将火药放在竹筒里或包在纸里燃放，声音更大，故爆竹又名为"炮仗"、"鞭炮"。

二、清明

公历四月五日前后为清明节，是二十四节气之一。在二十四个节气中，既是节气又是节日的只有清明。清明时分，天气转暖，草木复萌，人们常常结伴到郊外踏青、放风筝、欣赏春光，所以清明节有时也被称做"踏青节"。清明节的起源，据传始于古代帝王将相"墓祭"之礼，后来民间亦效仿，祭祖扫墓，经历代沿袭，形成今日之固定风俗。清明节流行扫墓，其实扫墓乃清明节前一天寒食节的内容。

清明的习俗是丰富有趣的，家家蒸清明果互赠，不仅讲究禁火、扫墓，还有踏青、荡秋千、蹴鞠、打马球、插柳等一系列风俗体育活动。相传这都是因为清明节要寒食禁火，为了防止寒食冷餐伤身，所以大家来参加一些体育活动以锻炼身体。因此，这个节日中既有祭扫新坟，生死离别的悲酸泪，又有踏青游玩的欢笑声，是一个富有特色的节日。

三、端午

(一) 端午节由来

农历五月初五是端午节。"端"的意思和"初"相同，称"端五"也就如称"初五"；端五的"五"字又与"午"相通，按地支顺序推算，五月正是"午"月，又因午时为"阳辰"，所以端五也叫"端阳"。五月五日，月、日都是五，故称重五，也称重午。端午节的由来有多种说法，如纪念屈原说、纪念伍子胥说、纪念孝女曹娥说、古越民族图腾祭祀说和龙的节日说等。一般认为，它是为纪念中国古代诗人屈原而产生的。屈原（约公元前340年—公元前278年）是战国时期楚国人，他因自己的政治理想无法实现，又无力挽救楚国的灭亡，当秦国灭楚后，五月初五抱石投汨罗江自沉；江边群众得知，便纷纷驾舟打捞屈原尸体。为纪念这位伟大的爱国诗人，后人把这天定为端午节。每逢此节，民间有带香袋、吃粽子、赛龙舟习俗。香袋表示屈原的品德节操如馨兰芷，万古流芳；粽子原是防止鱼把屈原的尸体吃了，后成为节日食品，划龙船则表示去营救屈原。

（二）端午节民俗活动

1. 赛龙舟

赛龙舟是端午节重要的活动之一。相传起源于古时楚国人因舍不得贤臣屈原投江死去，许多人划船追赶拯救。他们争先恐后，追至洞庭湖时不见踪迹。之后每年五月初五划龙舟以做纪念。

2. 系彩丝

一般为五色丝线悬挂门楣上或系于孩童的脖颈或手臂上，其用意在于"保佑安康，辟邪延寿"。古人认为青、黄、白、赤、黑五色，代表金、木、水、火、土五行。而五行之间相辅相成，循环往复，周而复始，生生不息，故"五色"具有"保佑安康，辟邪延寿"的效应与功能。

3. 佩香包

香包又称香囊、香袋、荷包等，有用碎布缝成的，有用五色丝线缠成的，内装香料，佩在胸前，香气扑鼻。戴香包也颇有讲究。老年人想要防病健身，一般喜欢戴菊花、梅花、苹果、桃子、双莲并蒂等形状的，象征着万事如意，鸟语花香，家庭和睦。小孩多是飞禽走兽类的，如斗鸡赶兔、猴子上竿等。青年人戴香包最为讲究，热恋中的情人，特别是多情的姑娘早早就要精心制作几枚别致的香包，赶在节前送给自己的心上人。

4. 悬白艾

白艾又称五月艾、端阳艾，其性温、味苦。农历五月初五，时值初夏，多雨潮湿，细菌繁殖快，人易染病，悬艾于门窗，可借助其气味，驱除邪气，消去病毒。

5. 饮雄黄

《清嘉录》卷五记："研雄黄末，屑蒲根，和酒以饮，谓之雄黄酒。又以余酒染小儿额及手足心，随酒墙壁间，以驱毒虫。"《荆楚岁时记》载："端午节以菖蒲一寸九节者泛酒，以辟瘟气。"故有"饮了雄黄酒，百病都远走"的俗语。正因古代人十分重视端午用雄黄防毒虫，所以妇孺皆知的故事《白蛇传》中才有白蛇端午饮雄黄酒显原形的情景。

四、七夕

在我国，农历七月初七的夜晚，天气温暖，草木飘香，这就是人们俗称的七夕节，也有人称之为"乞巧节"或"女儿节"，这是中国传统节日中最具浪漫色彩的一个节日，也是过去姑娘们最为重视的日子。古乐府《孔雀东南飞》有句云："初七及下九，

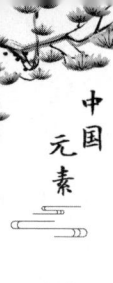

嬉戏莫相忘。"刘兰芝在被遣归之时还叮咛小姑莫忘七夕之夜的嬉戏，可见古代妇女对这个节日的重视。

（一）七夕传说

七夕节的形成与民间流传的牛郎与织女的故事有关。它最早可以渊源至春秋战国时期，当时的七夕为祭祀牵牛星、织女星。两星位置相近，依傍银河两边。古人从星座位置的变化中，引出了七月七日，牛郎织女会天河的奇妙联想和人格化的美丽传说。据《荆楚岁时记》记载，银河东有织女，是天帝的女儿，年年织布劳役，织成云锦天衣，极其艳丽。天帝可怜她独自一人太寂寞，就许她嫁给河西的牵牛郎。嫁后织女罢织，帝一怒之下责令她回到银河东，只许她和牵牛郎一年相会一次。相传农历七月初七晚上，牛郎织女一年一度鹊桥相会的时刻。

（二）七夕习俗

《荆楚岁时记》记载："七月七日为牵牛织女聚会之夜。是夕，人家妇女结彩缕，穿七孔针，或以金、银、石为针，陈瓜果于庭中以乞巧。"七夕节最普遍的习俗，就是妇女们在七月初七的夜晚进行的各种乞巧活动。女孩们在这个充满浪漫气息的晚上，对着天空的朗朗明月，摆上时令瓜果，朝天祭拜，乞求天上的女神能赋予她们聪慧的心灵和灵巧的双手，让自己的针织女红技法娴熟，更乞求爱情婚姻的姻缘巧配。乞巧的方式大多是姑娘们穿针引线验巧，做些小物品赛巧，摆上些瓜果乞巧，各个地区的乞巧的方式不尽相同，各有趣味。在今日浙江各地仍有类似的乞巧习俗。如杭州、宁波、温州等地，在这一天用面粉制各种小型物状，用油煎炸后称"巧果"，晚上在庭院内陈列巧果、莲蓬、白藕、红菱等。女孩对月穿针，以祈求织女能赐以巧技，或者捕蜘蛛一只，放在盒中，第二天开盒如已结网称为得巧。

五、中秋

（一）中秋节来源

中秋节是中国的传统佳节，又称月夕、秋节、仲秋节、八月节、八月会、追月节、玩月节、拜月节、女儿节或团圆节，是流行于中国众多民族与东亚诸国中的传统文化节日，时在农历八月十五。根据史籍的记载，"中秋"一词最早出现在《周礼》一书中。到魏晋时，有"谕尚书镇牛淆，中秋夕与左右微服泛江"的记载。直到唐朝初年，中秋节才成为固定的节日。《唐书·太宗记》记载有"八月十五中秋节"。中秋节的盛行始于宋朝，至明清时，已与元旦齐名，成为中国的主要节日之一。

（二）中秋节习俗

中秋节在各地虽然发展出不同习俗，但有些习俗是各地皆有的。赏月是各地中秋节的传统活动之一，《礼记》早有记载"秋暮夕月"，意为拜祭月神，逢此时则要举行迎寒和祭月，设香案。至唐宋时期，赏月之风更盛。也有祭月的仪式。中秋节也是一家团圆的日子，人们都会回到家中一起吃饭、团聚，并且会祭祖，感谢祖先庇佑。也会吃特定的食品，不少都与月亮、团圆有关，这些食品同时也是祭月的祭品，如中国人、越南人、琉球人都有吃月饼的习俗，日本人则会吃月见团子，部分地区会煎太阳蛋，都呈圆形，代表满月，朝鲜族所吃的是半月形的松片，象征月亮由亏转盈。中国南方和越南还有提灯笼的习俗，有些地区还会举办大型的彩灯会。

（三）中秋节诗词

中秋诗是明月的诗，是眷恋团圆的诗，是人间美好的诗。不论是名门望族，还是萧然寒素；不论是高居庙堂，还是退隐山林，历代文人总是在不倦地寻觅着中秋的种种浓情雅趣，随意点染着节日的色彩——恬淡、热烈、优雅、狂放，写下了大量隽永优美的咏月诗词。下举几例赏析。

1. 苏轼的《水调歌头·中秋》

丙辰中秋，欢饮达旦，大醉，作此篇兼怀子由。（序）

明月几时有？把酒问青天。不知天上宫阙，今夕是何年。我欲乘风归去，又恐琼楼玉宇，高处不胜寒。起舞弄清影，何似在人间？

转朱阁，低绮（qǐ）户，照无眠。不应有恨，何事长向别时圆？人有悲欢离合，月有阴晴圆缺，此事古难全。但愿人长久，千里共婵娟。

此词是中秋望月怀人经典之作，表达了作者对胞弟苏辙的无限怀念。词人运用形象描绘手法，勾勒出一种皓月当空、亲人千里、孤高旷远的境界氛围，反衬自己遗世独立的意绪和往昔的神话传说融合一处，在月的阴晴圆缺当中，渗进浓厚的哲学意味，可以说是一首将自然和社会高度契合的感喟作品。

2. 晏殊的《中秋月》

十轮霜影转庭梧，此夕羁人独向隅。

未必素娥无怅恨，玉蟾清冷桂花孤。

全诗译文为：银河泻影，佳节又中秋，月光柔柔地落满院中梧桐。而如此良夜我却羁旅他乡，一个人孤独地站在角落，无法团圆。也许嫦娥也像我一样，她也未必没有惆怅和怨恨！你看，那月宫也是清冷的，连桂树也在孤单摇曳！该诗内含两个中秋诗词中的常见意向，即"嫦娥"和"桂"。

嫦娥，在诗词中又称"娥"、"素娥"、"婵娟"。《搜神记》载有："羿请无死之药于西王母，嫦娥窃之以奔月。"传说嫦娥是后羿的妻子，因后羿射日而同被罚下凡间，这位天生丽质难自弃的仙女，思念天宫，不愿与丈共患难，遂偷服灵药，私自飞升了，酿成独守月宫而夜夜悔恨的悲剧。

中秋诗词中经常提到的"桂"有两种涵义：一是指自然界的桂花；中秋节是农历八月十五，其时天气初秋，正是桂花盛开的季节，坐在桂花树下，呼吸着氤氲醉人的香气，观赏光辉皎洁的明月，真是一件雅事、美事、乐事，桂花的存在给中秋诗词在视觉上的美感之外，又笼上了一层沁人心脾的甜香。二是指吴刚伐桂的传说；唐代笔记小说《酉阳杂俎》中记载了这个传说："月桂高五百丈，下有一人常斫之，树创随合。人姓吴名刚，学仙有过，责令伐树。"传说月中有桂花树，于是在后代诗文中"桂花"、"桂魄"、"桂树"又成了月亮的代称，月色也便被美称为"桂影"。

六、重阳

重阳是我国传统岁时节日之一，在农历九月初九。按《易经》的阴阳理论，九是阳数，两九相重，故曰重九或重阳。汉代，《西京杂记》中记西汉时的宫人贾佩兰称："九月九日，佩茱萸，食蓬饵，饮菊花酒，云令人长寿。"相传自此时起，有了重阳节求寿之俗。这是受古代巫师（后为道士）追求长生，采集药物服用的影响。同时还有大型饮宴活动，是由先秦时庆丰收之宴饮发展而来的。《荆楚岁时记》云："九月九日，四民并籍野饮宴。"隋杜公瞻注云："九月九日宴会，未知起于何代，然自驻至宋未改。"求长寿及饮宴，构成了重阳节的基础。

重阳节是杂糅多种民俗为一体而形成的汉族传统节日。庆祝重阳节一般包括出游赏景、登高远眺、观赏菊花、遍插茱萸、吃重阳糕、饮菊花酒等活动。登高、菊花和茱萸则成为重阳节最重要的三个意向元素。

（一）登高

登高是重阳节的核心习俗，重阳节的其它风俗活动基本都是围绕登高进行的。关于登高民俗学上有吉日、解厄、避瘟疫三种说法。现代人则取"登高"的实践、实用之义，即强身健体，郊游散心，调节生活的节奏，至于登高的传统民俗意义在不同的民俗受众那里或强或弱地彰显出来，但是它已经不再那么重要了。

（二）菊花

菊花很早就与重阳节结缘，并始终扮演着重要的节俗角色。秋季，秋风萧瑟，百花相继凋零，唯有菊花独立寒秋，因此菊花有着象喻坚贞的传统，菊花作为节日宴聚的重要陈设，成为表现重阳节日气氛的重要意象。民俗多为重阳赏菊，菊花入酒，菊花做糕。菊花酒，在古代被看作是重阳必饮、祛灾祈福的"吉祥酒"。

此外，陶渊明以其赋予菊花的清贞绝俗，高逸的人文精神丰富和深化了重阳节的文化内涵。陶渊明与菊花的关系之密切无人可比。北宋周敦颐《爱莲说》言："晋陶渊明独爱菊，予谓菊，花之隐逸者也。"由于陶渊明，"隐逸"就成了菊花的主要象征内涵，而"陶菊"这一人文意象以其独特的精神风貌为重阳节注入了新的文化内涵。最早将"陶菊"引入重阳节的是南朝刘宋人范泰，其《九月九日》诗云："劲风肃林阿，鸣雁惊时候，篱菊熙寒丛，竹枝不改貌。"范泰化用陶渊明"采菊东篱下"一句，创造了"篱菊"一词，首次将以隐逸为内涵的"陶菊"与重阳节联系在一起。到了唐代，唐诗中的重阳之咏有一半以上提及菊花，"陶菊"、"篱菊"、"东篱"成为与陶渊明相关的意象频繁出现在以重阳为题材的文学作品中。"陶菊"所体现的人文精神与传统的重阳节文化相融合，形成了新的内涵并固定下来，从而提升了重阳节文化的品格。

（三）茱萸

古代风行九九插茱萸的习俗，所以重阳节又称作茱萸节。茱萸入药，可制酒养身祛病。茱萸香味浓，有驱虫去湿、逐风邪的作用，并能消积食，治寒热。民间认为九月初九也是逢凶之日，多灾多难，所以在重阳节人们还喜欢佩戴茱萸以辟邪求吉。茱萸因此还被人们称为"辟邪翁"。历代诗人以"茱萸"入诗者自然不少，如杜甫云："明年此会知谁健，醉把茱萸子细看"，王维云："遥知兄弟登高处，插遍茱萸少一人"。

第二节　中国特色节日

一、那达慕大会

"那达慕"大会，是居住在内蒙古自治区等地的蒙古、鄂温克、达斡尔等少数民族人民的盛大集会，定在每年的7月11日至13日举行。"那达慕"是蒙古语的音译，意思是"娱乐"或"游戏"。每年夏、秋季节举行。大会期间，各地农牧民骑着马，赶着车，带着皮毛、药材等农牧产品。成群结队的汇集于大会的广场。并在会场周围的绿色草原上搭起白色蒙古包。

（一）起源

"那达慕"有久远的历史。据铭刻在石崖上的《成吉思汗石文》记载，那达慕起源于蒙古汗国建立初期，早在公元1206年，成吉思汗被推举为蒙古大汗时，他为了检阅自己的部队，维护和分配草场，每年7～8月间举行"大忽力革台"（大聚会），将各个部落的首领召集在一起，为表示团结友谊和祈庆丰收，都要举行那达慕。起初只举行射箭、赛马或摔跤的某一项比赛。到元、明时，射箭、赛马、摔跤比赛结合一起，成为固定形式。后来蒙古族人亦简称此三项运动为那达慕。在元朝时，那达慕已经在蒙古草原地区广泛开展起来，并逐渐成为军事体育项目。元朝统治者规定，蒙古族男子必须具备摔跤、骑马、射箭这三项基本技能。到了清代，那达慕逐步变成了由官方定期召集的有组织、有目的的游艺活动，以苏木（相当于乡）、旗、盟为单位，半年、一年或三年举行一次。此习俗沿袭至今，每年蒙古族人民都举行那达慕。

（二）主要活动

1. 摔跤

摔跤是蒙古族特别喜爱的一种体育活动，也是那达慕上必不可少的比赛项目。蒙古语称摔跤为"博克·巴依勒德呼"，称摔跤手为"博克庆"。蒙古族的摔跤有其独特的服装、规则和方法，因此也称蒙古式摔跤，其特点是：摔跤运动员不受地区、体重的限制，采用淘汰制，一跤定胜负。参加比赛的摔跤手人数必须是 2 的某次乘方数，如 8、16、32、64 等。比赛前先推一位族中的长者对参赛运动员进行编排和配对，蒙古长调"摔跤手歌"唱过 3 遍之后，摔跤手挥舞双臂、跳鹰舞入场，向主席台行礼，顺时针旋转一圈，然后由裁判员发令，比赛双方握手致意后比赛开始。摔跤技巧很多，可以用捉、拉、扯、推、压等十三个基本技巧演变出一百多个动作。可互捉对方肩膀，也可互相搂腰，还可以钻入对方的腋下进攻，可抓摔跤衣、腰带、裤带等。蒙古族摔跤的最大特点是不许抱腿。其规则还有不准打脸；不准突然从后背把人拉倒，触及眼睛和耳朵；不许拉头发、踢肚子或膝部以上的任何部位等。

2. 赛马

蒙古高原盛产著名的蒙古马，能跑善战，耐力极强。自古以来，蒙古人对马就有特殊的感情，蒙古人从小就在马背上长大，都以自己有一匹善跑的快马感到自豪。驯练烈马，精骑善射是蒙古族牧民的绝技，通常把是否善于驯马、赛马、射箭、摔跤作为鉴别一个优秀牧民的标准。赛马为蒙古族男儿三技之一。参加者有时全是少年，有时不分年龄，具有广泛的群众性。赛马项目包括：① 快马赛，主要比马的速度，一般为直线赛跑，先达终点为胜；② 走马赛，主要是比赛马步伐的稳健与轻快；③ 颠马赛，是蒙古族特有的马上竞技表演项目。

3. 射箭

射箭是那达慕最早的活动内容之一。在公元 800 多年以前，蒙古人分为许多不同的部落，他们的经济生活大体可分为游牧经济和狩猎经济两种。在成吉思汗统一蒙古以后，虽然狩猎经济的部落逐渐转向了游牧经济，但狩猎时期长年积累下的拉弓射箭的本领却保留了下来，以防外敌侵略和野兽袭击畜群。没有牲畜的贫苦牧民则仍依赖弓箭捕杀动物维持生活。蒙古族射箭比赛分近射、骑射、远射三种，有 25 步、50 步、

100 步之分。近射时，射手立地，待裁判发令后，放箭射向箭靶，优者为胜；骑射时，射手骑马上，在马跑动中发箭，优者为胜。比赛不分男女老少，凡参加者都自备马匹和弓箭，弓箭的样式、弓的拉力以及箭的长度和重量均不限。比赛的规则是三轮九箭，即每人每轮只许射三支箭，以中靶箭数的多少定前三名。

今天，那达慕大会除了进行男子三项竞技外，还增加了马球、马术、田径、球类比赛、乌兰牧骑演出等新的内容，同时举行物资交流会和表彰先进。举行那达慕时，牧区方圆数百里的牧民穿起节日的盛装，骑着骏马或乘坐汽车、勒勒车络绎不绝地前来参观。那达慕大会期间帐篷林立，组织广泛的物资交流会，以促进生产。晚上还举行各种形式的文艺活动。锡林郭勒盟地区举办的那达慕已成为全民健身和群众娱乐的重要活动。

二、火把节

火是我国彝族、白族、纳西族、拉祜族、哈尼族、普米族等西南彝语支各民族共同的崇拜物，这些民族由此也被称为"火的民族"。由祭火发展而来的火把节就是这些民族共同的节日，有着深厚的民俗文化内涵，蜚声海内外，被称为"东方的狂欢节"。不同的民族举行火把节的时间也不同，大多是在农历的六月二十四前后，为期三天，主要活动有拜火把、点火把、耍火把、跳火把、斗牛、斗羊、斗鸡、赛马、摔跤、歌舞表演、选美等。在新时代，火把节被赋予了新的民俗功能，产生了新的形式。

（一）火把节传说意义

火把节有多种相关传说，其中之一是相传在远古的时候，有一个名叫十大力的恶魔，在人间破坏人们的幸福生活。人们发现后，纷纷上前质问。十大力蛮横地要人与他摔跤，还示威地把一头头壮牛翻倒。他的挑衅行为惹怒了一位叫包聪的彝族英雄。他走出人群，与十大力扭扯着摔了三天三夜仍不分胜负。于是人们弹着三弦，吹着短笛，拍手跺脚为包聪助威，终于击败了十大力。恶魔发怒，放出蝗虫等各种害虫来糟蹋人们辛辛苦苦种出的庄稼。于是，人们又集合起来，点燃一支支火把去烧害虫，最后终于烧死了所有的害虫，这一天正好是六月廿四日。后来人们为了纪念这一胜利，每到这一天，都要杀牛宰羊，举行火把节的各种活动，它反映了彝族人民不畏强暴争取幸福生活的斗争精神。

火把节各种传说的形成，与族源相同的各民族的原生崇拜有关，其中尤以对火的信仰有更直接的联系，在西南彝语支各民族的火把节活动中仍保持着以火熏田除祟、逐疫去灾、灭虫保苗、催苗出穗、祈求丰年、招引光明、迎接福瑞的民俗功能，其间的民俗心理和信仰观念就是趋吉避凶。凉山彝族的火把节传说即反映了这种把火作为具有神秘因素的超自然力的原始崇拜,仍凝聚着火把节习俗及传说的原生态的民俗基因,属于早期形态的火把节节俗,其文化内核是火崇拜,与氐羌系统的彝火把节,其崇火尚日的文化传统一脉相承。火把节传说有很多异文,虽来源各有不同,但都大同小异,其文本结构都按人与神的斗争→人战胜神→神进行报复→人再次战胜神→庆贺胜利和夺得丰收的叙述程式来结构故事。这些不同的文本都具有强烈的人本精神,都是以宣告人的胜利、神的失败而告终的,这与神话中以神为主导的叙事方式是不同的。随着社会的发展、历史的变迁,人类生存的核心问题的转移(从自然转向社会)及阶级社会的矛盾冲突的加剧,火把节的传说与各民族广阔而复杂的社会生活紧密交织为一体,进而成为表现民族矛盾、阶级矛盾的一种口头叙事途径。这类传说是次生性的火把节习俗传说,主题是歌颂祖先和英雄。从火把节传说的形成与演变过程中可以看到不同层级的历史累层,与这个节日在西南各民族民间长期发展是相同步的,火把节的传说在其久远的流传中不断衍变,甚至影响到了某些地区的节俗,使原生态的、"祭祀性的"火把节也附着上了"纪念性节日"的衍生涵义。

(二)火把节节日活动

1. 接点火种

过节时,村民会竖一根高约一二十米的大火把。火把用松树做杆,上捆麦秆、松枝,顶端插一面旗。旗杆用竹竿串联三个竹篾扎成的升斗,意为连升三级。每个升斗四周插着"国泰民安"、"风调雨顺"之类字画的小纸旗;升斗下面挂着火把梨、海棠果、花炮、灯具以及五彩旗。太阳落山前,各家提前吃完晚饭,扶老携幼出门观赏火把和跑马。跑马的有大人、有小孩。绕火把跑三圈后,才能向远处驰骋。不跑马的,就挨家挨户欣赏各家门前的火把,看谁家火把精致美观。

2. 耍火把

火把节的高潮是耍火把。男女青年、小孩人人手持火把,在夜色中穿梭挥舞。挎包里备有松香,见人就抓出一把松香往火把上撒去,白族人称之为"敬上一把"。人们认为火苗可燎去身上的晦气,给人带来吉祥和喜气。

三、泼水节

泼水节是我国云南傣族新年,时在公历4月中旬,一般持续3~7天,是傣族人民最隆重的传统节日,傣语称为"比迈"(意思为新年),西双版纳及德宏地区的傣族又称此节日为"尚罕"和"尚键",两名称均源于梵语,意为周转、变更和转移,指太阳已经在黄道十二宫运转一周开始向新的一年过渡。

（一）泼水节起源

泼水节源于印度古婆罗门教的一种宗教仪式，后为佛教所吸收，约在公元12世纪末至13世纪初经缅甸随佛教传入中国云南傣族地区。随着佛教在傣族地区影响的加深，泼水节成为一种民族习俗流传下来，至今已数百年。在泼水节流传的过程中，傣族人民逐渐将之与自己的民族神话传说结合起来，赋予了泼水节更为神奇的意蕴和民族的色彩，成为一个彼此递送祝福健康、美好的一种形式。在傣族人民眼中，水象征着圣洁、美丽和亮度，只有水可以帮助地球上万物都生长，所以水是生命的神，被泼水越多，他收到的运气和祝福就越多，就会更幸福。

（二）泼水节来历传说

关于泼水节的来历有一个伤感的民间故事，传说人间的气候本来由一位名叫捧玛乍的天神掌管。他把一年分为旱季、雨季、冷季，为人间规定了农时，让一位名叫捧玛点达拉乍的天神掌管施行。捧玛点达拉乍自以为神通广大，无视天规，为所欲为，乱行风雨，错放冷热，弄得人间雨旱失调，冷热不分，苗枯死，人畜遭灾。有位叫帕雅晚的青年，以四块木板做翅膀，飞上天庭找到天英达提拉诉说人间的灾难。帕雅晚欲到最高一层天去朝拜天塔——塔金沙时，不慎撞在天门之上，一扇天门倒塌，将他压死在天庭门口。帕雅晚死后，天王英达提拉开始用计惩处法术高明的捧玛点达拉乍。他变成一位英俊小伙子，扮装去找捧玛点达拉乍的七个女儿谈情。七位美丽的妙龄女郎同时爱上了他。姑娘们从小伙子的嘴里了解到自己的父亲降灾人间之事以后，既惋惜又痛恨。七位善良的姑娘为使人间免除灾难，决心大义灭亲。她们想尽办法探明了父亲的生死秘诀。在捧玛点达拉乍酩酊大醉之时，剪下他的一束头发，制作一张"弓赛宰"（心弦弓），毅然割下了为非作歹的捧玛点达拉乍的头颅抱在怀中，不时轮换，互用清水泼洒冲洗污秽，洗去遗臭。据说这就是人们在新年期间，相互泼水祝福的来历。

（三）泼水节习俗

1. 浴佛

在"麦日"即节日第一天，一清早人们就要采来鲜花绿叶到佛寺供奉，担来清水"浴佛"——为佛像洗尘，也是祈求神灵保佑人们在新的一年里身体健康。"浴佛"完毕，集体性的相互泼水就开始了。一群群青年男女用各种各样的容器盛水，涌出大街小巷，追逐嬉戏，逢人便泼。"水花放，傣家狂"，"泼湿一身、幸福终身"！象征着吉祥、幸福、健康的一朵朵水花在空中盛开，人们尽情地泼尽情地洒，笑声朗朗，全身湿透，兴致弥高（图9-1）。

图 9-1 泼水节

2. 放高升

除了浴佛泼水活动之外，放高升是泼水节的又一项保留节目。高升是傣族人民自制的一种烟火，将竹竿底部填以火药和其他配料，置于竹子搭成的高升架上，接上引线，常在夜晚燃放。放高升时，点燃引线使火药燃烧便会产生强劲的推力，将竹子如火箭般推入高空。竹子吐着白烟，发出嗖嗖的尖啸声，同时在空中喷放出绚丽的烟火，犹如花团锦簇，光彩夺目，甚是美妙。地上则欢呼声、喝彩声此起彼伏，议论声、赞美声不绝于耳，好不热闹。高升飞得越高越远的寨子，人也觉得更光彩、更吉祥。

3. 放孔明灯

放孔明灯也是傣族地区特有的活动。入夜，人们在广场空地上，将灯烛点燃，放到自制的大"汽球"内，利用空气的浮力，把一盏盏孔明灯放飞上天。一盏盏明亮的孔明灯在漆黑的夜晚越飞越高，越飞越远。人们以此来纪念古代的圣贤孔明。

4. 丢包

傣族未婚青年男女还喜欢做"丢包"游戏（姑娘用花布精心制作花包，是表示爱情的信物，与小伙子们分列两边，相距三四十步，开始向对方丢花包。小伙子若是接不住姑娘丢来的花包，就得把事先准备好的鲜花插在姑娘的发髻上，姑娘若是接不着小伙子丢来的包，就得把鲜花插到小伙子的胸前，就这样渐渐地选中了对方，一段浪漫的爱情故事就开始了）。

四、雪顿节

雪顿节是我国藏族人民的传统节日，也是目前西藏自治区的法定节日，藏历每年六月十五日至七月三十日举行。"雪"、"顿"是藏语"酸奶"、"宴"的意思，雪顿节意即吃酸奶的节日。因为雪顿节期间有规模盛大的晒佛仪式和隆重热烈的藏戏演出，所以也称之为晒佛节、藏戏节。

（一）雪顿节的由来与发展

雪顿节起源于公元 11 世纪中叶，最早是一种纯宗教节日活动。民间相传，佛教的戒律有三百多条，最忌讳的是杀生害命。由于夏季天气变暖，草木滋长，百虫惊蛰，万物复苏，其间僧人外出活动难免踩杀生命，有违"不杀生"之戒律。因此，格鲁派的戒律中规定藏历四月至六月期间，喇嘛们只能待在寺院，关门静静地修炼，称为"雅勒"，意即"夏日安居"，直到六月底方可开禁。待到开禁之日，僧人纷纷出寺下山，世俗老百姓为了犒劳僧人，备酿酸奶，为他们举行郊游野宴，并在欢庆会上表演藏戏。这就是雪顿节的由来。后来，雪顿节逐渐演变成以藏戏汇演和展佛为主，文娱与宗教相结合的重要节日，所以又被称为"藏戏节"、"展佛节"。1959 年，西藏进行民主改革后，雪顿节的内容更加丰富，全民同庆的意味更加浓厚。1994 年，拉萨市政府开始主办雪顿节，专门成立拉萨雪顿节组委会统一领导。自此，雪顿节规模越办越大，影响力也开始从本地扩大到全国、全世界，进而演变成集文艺汇演、体育竞技、旅游休闲、商贸洽谈为一体，传统与现代相结合的国内外知名节庆盛会及节庆品牌。

（二）雪顿节的民俗活动

1. 展佛

雪顿节的序幕是哲蚌寺展佛（图 9 - 2）。藏历六月三十日这一天正是哲蚌寺举行浴佛节，要把几十丈高的锦缎绣绘佛像大唐卡，由几百个青壮年喇嘛一字长蛇阵地抬着，宗教乐队为其伴奏，抬到寺院西北边陡斜的后山崖上铺挂起，让数以千万的僧俗群众来瞻仰礼拜。这一天，人们天不亮就纷纷从四面八方聚集到西藏最大的寺庙哲蚌寺所在地更乌培孜山麓，晒大佛的隆重仪式就在这里进行。山下汇成人的山、人的海。朝圣者、观光客几近六万人，平日里寂静的山谷为之沸腾。展佛的时辰将临之际，伴随着响彻山谷的法号声，近百名僧人将宛若长龙的丝织强巴佛像巨幅唐卡从哲蚌寺措钦大殿缓缓抬出，向哲蚌寺西侧的专用展佛平台上方行进。此时，桑烟四起，法号齐鸣，诵经声不断。很快，巨大的唐卡由上而下徐徐展现，人们纷纷上前竞相敬献洁白的哈达，一时间，佛像前哈达飘飞，景象颇为壮观。这幅巨型唐卡约长宽 30 米，略呈正方形，中间为佛祖释迦牟尼，左手托钵，右手作降魔指地印，周围有菩萨、保护神等。巨幅唐卡平日深藏于寺院，人们只能在一年一度的展佛节上，才有缘观瞻。从保护唐卡的角度来看，定期晾晒是有好处的，因此"展佛"又称"晒佛"。经过不到一个时辰，大佛被重新卷起，抬回到措钦大殿敬奉，只有待到来年此日才能再次向世人展示。紧接着，人们前往位于展佛台附近的甘丹颇章大殿前大院中，观看藏戏表演。

图9-2　展佛

2. 藏戏

藏戏是藏族戏剧的泛称，在藏语中被称为"阿吉拉姆"，简称"拉姆"（即仙女的意思）。藏戏从雪顿节的第二天开始，是以歌舞形式表现故事内容的综合表演艺术（图9-3），具有600多年历史，被誉为"西藏文化活化石"。藏戏演出具有固定的程式。第一部分是序幕，表演酬神、祈祷、祝愿并简要介绍剧情，以舞蹈为主。第二部分是正剧，有唱腔、舞蹈、韵白、道白、技巧等一套演出程式，分别演绎不同的故事内容。第三部分是吉祥结尾，场上鼓钹齐鸣，全体演员载歌载舞，向观众致谢祝福。

图9-3　藏戏

藏戏的故事，主要有八个主要传统剧目，称为"八大藏戏"，即：《文成公主》、《诺桑王子》、《卓娃桑姆》、《朗萨雯波》、《白玛文巴》、《顿月顿珠》、《直美衮登》、《苏吉尼玛》。其唱腔高亢动人，独白抑扬顿挫，面具神奇瑰丽，服饰古朴肃穆，舞姿优美动人，散发着一种浑然天成、底蕴丰厚的独特魅力。西藏和平解放以来，特别是改革开放以后，藏戏得到了进一步的发展与传承。大批优秀作品涌现，群众性藏戏争奇斗艳。在中华民族文化的百花园中，藏戏以其独特的魅力舞动中国。2006年，藏戏被列入中国第一批国家级非物质文化遗产名录，2009年，被联合国教科文组织列入人类非物质文化遗产代表作名录。

3. 马术表演

传统马术表演运动是雪顿节的传统活动，集观赏性、运动性、娱乐性于一体，每一年的马术表演活动都深受广大人民群众的喜爱，成为雪顿节活动的一大亮点。有许多表演项目：斩劈、单人单马、马上射箭、双人双马、马上射击、马上拾花篮、双马单人、马上拾碗、单马双人、马上拾哈达、帽技、多人多马（登肩直立）、叠罗汉。这些项目扣人心弦、惊险刺激，充分表现出运动员训练有素的高超技术和优良的心理素质，深受广大市民和游客的赞赏。

第三节　姓氏与谱牒

姓氏与谱牒是人类对民族渊源及血脉关系的一种追溯。中国是世界上最早使用姓氏的国家，姓氏的使用至今已有5000多年的历史，经过发展衍变、延续传承成为了一种博大精深的传统文化，是中国文明的重要标志。

一、姓氏的来历

（一）姓氏起源

姓氏是代表每个人及其家族的一种符号。据传，姓氏最早起源于图腾崇拜。原始人相信自然界万物有灵，对图腾的崇拜开始产生，他们将动物和植物当做本部族的保护神来祭祀，并将它们作为部族特有的徽号或标志，后来逐渐衍变成了最古老的姓氏。在氏族社会，姓、氏开始产生。

姓，起源于母系氏族社会，实际上也是氏族的徽帜，是籍以分辨血缘家族的符号，故最初的姓，皆系女旁示意，如姬、姜、姚、妘、姒［sì］、嬴等。姓从开始出现，就被人们用作"别婚姻"的标志。《左传·僖公二十三年》："男女同姓，其生不蕃。"在原始社会时期，人们认为"同姓是一家"，在氏族社会中，"同姓不婚"，实际上就是说，同一氏族内部的人不得通婚。古人已经知道血缘近的结婚后，对下一代遗传不利，因此同姓不婚的约定俗成一直为我国历代所遵循。

氏，最早出现在父系氏族社会时期。这一时期，男性取代女性占主导地位。氏是从父系始祖那里继承来的，且只有男子才称氏。从父系氏族社会开始，姓与氏并行的双轨制度得以确立。夏商周三代，姓氏一分为二，"氏"代表官职、居地、职业，同一姓可以衍分许多氏。例如夏代国君以姒为姓，以夏为氏；商代国君以子为姓，以商为氏；周代国君以姬为姓，以周为氏。

春秋、战国时期，这是一个大动荡、大变革的时期，氏不断增多，氏已不再是贵者的特权，当男子逐渐都有氏时，氏就成为人们相互之间加以区别的重要标志，而原来很少的姓被大量的氏淹没，氏就取代了过去姓的地位，氏姓不分，或说氏姓合一。到了汉代，通称为姓。姓氏制度基本稳定之后，宋代流传普及读物《百家姓》上面，有1968姓。实际上，根据有关资料查看，我国自古至今出现过8000余姓，现今存在的只有3000左右，常见的只不过有300多个（图9-4）。

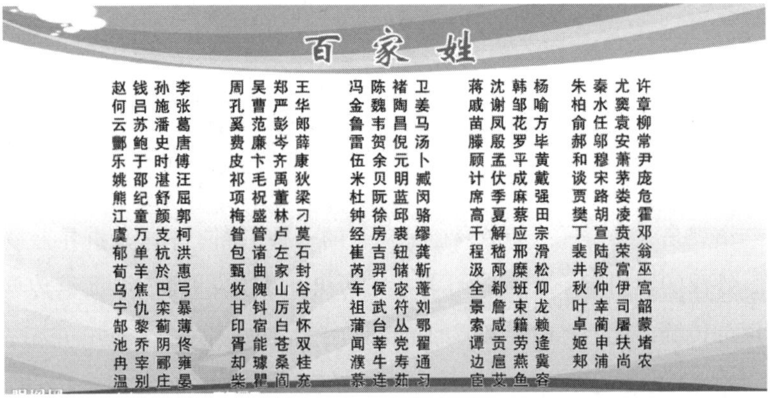

图9-4 百家姓

（二）衍变方式

东汉文学家王符所著的《潜夫论·志氏姓》中记载了中国姓氏的衍变方式："或传本姓，或氏号邑谥，或氏于爵，或氏于志。"根据研究结果，姓氏从古至今的衍变归纳起来主要有以下十三种源流。

（1）氏族图腾衍变成姓氏。

（2）以祖先的名、字、庙号、谥号为姓氏。例如，尧的儿子丹朱，其后裔分四支，其中一支取"朱"字为姓。

（3）以部落名、封地名、国名为姓氏。例如，西周时期，周文王的后裔毕万被赐封魏地，其后世子孙便以"魏"为姓氏。

（4）以先人的爵位、官职为姓氏。

（5）以职业技艺为姓氏。例如，"卜"姓源于上古时期盛行巫术占卜产生的巫师职业，其后代子孙以其祖先的职业为姓。

（6）以山河、地名为姓氏。

（7）以居住地为姓氏。例如，"西门"是位于河南新郑的地名。

（8）以出生时的异象为姓氏。例如，传周文王出生时手心有个篆文"武"字，于是其便以武为姓。

(9) 因避忌帝王的名讳、避仇、避祸、避嫌等更改姓氏。

(10) 以德行为姓氏。

(11) 帝王赐姓。

(12) 以数量词、排行次序、天地干支为姓氏。例如姓氏"仲"、"季"来源于古时弟兄的排行，老大称"伯"、老二称"仲"、老三称"叔"、老四称"季"。

(13) 少数民族汉化改姓。例如"元"姓，北魏孝文帝推行政治改革，即"孝文汉化"，孝文帝带头将自己的皇族姓氏"拓跋"改为"元"，元即第一、首个的意思。

二、姓氏文化的内容

姓氏文化包括姓氏渊源、世系流派、迁徙开基、家族繁衍、郡望和堂号、谱牒文化、祠堂文化、陵墓、名人文化等。

1. 祠堂

祠堂是家族的圣殿，是家族权威的象征。祠堂既是祭祖敬宗之处，也是收宗睦族（入谱、定名、序齿）之所，还是实行家族奖惩（科举捷报、接受封诰及责罚不肖子孙）之地。其宗旨书于墙壁（入孝出悌、崇德报功、慎终追远）；其荣誉悬诸牌匾（显亲扬名、光宗耀祖）。

2. 祖墓

祖宗陵墓如同祠堂，亦是家族之象征。族人借此缅怀先祖，追惟先人，表达孝思与亲情。因此，祖墓同是团结族群、凝聚人心之所在，族人以此为精神寄托。

3. 名人

名人是家族的荣誉和骄傲，各个姓氏都世代相传地加以记载和颂扬。谱牒和祠堂中载的人物包括：开基先祖和树立声望的祖宗，有重大历史功绩和良好品质的先人，科举中成就功名或仕宦有政绩的人物，也有受王朝旌表的忠孝节烈、寿考人物以及其他有声望的人物。这些构成谱牒的重要内容，占有相当的篇幅。

4. 艺文著述

艺文著述反映家族人物的才学与艺术，或见于撰著，或形于题咏，或镌刻于祠、墓，或播于口碑；另有作为家训族规载于谱牒，劝勉后人的。这些都是家族文化的重要内容。

5. 郡望

每个姓氏都有自己的发祥之处和树起声望之地，因此形成了郡望。郡望即地望、郡姓。"郡望"一词，是"郡"与"望"的合称。"郡"是行政区划，"望"是名门望族,"郡望"连用,即表示某一地域范围内的名门大族。历代的姓氏书中,其中有一类是以论地望为主(如唐代柳芳的《氏族论》和南朝刘孝标的《世说新语》)。《百家姓》刻本,也往往在每个姓氏前面注明了"郡望"。如,魏晋至隋唐在我国北方形成的"四大郡望":范阳(今北京至河北省保定一带)卢氏,清河(今河北省清河一带)崔氏,荥阳(今河南省郑州一带)郑氏,太原(今山西省太原一带)王氏。

6. 堂号

各姓氏还因祖上名人的活动造成重要社会影响,形成典故轶闻,故而以之为堂号,如谢姓"宝树堂"、郑姓"带草堂"、王姓"三槐堂"、杨姓"四知堂"、周姓"爱莲堂"、张姓"金鉴堂"等;林氏还有"西河堂"、"济南堂"、"晋安堂"之别。堂号既是姓氏分支的标志,又是姓氏历史文化的徽号,具有激励的作用。

三、谱牒文化

每个姓氏或家族,都有自己的历史,其发展过程大多载在本家族的谱牒之中,或流传于口碑之上。由于个人或家族的迁移,姓氏人口的分布从发源地逐渐扩散到各地,甚至全世界,但人们始终不忘寻找宗脉源流,追求血脉亲情的归属感。一部谱牒,常常使人们因能认祖归宗而热泪盈眶,激动不已。

(一)谱牒涵义

谱牒又称族谱、宗谱、家乘、家谱、家传、房谱、支谱、谱系等,是一种记录家族迁徙、发展的事迹和家族人物的世系、传记的书,是以特殊形式组织、编写的家族生活史。它以一定的形式记载了该宗族历史,其形式和内容集中了档案学、历史学和文化人类学等学科的旨要,有"记录先世,弘扬家史","敦宗睦族,凝聚血亲"的功能。谱牒与国史、地方志并称为中华民族的三大文献。

(二)谱牒的起源与发展

谱牒源于历史上记载古代帝王、诸侯世系、事迹的谱学著作,早在魏晋南北朝时期(220—589年)就已产生,隋唐时期(581—907年)开始逐渐从官方流传到民间。在我国现存的古籍中,记载周代以前世系最为完整、最为权威的是汉司马迁的《史记》。《史记》中专门记载并较为突出的有:①《五帝本纪》。该篇记载了黄帝、颛顼、帝喾、帝尧、帝舜五人的世系。由于"五帝同祖",因而该篇实际上记录了公孙姓轩辕氏的世系。②《殷本纪》。该篇记载了子氏家族自得姓以后的历代世系,商始祖契因其母简狄吞鳦卵而生("鳦",是"燕"的古写,即玄鸟。商族为东夷分支,所以玄鸟生商,当由夷族鸟图腾推衍而来)。舜封之于商,赐姓子氏。殷契子昭明,昭明子相土,相土子昌若,昌若子曹圉……主壬子主癸,主癸子天乙,天乙即建立商王朝之成汤。成汤子太丁、外丙、中壬，太相子太甲……乙子微子启、辛即纣。

此外，《史记·三代世表》也以表的形式记载了五帝的世系和夏、商两朝的世系。

（三）谱牒的内容

谱牒所记载的家族史以父系家族世系、人物为中心，一般分为世系图、家谱正文、附录三个部分。世系图记录着本族中每个人的名字，是查证谱中某人的世系所承、属于什么时代、父亲是何人的图标，有北宋（960—1127年）欧阳修创立的欧式、北宋文学家苏洵创立的苏式、宝塔式和牒记式四种基本记述格式。家谱正文是按世系图中所列人物的先后次序编订的，一般概括性地介绍人物的字号、父讳、行次、时代、官职、封爵、享年、卒日、谥号（有地位的人去世后被授予的称号）、婚配等。附录则记述了家族的迁徙、家族文化、家规、家训、郡望、堂号（家族的称号）等内容。

（四）谱牒的种类

中国谱牒经过几千年的发展，名称多种多样，种类丰富多彩。

1. 根据谱牒记载材料的不同分类

（1）结绳家谱，是用结绳的方法来记载世系，记录家族内每个成员的情况。

（2）口头家谱，是通过口耳相传的形式流传下来的家谱。这也是文字产生之前或没有本民族文字时人们记录家谱世系的一种形式。

（3）甲骨、金文谱，指刻在甲骨或青铜器上的家谱。这是先秦时期尤其是商、周两代通行的记载家谱的方法。

（4）碑谱，指刻石碑上的家谱。这在中国家谱的发展史上是极为常见并相当流行的。碑谱还有一特殊却很常见的形式——墓碑。

（5）布谱，指写在布上的家谱。

（6）纸谱，写在或印在纸上的家谱。这是现存家谱的最主要类型。

（7）塔谱，指刻在石塔上的家谱。此形式较为少见，著名者有山西省临县崔家坪保存的刻于明嘉靖十六年（公元1537年）的石塔家谱。

2. 根据家谱所记载对象的不同分类

（1）玉牒，指专门记载帝王家族的谱牒，即皇族家谱。大约在殷商时代即已出现，且历代统治者者纂修自己家族的玉牒。纂修和保存玉牒的机构一般都在宗正府。

（2）普通家谱，相对玉牒而言，其余的家谱都称变通家谱。

3. 根据谱牒内容侧重点的不同分类

（1）祠谱，专门记载家族祠堂及与祠堂相关内容的家谱。一般记录祠堂规模、结构、沿革、祭文、列位先祖生平、牌位位置、祭祖礼仪、祠联及咏颂祠堂的诗文等，通常都绘有祠堂图。

（2）坟谱，专门记载家族坟茔及与坟茔相关内容的家谱。一般记录历代祖先坟茔的位置、走向、座向、风水、修坟经过、所用费用、祭祖礼仪、祭文、守坟规约等，通常都绘有坟茔图、坟山图等。

（3）碑传集，专门记载家族历代祖先墓碑的碑文、传状的家谱，如《高邮王氏六谏传状碑志集》等。

（4）云和神轴，是我国北方农村中的一种特殊家谱。它像裱糊的字画一样，上面写有家谱世系或绘有祖先画像，平时收藏起来，需要时拿出来悬挂在墙上。此家谱世系简单，图像简略，一般为文化较低或没有钱修撰家谱的家族收存和使用。

一部完整的谱牒就是一部宗族、家族史或宗族、家族百科全书。通过这部谱牒，我们可以了解到该家族的历史沿革，世系繁衍，人口变迁，居地变迁，婚姻状况，该家族成员在科第、官职等政治生活中的地位、作用和事迹，该家族的经济情况和丧葬、礼典、家规、家法等典章制度等。而谱牒也正是将这些内容以书、图、志、表、史的形式记录下来，成为与正史、地方志并列的又一文史宝库。但由于社会、历史原因，加上修谱人知识能力所限，致使谱牒内容多有失真，历来受到治史修志专家的诟病，认为谱牒"出自闾巷，家自为说，事非经典，苟引先贤，妄相假托"，而怀疑其价值。事实并非全部如此，谱牒所记明、清以来的内容大多可以采信，因为"地近则易核，时近则迹真"。

思考题

1. 那达慕大会是怎样形成的？
2. 火把节是我国哪个少数民族的节日？
3. 泼水节的来源是什么？
4. 雪顿节的名字有什么含义？
5. 请简述谱牒涵义及内容。

第十章

精神生活民俗

学习要点及目标

- 学习中国典型祥瑞吉物的起源和文化寓意。
- 理解"风水"学说在中国文化中的起源与意义及其现代应用。
- 了解中国传统游艺民俗的种类,掌握几种游艺的规则与玩法。

第一节 祥瑞吉物

一、龙

龙(图10-1)是中国传说中的一种善变化、能兴云雨、利万物的神异动物,为四灵(龙、凤、麒麟、龟)之首。古籍记述其形象不一,描述多如《尔雅翼·释龙》中云:"龙:角似鹿,头似驼,眼似鬼,项似蛇,腹似蜃,鳞似鱼,爪似鹰,掌似虎,耳似牛。"龙图腾至今约有八千年的历史。因为龙最初的形象是集合中原各方民族的图腾特色而造出来的,所以一直也被视为中华民族的象征。前人将龙分为四种:有鳞者称蛟龙;有翼者称为应龙;有角的叫螭龙;无角的叫虬,而龙的正统则叫作苍龙。苍龙过1000年就变为黄龙,黄龙又过1000年就进化为最高级的五爪金龙。五爪金龙则是中国帝制时期的皇帝象征物,唯有皇帝能使用五爪的龙当作记号或黄袍上的刺绣,其他大臣及皇族只能用四爪的龙。在中国商周战国青铜器上我们可以看到这些不同种类的龙。值得注意的是中国文化中的龙有别于恐龙(Dinosaur)、及欧洲的Dragon[拽蚣(zhuàigōng)、恶魔、悍妇,早期传教士译为龙],接近于西方早期的Seraph(六翼四足的大蛇、炽天使)。

图 10-1 龙

龙具有巨大形象力，龙文化也对中国社会文化有深厚的影响。日常生活中也有龙的踪迹。衣有龙袍、龙冠；食有龙虾、龙眼、龙须面；建筑有龙宫、龙亭；行有龙舟、龙车；家具有龙椅、龙床；正月十五要舞龙灯，五月端午要赛龙舟；风水宝地叫龙穴，抽水的水车叫龙骨水车，大吊车叫龙门吊；天上和龙有关的名词不下数百。一千年前编辑的《太平广记》搜集的龙的神话小说，就有八十一则。在中国，龙简直无所不在。龙的文化，源远流长。人们还把各种美德和优秀的品质都集中到龙的身上。我们从许多故事和传说中看到：龙是英勇善战的，聪明多智的，能预见未，变化多端，兴云布雨，鸣雷闪电，开河移山。在龙的身上集中了人们美好的愿望，也常把世间的杰出人物称为人中之龙，诸葛亮号称卧龙先生就是大家熟识的例子。关于龙的典故很多。

（一）龙生九子

龙生九子是指龙生九个儿子，九个儿子都不成龙，各有不同。所谓"龙生九子"，并非龙恰好生九子。"九"在中国文化中为"极"数，常用来形容众多，如清人汪中所言"凡一二所至不能尽者，则约之以三，以见其多；三之所不能尽者，则约之以九，以见其极多"（《述学·释三九》）。九是个虚数，也是贵数，有至高无上的地位，于是民间遂有"龙生九子"之说。

龙有九子这个说法由来已久，但是究竟是哪九种动物一直没有说法，直到明朝才出现了各种说法。明代一些学人笔记，如陆容的《菽园杂记》、李东阳的《怀麓堂集》、杨慎的《升庵集》等，版本较多，说法不同，分别概括为：囚牛、睚眦（yá'zì）、嘲风、蒲牢、狻猊（suān'ní）、赑屃（bì'xì）、狴犴（bì'àn）、螭吻（chī'wěn）、饕餮（tāo'tiè）、椒图、蚣蝮等。有的说法还把麒麟、犼、貔貅也列入龙子之一。

（二）痛饮黄龙

出自《宋史·岳飞传》："金将军韩常欲以五万众内附。飞大喜，语其下曰：'今番直抵黄龙府,与诸君痛饮耳。'""痛饮黄龙"意指攻克敌京,置酒高会以祝捷。

(三)骊龙颔珠

"骊龙颔珠"典出《庄子·列御寇》:河上有家贫恃纬萧而食者,其子没于渊,得千金之珠。其父谓其子曰:"取石来锻之!夫千金之珠,必在九重之渊而骊龙颔下。子能得珠者,必遭其睡也。使骊龙而寐,子尚奚微之有哉!"意思是说:河上有一个家庭贫穷靠编织苇席为生的人家,他的儿子潜入深渊,得到一枚价值千金的宝珠,父亲对儿子说:"拿过石块来锤坏这颗宝珠!价值千金的宝珠,必定出自深深的潭底黑龙的下巴下面,你能轻易地获得这样的宝珠,一定是正赶上黑龙睡着了。倘若黑龙醒过来,你还想活着回来吗?"后以"骊珠"形容珍贵难得的人才、宝物。

(四)神龙见首

清赵执信《谈龙录》:"昉思嫉时俗之无章也,曰:'诗如龙然,首尾爪角鳞鬣,一不具,非龙也。'司寇哂之曰:'诗如神龙,见其首不见其尾,或云中露一爪一鳞而已,安得全体?'"后以"神龙见首"指诗文跌宕多姿。

二、凤凰

凤凰(图10-2)亦称为朱鸟、丹鸟等,在西方神话里又称不死鸟、火鸟、长生鸟等,形象一般为尾巴比较长的火烈鸟,并周身是火。神话中说,凤凰每次死后会周身燃起大火,然后其在烈火中获得重生,并获得较之以前更加强大的生命力,称之为"凤凰涅槃"。如此周而复始,凤凰获得了永生。凤凰和麒麟一样,是雌雄统称,雄为凤,雌为凰。凤凰齐飞,是吉祥和谐的象征。由于凤凰是多民族文化中的神鸟,关于它的典故较多。

图10-2 凤凰

(一)梧桐栖凤

梧桐为树中之王,相传是灵树,能知时知令。作为百鸟之王的凤凰身怀宇宙,非梧桐不栖。《魏书·王勰传》"凤凰非梧桐不栖",凤凰择木而栖,后比喻贤才择主而侍;凤凰的这种君子风范在姜子牙、诸葛亮身上也能找到影子,他们在没有遇到"梧桐树"时宁愿做一个平凡的钓者、耕者。

(二)凤求凰

凤、凰分开,有称"雄凤雌凰"。西汉辞赋作家司马相如贫困之时,到四川临邛寻访好友县令王吉,时有当地首富卓王孙之女卓文君新寡,司马相如在卓王宴会上当众弹奏琴曲《凤求凰》,以此挑动卓文君。卓文君在宴会厅窗外偷窥,见司马相如容貌英俊,才华横溢,当夜随其私奔。后比喻男女相爱男子追求女子,也象征对美满幸福的姻缘向往和歌颂。

(三)百鸟朝凤

黄帝即位,自觉天下太平,想亲眼看看传说中的凤凰。为此,他请教天老。天老回答:凤凰显形,乃是祥瑞的预兆,只有在太平盛世才出现。见到它一掠而过已是很不容易,如果能看到它在百鸟群里飞舞那就是千载难逢的祥瑞了。黄帝听后很不高兴,他说:我即位以来,天下太平,为什么连凤凰的影子都没有看见?天老说:东有蚩尤、西有少昊、南有炎帝、北有颛顼,四方强敌虎视眈眈,何来太平?黄帝听罢便率兵讨伐,于是天下一统。他看见一只带有五彩翎毛的大鸟在天空翱翔,而数不清的奇珍异鸟围着它翩翩起舞。黄帝知道,这只大鸟就是凤凰,也是他想看到的瑞象——百鸟朝凤(《韩诗外传》)。

(四)凤凰来仪

凤凰飞来起舞,仪态优美。古代用以比喻吉祥的征兆和祥瑞的感应。《汉书·王莽传上》:"甘露从天下,醴泉自地出,凤凰来仪,神爵降集。"《尚书·益稷》:"《箫韶》九成,凤凰来仪"《三国演义》第八十回:"自魏王即位以来,麒麟降生,凤凰来仪。"

三、麒麟

麒麟(图10-3)是中国古代神话中的神兽,据说能活两千年。雄的为麒,雌的为麟。性情温和,不伤人畜,不践踏花草,故称为仁兽。麒麟的形状像鹿,尾似牛尾,麒有独角,麟无角,口能吐火,声音如雷。它把那些备受人们珍爱的动物所具备的优点全部集中在麒麟这一幻想中的神兽的建构上,充分体现了中国人的"集美"思想。中国古代用麒麟象征祥瑞。相传只在太平盛世,或世有圣人时,此兽才会出现。麒麟主太平,能带来丰年、福禄、长寿与美好。在中国传统民俗礼仪中,被制成各种饰物和摆件用于佩戴和安置家中,有祈福和安佑的用意。

图10-3 麒麟

古人用麒麟比喻才能杰出的人,唐代大诗人杜甫在《徐卿二子歌》诗中有一句:"并是天上麒麟儿"。还有麒麟种、麒麟雏、麒麟手等作为对英雄、才子的赞美之词。西汉时建麒麟阁,用来珍藏国家贵重典籍,又绘功臣画像于阁上后来多以画像于麒麟阁表示功勋卓越者的最高荣誉,唐代的秘书省又称为麟台,也是比喻人才荟萃之意。麒麟文化的不断发展丰富,其内涵已由最初的吉祥、和平、仁爱、仁兽、瑞兽,外展为美好、勇敢、避邪、镇魔、赐福、送子、才华、颖异、健康长寿、婚姻美好等内容。在麒麟身上寄托了中华民族对美好生活的向往和追求。我国山东省巨野县是麒麟文化的源头和发祥地,有史料确切记载的第一只麒麟就出现在巨野县,关于麒麟的传说,历史久远。就其典故,现举两例。

(一)麒麟送子

麒麟送子的传说与孔圣人的诞生有着不解之缘,传有"麒麟吐书"和"梦麟而生"两则故事。

"麒麟吐书"或"麟吐玉书"是据王嘉《拾遗记》记载:"夫子未生时,有麟吐书于阙里人家,文云:'水精之子孙,继衰周而素王,故二龙绕室,五星降庭,征在贤明。'知为神异,乃以绣绂(fú)系麟角,信宿而麟去。"次日孔子诞生。意思是孔子降生前,忽有一头麒麟踱进孔家,麒麟举止优雅,不慌不忙地从嘴里吐出一方帛,上面还写着文字:"水精之子孙,衰周而素王,征在贤明"。孔家人认为定是神明再现,用系印的丝带系在麒麟角上。第二天,麒麟不见了,孔家传出婴儿啼哭声,孔子诞生了。从此便有了称赞人家孩子的美称"麒麟儿"或"麟儿"。

"梦麟而生"说的是孔子的娘颜徵在,有一次走亲戚,路过巨野的麟山。麟山世传产麟,小山虽然不大,只能算个小丘,却山清水秀,风景优美,远看像一只卧着的麒麟,于是就去山上休息。孔母来到一棵柿子树下,不知不觉打了个盹,忽然梦见麒麟入怀,醒来后若有所感,从此身怀有孕。11个月后生下了孔子。所以,孔母为孔子起名叫孔丘。后来人们就把麒麟视作家庭兴旺、子孙贤良的象征。

(二)西狩获麟

西狩获麟又称获麟;相传鲁哀公14年(公元前481年)春,鲁国高官叔孙氏派人到鲁国西边的大野泽畔砍柴。驾车人子鉏商发现一头像鹿一样的动物,于是弯弓搭箭,射断了这头动物的前左腿,走到跟前一看,不禁大吃一惊,原来这只动物根本不是鹿,长像十分奇怪,头上只长了一只角,尾巴也不是短小的鹿尾,倒像长长的牛尾巴,在场的没有人认识这是什么动物,回到了鲁国郊区,丢在路旁。子鉏商回到府后就向叔孙氏汇报了打死怪物的事,叔孙氏也被激起了好奇之心,于是赶到郊外怪物跟前,他左看右瞧,怎么看也不认识它是什么动物,于是立即派人去向孔子请教。孔子让身边的学生子贡赶上马车,把他拉到郊外一看,断定:就是麒麟!麒麟本是瑞兽、仁兽,但世人不认识,却把它错当成怪物打死了。孔子伤物及人,想到自己一生四处奔波,致力推行"仁德、仁政",也不为世人理解,结果四处碰壁,不禁感慨万端,悲从中来，"反袂拭面，涕沾袍。"（《春秋公羊传》）仰天长叹一声："吾道穷矣！"孔子回到家，让子贡打开编辑了几年的《春秋》竹简，于绝望中写下"十四年，春，西狩获麟"，抛笔在地，从此不再写一个字。唐代大诗人李白的"希圣如有立，绝笔于获麟"的名句就是指的这件事。孔子让子贡卷起竹简，意犹未尽，又口占一首挽歌以悲悼麒麟："唐虞世兮麟凤游，今非其时来何求？麟兮麟兮我心忧！"唐虞世指的是尧舜时代，其意是在尧舜圣明天子当政的时代天下太平，天上飞着凤凰，地上跑着麒麟，悠哉游哉，今天已不是那个时代了，你来了有何追求呢？麒麟啊！麒麟啊！我真是忧心如焚啊！可见孔子对获麟一事多么重视，对麒麟现身的不逢时并被射杀多么伤感。从此孔子郁郁寡欢，两年后这位人类历史上伟大的思想家停止了思想，终年73岁。现"获麟"或"麟止"喻指著作的绝笔。

四、牡丹

牡丹（图10-4）是我国传统名花，素有国色天香之称，自古就有品行刚毅、富贵吉祥、政通人和的寓意，历来是繁荣昌盛、兴旺发达的象征。牡丹自从与人类结缘后，就备受喜爱与崇拜。周敦颐《爱莲说》称："自李唐来，世人盛爱牡丹。"宋朝文学家欧阳修专门撰写《牡丹记》，以后又有许多人专门修订牡丹谱，记录各种品种。清朝时曾将牡丹定为国花，20世纪90年代中期，中华人民共和国全国花卉协会举行了一次国花评选，结论是牡丹为国花，梅、兰、荷、菊为四季花作为辅助。牡丹以其雍容华贵、端庄富丽而引发了人们诸多联想，派生出与之相关联的一系列民俗文化象征意义。

牡丹剪纸

"凤戏牡丹"图　　　"富贵长寿"图

图10-4　牡丹

(一) 牡丹与吉庆民俗

牡丹是中华民族富贵吉祥的象征，由牡丹组成的各种花纹图案，被人们应用到日常生活的方方面面，包括生活用品、衣物服饰、窗花剪纸等。在鲁西南和豫东北一带，牡丹剪纸被广泛用于婚房和迎新年的习俗，在为新人准备被褥时必定有一床牡丹龙凤图案的大红被子。色彩鲜艳的牡丹花，张贴在门窗上、绣在新人的被面上，深深表达了俗民对美好生活的期盼和向往。吉祥符是人们表达情感的一个有力的载体，历代人们的趋吉避凶的思想意识和行为禁忌在各种各样的吉祥符中得到了最真实的体现。《中国吉祥符》一书，共收录286幅吉祥符图，其中由牡丹构成的吉祥符占了20幅。例如，"凤戏牡丹"图，由牡丹与凤凰组合而成，牡丹为"百花之王"，凤为"百鸟之王"，寓意天下太平，繁荣昌盛。"富贵长寿"图，由牡丹、蝴蝶与猫组合而成，猫与耄谐音，蝶与耋谐音，寓长寿，牡丹正午盛开，寓旺盛，该吉祥符图寓意富贵长寿。"白头富贵"图，由牡丹与一对白头翁组成，寓意夫妻白头偕老，富贵长命。

(二) 牡丹的人格化传说

牡丹自隋唐引种兴盛以来，不但在历代文人墨客、社会名流、皇帝贵族的心目中有很高地位，而且中国历代俗民也用朴实生动的民俗符号把对牡丹的喜爱之情，把牡丹的高雅、脱俗的气质和牡丹文化中的不屈不挠的民族精神创造性地融入到自己的日常生活中，并世代保存、传承和享用。李惠芳教授曾说："（民间文学作品）是广大民众生活的组成部分，是他们认识社会、寄托愿望、表达情感的重要方式之一。"俗民心目中的牡丹形象成了精神的象征，成了俗民表达情感和抒发欲望的载体。

"牡丹充军"是武则天和牡丹的故事。传说武则天乘酒兴醉笔写下诏书："花须连夜发，莫待晓风吹。"百花慑于此命，惟有牡丹不肯屈于权势，拒不从命。武则天遂将牡丹贬至洛阳。刚强不屈的牡丹谪居洛阳就昂首怒放，武后便下令火烧牡丹。牡丹枝干虽被烧焦，但到第二年春，反而开得更盛。这则传说把中华民族铮铮铁骨和浩然正气的风格借助牡丹在民间广为流传，从而也赋予了牡丹不畏淫威、不惧权贵和坚贞不屈的风格。

"二乔"为牡丹中传统品种。之所以称为"二乔"，是因为《三国演义》中的孙策之妻和周瑜之妻"二乔"同胞姐妹，都有沉鱼落雁之容、闭月羞花之貌。自古用花喻人的例子比比皆是，但是用人喻花的就不多见了。"一仗青"也是牡丹名字。用中国传统美女暗喻牡丹的天姿，俗民们对牡丹的最真实的感情可见一斑。其实，中国传奇中、历史上和神话中的英雄美女或者善良化身人物，如王昭君、杨贵妃、洛神等，几乎都被应用于牡丹花名。从"西施"、"昭君出塞"到"嫦娥奔月"、"观音面"，每一个牡丹名字背后，几乎都有一段美丽的传说。这些传说，正是人们按照自己的心愿，凭借自己"内在固有的尺度"来塑造的牡丹形象。可见，人们对牡丹的喜爱和赞誉，已经不单单满足于表象，而是在审美观照中，将牡丹进行了人格化的升华。

（三）牡丹与信仰民俗

关于牡丹的信仰，其一体现在牡丹出售时。广州是著名的花城，买花看花是其传统习俗，尤其是每逢春节。在那里，反季节的牡丹花被奉为上品，所以牡丹的主要出路就是运往广州销售，民间俗称"下广"。清光绪十年的《菏泽县志》上记载："牡丹芍药各百余种，土人植之，动辄十百亩，利厚于五谷，每当仲春花发，出城迤东，连阡楼陌，艳若蒸霞，土人捆载之，南赴闽粤，并走京师。至则后值以归，故每岁辄一往。"牡丹性寒喜燥畏热，开花期短，再加上原来交通极为不便，"下广"的命运很难预料。于是，花农"出发之前，所有外出卖花的人及其家属，都要参加祭花神的仪式，设供品于园中最老的牡丹棵前，挂红绸于牡丹枝上，长时间地跪拜祈祷，祈求花仙保佑'花开适时，人财两旺'。正式启程时，按当地嫁女'西进东出'的习俗，花车必须从街东口出村"。花农们如果一帆风顺，带的花儿全部出售，回家之后当天，全家人再次"请"出花神进行祭拜，并燃放鞭炮，答谢花神的保佑。个别花农还要请戏班子唱几天大戏以示还愿。

关于牡丹的信仰，其二体现在"牡丹生日"上。传说，牡丹花的生日是农历的八月十五，即中秋节。清代福申所辑的《俚俗集》记载："《花谱》：'牡丹，中秋生日，移栽必旺。'"古时候，每逢中秋节，洛阳百姓都要上供烧香、搭台唱戏、供奉花神，还要吃牡丹糕，喝牡丹汤，用清水为牡丹植株洗浴。古曹州花农们，每到中秋节，全家也都聚集在花田里或者是牡丹园里，摆上月饼、美酒和水果等祭品，一边赏月一边祭祀牡丹花神。祭拜花神，讨好花神，为花神过生日，这些带有典型功利性的民俗文化事象，体现了人们的求福祛灾、趋吉避凶的心理，很明显，这带有民俗的特有内涵。

（四）牡丹的药学价值

牡丹最早的用途、最先的发现是药用。以药用植物记载牡丹最早的当推《神农本草经》。此书为秦汉人托名"神农"所著，具体年代无考。《隋书经籍志》中的《素问》、明代李时珍的《本草纲目》，都是从药用植物角度记载牡丹的。由此可见，牡丹文化又含有药物学的内容。1972年在甘肃武威柏树乡发现的东汉墓葬医简中，也有对牡丹的药用记载。时至今日，牡丹根皮即"丹皮"，尤其是曹州产的上品丹皮"曹丹"，还在中草药中居于重要地位，是名贵的中草药，其性微寒，味辛，无毒，入心、肝、肾三经，有散淤血、清血、和血、止痛、通经之作用，还有降低血压、抗菌消炎之功效，久服可益身延寿。牡丹花也可供食用。明代的《遵生八笺》载有"牡丹新落瓣也可煎食",同是明代的《二如亭群芳谱》谓:"牡丹花煎法与玉兰同,可食,可蜜浸","花瓣择洗净拖面,麻油煎食至美",现在国内不少地方有用牡丹鲜花瓣做牡丹羹,或配菜添色制作名菜的。

(五) 牡丹文化的文学特征

我国关于牡丹的文学作品数量众多,历代诗人都将牡丹看作美满和理想的化身而热情歌颂,仅唐宋两朝的诗词便有千首左右。牡丹诗词内容广泛,咏物、寄情、喻讽,各具特色。下面以唐代的浓墨重彩和宋代的书卷隽永为文学特征分类作简要介绍和欣赏。

1. 唐代的浓墨重彩

(1) 李白的《清平乐》三首

云想衣裳花想容,春风拂槛露华浓。

若非群玉山头见,会向瑶台月下逢。

一枝红艳露凝香,云雨巫山枉断肠。

借问寒宫谁得似,可怜飞燕倚新妆。

名花倾国两相欢,常得君王带笑看。

解释春风无限恨,沉香亭北倚阑杆。

在这组诗中,李白将花比人,写尽牡丹的叶满浓露,花凝清香,想象巧妙,信手拈来,不露造作之痕。他把杨贵妃比作娇艳的牡丹,这样超绝人寰的姿容恐怕只有在仙境里才能相见。

(2) 白居易的《牡丹芳》(节选)

牡丹芳,牡丹芳,黄金蕊绽红玉房。

千片赤英霞灿灿,百枝绛点灯煌煌。

照地初开锦绣缎,当风不结兰麝囊。

仙人琪树白无色,王母桃花小不香。

宿露轻盈泛紫艳,朝阳照耀生红光。

红紫二色间深浅,向背万态随低昂。

映叶多情隐羞面,卧丛无力含醉妆。

该诗犹如一幅国画,白居易运用丰富的想象、大胆的夸张、巧妙的拟人等,融各种艺术手法于一炉,描绘出牡丹花的风姿神韵,给人以身临其境之感。

(3) 李商隐的《牡丹》

锦帏初卷卫夫人,绣被犹堆越鄂君。

垂手乱翻雕玉佩,招腰争舞郁金裙。

石家蜡烛何曾剪，荀令香炉可待熏。

我是梦中传彩笔，欲书花叶寄朝云。

这首诗构思巧妙，借物比人，又以人拟物，借卫夫人、越人、贵家舞伎、石家燃烛、荀令香炉等故事描写牡丹花叶的风姿绰约、艳丽色彩和馥郁香味，使牡丹的情态毕现。

2. 宋代的书卷隽永

（1）苏轼的《雨中看牡丹》三首

雾雨不成点，映空疑有无。

时于花上见，的皪走明珠。

秀色洗红粉，暗香生雪肤。

黄昏更萧瑟，头重欲相扶。

明日雨当止，晨光在松枝。

清寒入花骨，肃肃初自持。

午景发秾丽，一笑当及时。

依然暮还敛，亦自惜幽姿。

幽姿不可惜，后日东风起。

酒醒何所见，金粉抱青子。

千花与百草，共尽无妍鄙。

未忍污泥沙，牛酥煎落蕊。

苏轼这一组诗写的是雨中牡丹，但不是大雨、细雨中的牡丹，而是"雾雨"中的牡丹。诗人不只写了"雾雨"中自己所看到的牡丹，还写了想象中雨后的牡丹和风吹花落的牡丹，不但写了牡丹客观上的花容、花貌、花神、花魂，还写了诗人赏花时、主观上的惜花、恋花的风流缱绻之情。

（2）李清照的《庆清朝慢》

禁幄低张，雕栏巧护，就中独占残春。

容华淡伫，绰约俱见天真。

待得群花过后，一番风露晓妆新。

妖娆艳态，妒风笑月，长殢东君。

东城边，南陌上，正日烘池馆，竞走香轮。

绮筵散日，谁人可继芳尘？

更好明光宫殿，几枝先近日边匀，

金尊倒，拚了尽烛，不管黄昏。

此词是咏牡丹的。上阕写牡丹的绰约妖娆及人们对其格外珍惜爱护；下阕写人们日夜竞赏牡丹的盛况及人们兴高采烈的情致。咏牡丹，不露牡丹，不着一字尽得风流。

（3）徐积的《醉中咏牡丹》

此花未开时，美子藏深闺。

香心若无有，深浅何由知。

前日花忽开，美人放出深闺来。

春风尽日不相管，莺是郎兮蝶是媒。

谁将金钱掷西子，笑中不掩胭脂腮。

君王亲执紫我盏，太真又醉白瑶台。

此花万态不可说，莫教容易为尘埃。

我心虽然淡如水，为花一醉何辞哉。

该诗清新雅丽，其中，"香心若无有，深浅何由知"两句尤为巧妙而又立意独特，意思是牡丹花含苞待放的时候，像美人藏在院落深处闺房里。花蕊香气若有若无，怎能（顺着香气）找到花在哪呢。

五、中国结

人们常常讨论的结绳记事，实际上是"结"在人类发展史上曾有过的另一重要作用。据《易·系辞》载："上古结绳而治，后世圣人易之以书目契。"东汉郑玄在《周易注》中道："结绳为约，事大，大结其绳；事小，小结其绳。"可见在远古的华夏土地，"结"被先民们赋予了"契"和"约"的法律表意功能，同时还有记载历史事件的作用，"结"因此备受人们的尊重。

中国结源自石器时代的缝衣打结，周朝人随身的佩戴玉常以中国结为装饰，而战国时代的青铜器上也有中国结的图案，清朝时，中国结真正流传于民间。因为其外观对称精致，可以代表中华民族悠久的历史，符合中国传统装饰的习俗和审美观念，故命名为中国结。有双线、纽扣、琵琶、团锦、十字、吉祥、万字、盘长、藻井、双联、蝴蝶等结式（图10-5）。一个中国结从头到尾都是用一根或一股丝线编结而成，每一个基本结又根据其形、意命名。把不同的结饰结合在一起，或用其他具有吉祥图案的饰物搭配组合，就形成了造型独特、绚丽多彩、寓意深刻、内涵丰富的中国传统吉祥装饰物品。

（一）中国结的色彩特征

中国结不仅具有造型之美，而且具有色彩之美。传统的中国结色彩以五色（即青、赤、黄、白、黑）为主，其中红色的结最普遍。东方青色主木，西方白色主金，

藻井结

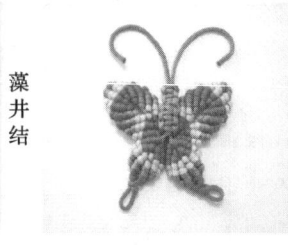
蝴蝶结

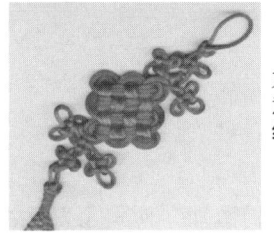
如意结

鱼结

图 10-5 常见中国结样式

南方赤色主火，北方黑色主水，中央黄主土。"五色"是中国民间艺术的色彩体系，它是在中国原始阴阳五行哲学的基础上逐渐形成的，因此它实际上是"五行观"的色彩体系。传统的五色蕴含着吉利祥瑞的意义，中国民间艺术都是以五色为基本色调的。因此在中国结艺中，色彩不单纯是一种视觉的、感性的知觉形式，它早已成为一种观念性的阐释，并和它的形态一起表达着它的象征意义。当今的中国结，色彩更加绚丽多姿。人们在保留传统色彩的基础上，运用了更多的色彩和色彩的组合搭配。对色彩的大胆突破，使现今的中国结风格更加丰富，它们或鲜艳夺目，或淡雅素静；或喜庆夸张，或含蓄深沉。也正是风格的多样化，使中国结艺达到了雅俗共赏的境界。

（二）中国结的各种花形及其象征意义

1. 藻井结

藻井结是中国结的基本结之一。"藻井结"的结形，因其中央的井字，周边对称的斜纹而得名，是一种典型的实物符号。中国宫殿式建筑，涂画文彩的天花板，谓之"藻井"，又称"绮井"，是一种装饰用的图案，在敦煌壁画中就有许多藻井图案，井然有序，光彩夺目，因此这一符号具有地域代表性。另外，由于其所指源于自然界，那么符号的所指意义也可以由此延伸为人与自然和谐共存的象征。

2. 蝴蝶结

蝴蝶结以宝结为主体，再以两边耳翼上各编一个双钱结当蝴蝶的翅膀而成。宝结，状似古钱元宝，寓意富贵；南方方言中"蝴"与"福"同音。蝴蝶结的所指为蝴蝶配上铜钱，即称"福在眼前富贵吉祥"，若编上五双蝴蝶可寓意五福临门。

3. 如意结

如意结是利用传说中的"灵芝"作为民俗表现体。如意，状似灵芝，传说灵芝为长生不老仙药，乃吉祥瑞草。在佛门中，僧侣在说法时，将要点抄录其上，备忘所常用者，称为如意，现今是菩萨像所持佛具之一。古时百官上奏时，备忘所用之笏也似如意形，同时作指挥及护身用。如意结即取此吉祥如意、平安如意、四季如意的寓意。中国结符号系统以红色为主，红色是火的颜色。在中国民俗文化中，火是"兴旺"、"发达"的隐喻，在民俗文化中更是一种表达热情与激情的吉祥符号。总之，中国结符号系统中所包含的丰富的民俗文化表现形式，都隐含着文化价值体系中特殊的所指意义，体现了中华民族博大精深的文化内涵。

4. 鱼结

鱼结是鱼的化身，在中国传统民俗中，已经由一种普通实物演变为一个具有象征意义的符号。"鱼"蕴涵着"喜庆丰收"、"年年有余"、"兴旺富足"的丰富所指意义，成为传递人们美好情感的一个指示符号。

第二节　趋吉辟邪的"法术"——风水

一、风水一词的来源

风水（Feng-shui 或 Geomancy）是一种相地之术，又称：形法、堪舆、青乌术、青乌术、青囊术、地理、卜宅、相宅、图宅等，亦是一种传统民俗文化，是中国古代天人合一、阴阳、五行学说及儒、道、佛诸家学说的综合运用。关于"风水"一词的出现时间，最早可追溯到远古伏羲时代，伏羲根据河图和洛书图研创的简易图（八卦图的前名），推理出地球有过一段是风与水的时期（图10-6）。

至于世俗流行的风水名称来源，一般公认语出晋人郭璞所著古本《葬经》，其经文载："夫阴阳之气，噫而为风，升而为云，降而为雨，行乎地中则为生气，气之盛虽流行，而其余者犹有止。虽零散而其深者，犹有聚。古人聚之使不散。行之使有止，故谓之风水。"

图10-6　伏羲八卦图

"风"就是元气和场能,"水"就是流动和变化。"看风水"就是人们对居住环境进行理性选择的行为规范,体现着一种哲学意义上的精神追求。作为一种古老的文化,它源于先民对自然的敬畏和对美好生活的向望,虽然由于历史条件的限制,其中不乏一些迷信的成分,但就整体而言,古代风水文化更多的是倡导人与自然的和谐相处。天、地、人合而为一是中国风水学里的最高原则。中国的古代科学家经仰观天文,俯察地理,近取诸身,远取诸物,又经上下五千年的实践、探索、研究、归纳和感悟,最后形成了著称于世界的神秘的东方科学——中国风水学。

现如今,在中国人的日常生活中,风水一词大致有两种解释。一种比较广义的涵义,泛指空间、山、水、树木、花草等自然环境。比如有人称赞某个地方风水真好,真是一块风水宝地等。另一种比较狭义上的涵义,专指阴宅(祖坟)和阳宅(住房),例如说做风水,谁家有好风水等。风水观是一种典型的中国文化观。它既存在着一些朴素的自然科学思想,也存在着大量的封建迷信糟粕。我们应该以客观的态度批判继承地看待中国传统风水思想。

二、风水中的龙脉之说

《阳二宅全书·龙说》云:"地脉之行止起伏曰龙。"龙脉指如龙般矫翔,飘忽隐显的地脉。地脉以山川走向为其标志,故风水家之龙脉,即是随山川行走的气脉。平地也有龙脉,其标志是微地形和水流。对龙脉好坏的看法,是审定山脉的长远,辨别山脉的大小兴衰如何。山脉绵远,发富亦绵远,山脉短促,发富亦短促。有关风水学研究者认为,中国龙脉的始祖源自昆仑山。昆仑山的左边(西北边)是天山山脉、祁连山山脉、阴山山脉。北边有阿尔泰山,伴它行的还有贺兰山、大小兴安岭、长白山,昆仑山的右边(西北、西南边)有唐古拉山、喜马拉雅山、横断山等山脉。昆仑山龙脉夹在上述南北山脉中间,不断向东施展辉煌灿烂的舞姿。龙的主脉落在陕西省的西安市(即古都长安),然后东出中原(河南),同时展开北向、南向、东向、西向分支,形成总体的昆仑山脉体系。

总之,风水龙脉大致反映了我国的山脉走向,是古代先哲对中华地理的朴素认识,是千百年经验的积累。成语"来龙去脉"亦源于此。

三、风水与环境美学

传统的风水理论蕴含着自然知识、人生哲理以及传统的美学、伦理观念等诸多方面的丰富内容,其中美学理论主要包括对称美、和谐美和象征美等方面。

(1)对称美 这在中国传统建筑的营建上大量应用。传统风水对周围环境的要求讲究"左青龙、右白虎",这一风水模式是美学对称均衡原则的极好体现。此外,风水学强调建筑平面的方正、形体的均衡对称、环境格局的完备无缺等,认为它们都是吉利的表现形态。最著名的例子就是明清的紫禁城,它是对称美格局的完美体现。

(2) 和谐美　《国语·楚语》里提到:"夫美者,上下、内外、大小、远近皆无害焉,故曰美。"风水学的和谐美主张人与自然、建筑与环境的和谐统一,也就是传统思想中从"顺其自然"到"造化自然"的过程。风水学认为建筑周围的自然环境应当给人以亲切,和谐之感。

(3) 象征美　风水象征美学,常用的手法有数的象征、形的象征、物的象征等。对于数的象征,风水学中突出"九"的尊贵,把九作为皇权的象征,如九五之尊。形的象征则体现在建筑的方位和布局上,如在我国,无论大江南北的建筑,大都坐北朝南、前低后高、中间平整虚空,体现了"负阴抱阳"的风水格局。而物的象征更多的体现在建筑的装修装饰上,各种吉祥图案、器具的装饰,体现了家庭地位、经济状况等的不同。

总体来看,风水与美学有着千丝万缕的联系,不管在理论还是实践方面,风水学都表现出很强的美学性质,显示出了中国传统文化的鲜明特色。而风水理论中的美学思想求"吉"胜于求"美",其美学观的至高境界为"天人合一",即"和谐"、"互动"。"和谐"反映了人类心理上对于"平和、宁静、安详"等氛围的天然偏爱;"互动"反映了人类对于自身发展的追求。"和而不同"的美学观与古人引为行为准则的《中庸》的论述也不谋而合。

四、风水与道家思想

道家思想与风水思想联系紧密,相互掺杂、相互渗透。道家认为,道是永恒的、本体的自然运作,是生成天地万物、宇宙秩序和人间万象的根本。天地万物的和谐秩序更是由道生养、和合、协调、制约所造成的。不仅万物自身都由阴阳之气中和而成,"万物负阴而抱阳,冲气以为和",它们也需要在这种阴阳的动态平衡中维持自身的和谐稳定。"大曰逝、逝曰远、远曰反。""大"、"逝"、"远"、"反"是循环演化的基本历程和主要状态。大是无处不逝去,逝是无处不远到,远是指返回源头。庄子则明确地把阴阳解释为两种最根本的自然之气,认为任何万物都由阴阳之气和合而生。风水文化中的"生气"思想源于道家的"气"说,认为世间万物都是阴阳二气相交、相感的结果,并将其发展成为风水学中的重要理论支柱之一。

此外,道家与风水思想一致,都是追求现实生活中的理想环境。道家崇尚自然,渴望返璞归真。《释名》中记载:"老而不死曰仙。仙,迁也,迁入山也",能够长生

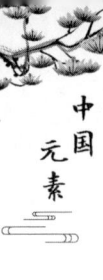

的人可以称为仙人,仙人则往往居于山间,山林是最好的成仙之所。风水中认为:"人之居处,宜以大地山河为主。"表现出了对自然的崇尚,但是风水中对自然的崇尚是立足于人间尘世,是关于生活环境的理念,是通过建立和谐的人与自然界的关系,以确保人的生理和心理的健康发展,它是立足于现实的,它所追求的理想环境往往是可以实现的。

第三节 游艺民俗

游艺民俗在民俗文化中占有重要的地位,是各种以消遣休闲、调剂身心为主要目的,而又有一定模式的民间娱乐活动的总称。它是人类在具备起码的物质生存条件基础上,为满足精神的需求而进行的文化创造,具有娱乐性与竞技性相融合、季节性与节日性相结合的特征,明显的祭祖与巫术色彩和浓郁的乡土特色。

从简单易行、随意性较强的游戏,到竞技精巧、有严格规则的竞技;从因时因地、自由灵便的戏耍,到配合各种特殊需要的综合表演,都属于游艺民俗的范围,主要包括:口头文学、民间音乐和舞蹈、民间戏曲与曲艺、民间杂艺、民间游戏等。

一、民间歌谣

民间歌谣即民间短篇诗歌,包括抒情性的民歌与民谣。歌、谣分称,最早见于《诗经·园有桃》:"心之忧矣,我歌且谣。"关于"歌"与"谣"的不同,主要有两种解释:"曲合乐曰歌,徒歌曰谣"(《毛诗故训传》);"有章曲曰歌,无章曲曰谣"(《韩诗章句》)。一般说来,"歌"因为配乐和受曲谱制约,歌词有与之相适应的句法章法结构,节奏一般比较徐缓。"谣"不配乐,没有固定曲调,取吟诵方式,章句格式比较自由,节奏一般比较紧促。古人对歌与谣,常统称为"歌谣",简称"民间歌谣"为"民歌"。民间歌谣以短小而抒情见长。我国民间歌谣内容丰富多彩,形式多种多样,各地民间歌谣风格鲜明突出,诸如四句头、五句字、十字调、信天游、爬山歌、花儿、鲁体和谐体以及各地流传的小调就颇具特色。

(一) 四句头

四句头是由整齐的五言或七言,四、六、八句组成一节或一首的民间歌谣形式,在我国南方最为流行,人们通常把它称为四句头,江浙一带又将它称为小山歌,如:

山歌不唱忧愁多,大路不走草成窝,

钢刀不磨生黄锈,胸膛不挺背要驼。

(二) 信天游

信天游又称顺天游，是流传于陕北、宁夏、甘肃等地的一种民间歌谣形式，产生于何时，已无从考证，据推测，可能与民间道情的曲调和民间小曲有关。信天游一般为两句为一节，每句字数不固定，其中常见的是七个字为基本句式。在韵律上一般是两句一韵，长歌可达数十段。有一百多种曲调。手法上多用叠音字和比兴，如《蓝花花》：

青线线那个蓝线线，蓝格英应的彩，

生下一个蓝花花，实实的爱死人。

总之，民间歌谣是民间日常生活与思想的记录和艺术再现，像地方史志一样记录俗众世界的大事件，也如道德教科书治礼俗、辩善恶以形成民间小传统，还像政治晴雨表一样反映民众的社会评价与人心背向，折射社会变迁，勾画出立体的底层民众生活的镜像，呈现新的历史景观。

二、民间杂艺

民间杂艺古代称为"百戏"、"把戏"，是流传于民间以杂耍性表演为主的娱乐活动，它包括民间艺人的杂手艺、动物表演及诸种斗戏。民间杂艺是以观赏为主的表演性娱乐活动。在民间拥有大量观众，它适应了社会中、下层民众的欣赏口味，观赏杂艺表演无疑是他们的一种休闲方式。从民俗史的角度考察，这些杂艺是古代最有生命力的一部分为人民所喜闻乐见的形式。它们往往始终保持着固有的朴素风格和传统的表演技法，成为民俗性格突出的娱乐活动。

(一) 口技

口技是杂技的一种艺术形式。它是用口的部位模仿社会生活和大自然中的声音，让观众聆听那和谐、美妙、动听的音符，从而起到愉悦心灵、健身快乐之目的。传说口技多以模仿飞禽、走兽、家禽、昆虫等动物的声音见长。我国春秋时期，就有了口技的雏形，成语的"鸡鸣狗盗"就是有关口技的成语的典故。其实自古至今，一有了语言，人们在口头交流中，为了使口头语言更加形象生动，常用的象声词，就蕴含着口才的技巧。诸如"咕咚一声"（掉到井里了），"噗嗤一声"（笑了）等，这些象声词增加了语言的形象性。至于以口技作为一种表演形式，宋代大科学家沈括的《梦溪笔谈》中，就有记载："世人以竹木乐骨之美为叫子，置入口中吹之，能做人言。"我国最早最有成就的口技是宋代的《百禽鸣叫》成为当时最有名的节目。宋元戏剧中的"犬吠""鸡叫"之类的舞台效果大多是口技者在台后发音的。宋代帝王台后的生日，百官商朝祝寿，往往先表演口技。口技是中国也是世界的宝贵文化艺术遗产之一。

（二）转碟

转碟又称"耍花盘"（图10-7），在中国已有两千多年的历史，是中国杂技的传统节目之一。表演时，最基本的形式是演员们用一根长约1米、粗如铅笔的竹竿顶在光滑脆硬的瓷盘底部，不停地摇动竹竿，依靠这种动作不断调整盘子的重心，保持平衡并使之晃动旋转，看上去似迎风而立的荷叶，又若飞舞的彩蝶，优美而抒情。

（三）舞狮子

舞狮子又称"狮子舞"、"狮灯"、"舞狮子"（图10-8），是中国优秀的传统民间艺术，至今已有一千五百多年的历史。民间每逢佳节或隆重庆典，都以舞狮来助兴，表演者在锣鼓音乐下，装扮成狮子的样子，做出狮子的各种形态动作。狮子在中国人心目中为瑞兽，象征着吉祥如意，从而在舞狮活动中寄托着民众消灾除害、求吉纳福的美好意愿。舞狮历史久远，《汉书·礼乐志》中记载的"象人"便是舞狮的前身；唐宋诗文中多有对舞狮的生动描写。如唐代段安节《乐府杂寻》中说："戏有五方狮子，高丈余，各衣五色，每一狮子，有十二人，戴红抹额，衣画衣，执红拂子，谓之狮子郎，舞太平乐曲。"诗人白居易《西凉伎》诗中对此有生动的描绘："西凉伎，西凉伎，假面胡人假狮子。刻木为头丝作尾，金镀眼睛银帖齿。奋迅毛衣摆双耳，如从流沙来万里。"诗中描述的就是当时舞狮的情景。

图10-7 转碟

图10-8 舞狮子

（四）皮影戏

皮影戏又称影戏、灯景戏，起源于滦州、乐亭，所以又名滦州戏、乐亭影，是用光照射兽皮或纸板做成的人物剪影等以表达故事的戏剧艺术。皮影戏也分生、旦、净、末、丑等角色，演出时也靠杖头操纵，一人演一影，腿根活动，能跌扑摔打；它的舞台演出调度，都和人演的戏剧相同。皮影戏在我国各地流行，因其影人所用材料和造型种类流布区域不同，而有不同称谓，都有独特的雕镂技艺和操纵方法，不同的表演形式和唱腔山调，流行于广大农村和中小城镇，极受群众欢迎。如山西纸窗影，陕西牛皮娃娃影、湖南影子戏、青海灯影戏、河南驴皮影、广东纸影戏、江浙羊皮影、福建抽皮猴、甘肃兰州影、黑龙江皮影戏、北京蒲团影、河北滦州影等。

(五) 舞流星

舞流星（图10-9）是中国杂技的传统节目，常见的有水流星、火流星两种。水流星是在一根彩绳的两端，各系一只玻璃碗，内盛色水。演员甩绳舞弄，晶莹的玻璃碗飞快地旋转飞舞，而碗中之水不洒点滴。火流星是在彩绳的两端各系一只铁丝络，里面装满燃着的木炭，舞动时，像两团火球上下跳动，互相追逐。唐代诗人杜甫在《剑器行》中有"来如雷霆收震怒，罢如江海凝青光"的诗句，是诗人回忆6岁时（公元717年），观看著名表演艺人公孙大娘舞流星的生动写照，形容流星舞动时的速度、声势和停顿之后的平静。舞流星是一种体现力与美、速度与技巧的杂技节目。20世纪60年代，艺术家们又创造了电池灯彩流星和流星盘，舞弄起来如节日之夜的焰火，礼花四溅，欢快热烈。舞流星的共同特点是：只有在急速的舞弄中方显美妙。

三、民间游戏

民间游戏是指流传于广大人民生活中的嬉戏娱乐活动，俗语称"玩耍"。游戏是游艺民俗中最常见的、最普遍的、最有趣味的娱乐活动。它是一种积极的参与性的娱乐，这里不需要观众，需要的是参与，注重情感的调适，身心的愉悦。人们只有全身心地投入，才能获得乐趣。

(一) 抖空竹

空竹是中国最流行的民间玩具之一，有单轮和双轮之。它的轴、轮和轮面用木制成，轮圈用竹制成，竹盒中空，有哨孔，旋转发声，中柱腰细，可缠绳抖动产生旋转。玩的人双手各拿两根两尺长的小竹棍，顶端都系一根长约五尺的棉线绳，绕线轴一圈或两圈，一手提一手送，不断抖动，加速旋转时，铃便发出鸣声，因此又被称"抖空钟"、"扯铃"（图10-10）。抖动时姿势多变，绳索翻花，表演时有串绕、抢高、对扔、过桥等动作，称作"鸡上架"、"仙人跳"、"满天飞"、"放捻转"等，也有用壶盖、酒瓶等器具代替空竹的。

图 10-9　舞流星　　　　　　　　　　　图 10-10　抖空竹

（二）投壶

投壶（图 10-11）是从先秦延续至清末的汉民族传统礼仪和宴饮游戏，是指将没有箭镞的箭矢投入壶中，以投入多者为胜，而输者则被罚酒的风雅游戏。投壶礼来源于射礼。由于庭院不够宽阔，不足以张侯置鹄；或者由于宾客众多，不足以备弓比耦；或者有的宾客的确不会射箭，故而以投壶代替弯弓，以乐嘉宾，以习礼仪。宋吕大临在《礼记传》中云："投壶，射之细也。燕饮有射以乐宾，以习容而讲艺也。"

（《明宣宗行乐图》中正在投壶的人）　投壶所用的壶和箭

图 10-11　投壶

投壶所用的箭是用不去皮的柘木制成，既没有羽，也没有镞，只将一头削尖。壶一般为酒器，也有专用的壶，壶中装有小豆，防止"矢之跃而出也"。投壶一般在厅堂中进行，投者与壶相距 20~30 米。宾主轮流投掷，每次各投 4 根箭，以投中多者为胜。投壶时还多有音乐伴奏。

（三）华容道

华容道是古老的中国民间智力游戏，以其变化多端、百玩不厌的特点与魔方、独立钻石棋（孔明棋）一起被国外智力专家并称为"智力游戏界的三个不可思议"。它与七巧板、九连环等中国传统益智玩具还有个代名词叫作"中国的难题"。据《资治通鉴》注释中说"从此道可至华容也"。游戏取自著名的三国故事，曹操在赤壁大战中被刘备和孙权的"苦肉计"、"铁索连舟"打败,被迫退逃到华容道,又遇上诸葛亮的伏兵,关羽为了报答曹操对他的恩情,明逼实让,终于帮助曹操逃出了华容道。游戏就是依照"曹瞒兵败走华容,正与关公狭路逢。只为当初恩义重,放开金锁走蛟龙"这一故事情节。

华容道(图10-12)是一种滑块游戏,通过移动各个棋子,帮助曹操从初始位置移到棋盘最下方中部,从出口逃走。不允许跨越棋子,还要设法用最少的步数把曹操移到出口。曹操逃出华容道的最大障碍是关羽,关羽立马华容道,一夫当关,万夫莫开。关羽与曹操当然是解开这一游戏的关键。四个刘备军兵是最灵活的,也最容易对付,如何发挥他们的作用也要充分考虑周全。"华容道"有一个带二十个小方格的棋盘,代表华容道。棋盘下方有一个两方格边长的出口,是供曹操逃走的。棋盘上共摆有十个大小不一样的棋子,它们分别代表曹操、张飞、赵云、马超、黄忠和关羽,还有四个卒。"华容道"有几十种布阵方法,如"横刀立马"、"近在咫尺"、"过五关"、"水泄不通"、"小燕出巢"等玩法。棋盘上仅有两个小方格空着,玩法就是通过这两个空格移动棋子,用最少的步数把曹操移出华容道。这个玩具引起过许多人的兴趣,大家都力图把移动的步数减到最少。

(四) 九连环

九连环(图10-13)是一种流传于山西民间的智力玩具。它用九个圆环相连成串,以解开为胜。据明代杨慎《丹铅总录》记载,曾以玉石为材料制成两个相互贯穿的圆环,"两环互相贯为一,得其关捩,解之为二,又合而为一"。后来,以铜或铁代替玉石,成为妇女儿童的玩具。它在中国差不多有两千年的历史,卓文君在给司马相如的信中有"九连环从中折断"的句子。清代,《红楼梦》中也有林黛玉巧解九连环的记载。周邦彦也留下关于九连环的名句"纵妙手、能解连环。"

图10-12 华容道

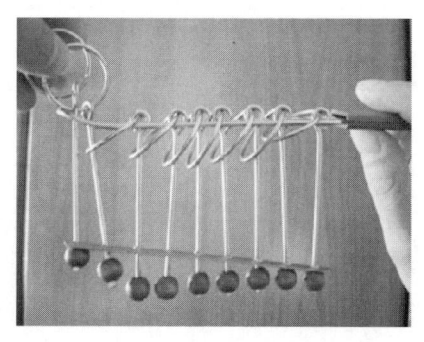

图10-13 九连环

九连环流行极广，形式多样，规格不一。其制作，用金属丝制成圆形小环九枚，九环相连，套在条形横板或各式框架上，其框柄有剑形、如意形、蝴蝶形、梅花形等，各环均以铜杆与之相接。玩时，依法使九环全部联贯于铜圈上，或经过穿套全部解下。其解法多样，可分可合，变化多端。得法者需经过81次上下才能将相连的九个环套入一柱，再用256次才能将九个环全部解下。同时，九连环也是按照一种顺序来解的。此外，也可套成花篮、绣球、宫灯等状。解九连环需要相当一段时间，这也可以训练人的耐心。不仅如此，九连环还可以根据需要自行增加环数提高难度，但环数增加将使解开步骤呈几何级数递增，且本质上并没有改变解环方法，因此通常所见仍是九环为主。

思考题

1. 二十四节气名称中"立"、"至"、"分"分别代表什么含义？
2. 请思考"结"在中国传统文化中的重要意义。
3. 十二生肖及其对应的十二地支名称是什么？
4. 什么是凤凰涅槃？
5. 请尝试示范九连环的解法。

第四篇 中国文学艺术

中国的文学主要包括诗词、散文、赋、小说、戏曲等多种样式；艺术主要包括书法、绘画艺术等。我国灿烂的古代文学艺术成就凝结了中国古代各族人民的智慧，是文学家与艺术家不断创新的结果，也是中国古代经济与政治在意识形态上的反映。它不仅丰富了我国各族人民的精神生活，创造了辉煌的中华文明，也为中国近现代文化的发展奠定了坚实的基础，同时也为世界文化的发展与人类文明的进步作出了重大的贡献。

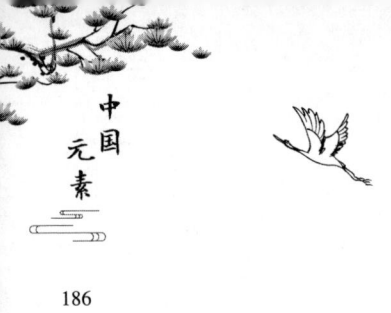

第十一章

中国文学

学习要点及目标
- 了解各个时期中国文学发展的特点、代表作家及其代表作品。
- 学习诗词、散文、辞赋等文学体裁的艺术特点,学习鉴赏优秀作品。
- 学习了解四大名著及其艺术特色。

第一节 中国文学概述

一、先秦文学

先秦文学是指从远古时代到秦统一(公元前221年)以前的文学现象,它经历了原始社会、奴隶社会、封建社会初步形成时期(春秋末战国时代)。它处于中国文学的发生期,是中国文学的源头。

(一)原始歌谣

我国早在两百万年以前已有人类活动,此后在漫长的原始时代,我们的祖先开发了黄河流域、长江流域、珠江流域等许多地方。他们通过劳动实践,促进了自身的进化,发展了思维,产生了语言,同时也创造了人类的精神文明。据考古发现,至迟在距今五六千年的仰韶文化和龙山文化时代,我国的美术、音乐等艺术已逐渐与生产分离而走向独立。与之密切相关的语言艺术——文学,也同时产生。原始社会的文学主要是歌谣和神话。诗歌是产生最早的文学样式,它是原始先民在劳动和祭祀等活动中创造出来的。先民在石器时代形成了自然神信仰,氏族社会形成了祖先神的观念。他们在祭祀、大战前后、大猎、大耕种、大收成之际,必有歌舞,而与之相伴的颂美、祈祷的韵语,便是原始歌谣的一种形态。同时,先民把自然力神化，并借助想象企图解释它、征服它、支配它，从而产生了神话。原始文学突出表现的是人与自然的矛盾，也有少数以社会矛盾为表现主题的，可能产生在原始社会后期。原始文学具有口头性、集体性，在流传中经过了后人的一些修改、删削和曲解。

（二）我国的第一部诗歌总集——《诗经》

奴隶社会形成于夏，崩溃于春秋末。夏代已有成形的文字，到了商时，文字日趋成熟，对文学产生了极大的影响。由各处出土的甲骨文、殷周青铜器铭文、《周易》卦爻辞及《尚书》，可以看出我国散文由句而章、由章而篇及先记事后说理的发展过程。诗歌是周代文学的主要成就。《诗经》是我国现存最早的诗歌总集，除《商颂》等少数作品可能是周前的作品外，其余都产生于西周初年至春秋中叶，广泛而深刻地反映了周代社会的历史和现实，内容丰富，感情真挚，风格淳朴，手法多样，语言优美，为我国诗歌优秀的现实主义传统奠定了坚实的基础。它标志着先秦诗歌从口头到书面、从民间到宫廷的完成，也反映了先秦诗歌从集体创作到个人创作的过渡。

（三）诸子散文

春秋末至战国，是封建社会的初步确立时期。此时，历史散文的创作很发达，或以年为序，或以国为别。这些史著不仅总结了国家成败之理，也对散文的发展做出了贡献。《春秋》还只是简略的大事记，到《左传》、《国语》则有了具体的情节、逼真的对话和人物的音容笑貌，到《战国策》则更多地以夸张的笔法、巧妙的情节，描写了人物的神态和个性。它们开创了真实性与形象性相结合的史笔传统，为后世散文、小说、戏剧的创作提供了重要的经验和丰富的题材。由于天子失权，诸侯争雄，士阶层兴起，私人讲学、著述之风大兴，此时涌现出了许多思想家和政治家，他们代表不同阶层和集团，主张各异，互相辩难，形成了诸子百家争鸣的局面。他们现存的主要著作有《论语》、《墨子》、《孟子》、《庄子》、《荀子》、《韩非子》、《吕氏春秋》等。这些著作把我国的论说文从简短的语录体推进到对话式的论辩，再进而为专题性的论文，并且很重视逻辑性和语言技巧，大量运用寓言和比喻、排比、夸张、映衬等修辞手法。荀况还采用隐语形式写成了《赋篇》，开了说理和咏物赋的先河。

（四）楚辞

散文而外，此期的诗歌主要是以屈原为代表的"楚辞"。它是南楚文化与中原文化相融合的产物，开创了与《诗经》的写实精神相辉映的富于浪漫气息的新诗派。它的出现，标志着先秦诗歌从集体创作到个人创作的完成。屈原之后，宋

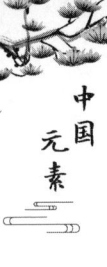

玉、唐勒、景差等学习屈原创作，把楚辞演化成了脱离音乐"不歌而颂"的文学体裁——赋。

丰富多彩的先秦文学是我国文学的基石，它不仅开启了诗歌、散文、赋等多种文学样式，而且是我国现实主义和浪漫主义文学发展的良好开端。

二、秦汉文学

（一）秦代文学

秦汉文学指的是秦统一中国（公元前221年）到东汉末汉献帝建安元年（公元196年）的文学。这是中国文学的形成时期，也是中国文学初步开始自觉的时期。

秦代虽然统一中国、推行郡县制、统一法律、统一文字、统一度量衡，对历史的发展起到了很大的积极作用，但因其国祚甚短（仅15年），加之以法家思想治国，以吏为师，焚书坑儒，实行严酷的文化专制和愚民政策，因而在文化文学上成就甚微。传世的作品仅有极少数的诏令奏疏法律文书及刻石文等，尽管也有各自的风格特点，但总体上内容狭窄，无甚文采，较有成就的作家不过李斯一人，留有作品《谏逐客书》。

（二）汉代文学

1. 发展背景

汉代是中国的封建盛世。汉初统治者以黄老思想治国，思想活跃，文化呈多元综合形态，文人出世之情高涨。武帝时汉帝国出现了空前繁荣景象。政治上，加强中央集权。思想上，罢黜百家，独尊儒术，以外儒内法为实际统治思想。文化上，广开献书之路；制礼作乐，扩大乐府机关，搜集民歌；提倡辞赋，广揽文士。文士激情荡漾，视野开阔，心括宇宙。昭、宣之世，史称"中兴"，然终趋衰败。成帝、哀帝，荒淫昏庸。王莽托古改制，欲挽倾颓，但已无济于事。此时古文学派兴起，文学上亦呈现出一股复古之风。东汉初建，刘秀重建封建集权思想，大力提倡谶纬，文化学术深受其影响。东汉中后期，外戚、宦官交替专权，党祸大兴，豪强兼并，政治黑暗，文士的政治生命受到严重威胁。同时，清议风气形成，儒家思想衰微，老庄思想抬头，文士在矛盾痛苦的思想挣扎中，转向注重表现个人的生活和情志，抒情文学得以复苏。

汉代文学正是在上述背景下发展起来的。

2. 主要文学样式

从文体看，汉代文学主要有赋、散文和诗歌。赋是汉代最盛行的文体，分骚赋、大赋和小赋。汉初以骚赋创作为主，武帝到东汉中期为大赋的鼎盛期，东汉中期以后，小赋勃兴。汉赋以大赋最为代表，其创作模式和手法，对后世文学产生过较大影响。汉代散文主要有论说散文和史传散文。前者是由先秦诸子发展来的，以汉初最发达，以后各期也各有发展，但总体上成就不及汉初。后者主要是在先秦历史散文基础上发展来的，出现了《史记》、《汉书》这样的巨著，尤其是《史记》，开创了史传文学的先河，其叙事写人，被鲁迅先生称为"史家之绝唱，无韵之《离骚》"（《汉文学史纲要》），在史学和文学史上都有崇高的地位。汉诗包括乐府民歌和文人诗，乐府民歌成就较高，它继承了《诗经》的现实主义传统，以叙事为主，多用比兴铺陈，善于用人物的语言和行动表现人物性格，朴素自然，对当时和后世诗歌创作均有深远影响。文人诗以文人五言诗成就最高，它是在民间五言歌谣基础上发展起来的，东汉才有完整的作品，《古诗十九首》是其成熟的标志。

三、魏晋南北朝文学

（一）发展背景

文学史上所说的魏晋南北朝时期，是指从东汉建安年代到隋统一这一历史阶段。这时期，士族对政治权力的垄断，造成"上品无寒门，下品无势族"的现象，也引起了庶族对士族统治的强烈不满。魏晋南北朝的经济文化发展在中国历史上，也具有重大的意义。中国经济的重心，从黄河流域逐渐转移到长江流域。各民族逐渐由征战走向融合，少数民族的文化极大地丰富了汉族的文化。

魏晋南北朝又是继战国"百家争鸣"以后，我国历史上又一个思想解放的时代。各种学说同时并兴，某些异端思想也得以流行，带来了社会思想和学术文化的相对自由及多元化。玄学的兴起，佛教的兴盛，道教的风行，使汉代定于一尊的儒学相对衰微，尽管这些思潮不可避免有明显的局限性，但是在历史行程中，无疑是重要的进步，有力地促进了魏晋南北朝时期文学艺术的发展。音乐、舞蹈、绘画、雕塑、书法乃至园林建筑尤其是诗歌，在这一时期都发生了重大的变化。

（二）文学的繁荣

随着社会思想的变化，文学日益改变了它作为宣扬儒家政教工具的性质，而越来越多地被用来表现作家个人的思想感情和审美追求。由此成为中国文学史上一个重要的转折，带来了文学的繁荣。

1. 文学集团的出现

这一时期社会的上层人士普遍热心于文学创作，并影响到整个社会。文学作品的日见丰富，使得文学逐渐与其他学术相区别，成为一种独立的学科。这一时期文学繁

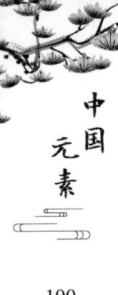

荣的标志是文学集团的空前活跃,先后出现了以曹氏父子为中心的"邺下集团",以阮籍、嵇康为代表的"竹林七贤",包括陆机、左思在内的"二十四友",包括沈约、谢朓在内的"竟陵八友"等。这些文学集团的出现促进了文学的兴盛,造成一些新的文学现象的产生,促进了文学风格的多样化。

2. 诗歌题材的丰富

魏晋南北朝社会的变迁,学术思潮以及文学观念的变化,文学的审美追求,带来了诗歌的变化。题材方面,出现了咏怀诗、咏史诗、游仙诗、玄言诗、宫体诗,以及陶渊明创造的田园诗,谢灵运开创的山水诗等;诗体方面,五古更加丰富多彩,七古也有明显进步,还出现了作为律诗开端的"永明体",中国古代诗歌的几种基本形式如五律、五绝、七律、七绝等,在这一时期都有了雏形;辞藻方面,追求华美的风气愈来愈甚。藻饰、骈偶、声律、用典,成为普遍使用的手段。

3. 辞赋散文的发展

这一时期的文学除文人诗外,还有南北朝乐府民歌、辞赋、小说、文论等。魏晋南北朝也是散文的重要发展阶段。儒学丧失独尊的地位,渐次衰微,玄学及佛教、道教从兴起走向兴盛,都对人们的思想和文学观念产生了较大的影响。文学创作不仅逐渐摆脱大量引经据典的陋习,重视作家情感的自由抒发,而且在作品的表现形式上有多方面的探索。这一时期的文学主要包括辞赋、骈文与散文三种形式。散文较之两汉散文,有着明显的变化,一变板滞凝重的面目而为清峻、通脱;辞赋创作也呈现出新的格局,抒情小赋的出现,是这一变化的重要标志;受讲究对偶、声律和藻饰的风气的影响,骈文出现并走向成熟。

四、隋唐文学

(一)隋代文学

公元581年,杨坚篡北周建立隋朝,589年灭陈,从此结束了南北长期分裂的局面,实现了全国统一。隋文帝为加强中央集权,在政治、经济、文化等方面采取了一系列措施,但由于篡位的隋炀帝的奢侈无度,倒行逆施,致使隋开国不过三十年时间,便被李渊灭亡。公元618年唐朝建立,在隋统一基础上建立起来的大唐帝国,强大昌盛,欣欣向荣,政治、经济和文化全面高涨。

为了扩大统治基础,唐朝实行科举取士,给唐代文化发展带来一系列深刻的变化。首先,从六朝门阀势力下解放出来的一批庶族寒士登上了历史舞台,成为政治生活中最活跃的新生力量。他们带着一往无前的蓬勃朝气,怀抱匡时济世的宏伟志向,歌唱社会人生,歌唱时代理想,使文学风貌发生了明显的变化。其次,"以诗赋取士",有力地刺激了地主阶级的文化教育,使整个社会的文化得到普及;第三,科举制度造成的漫游之风,开阔了文人的视野,文人大量集中于京城,以文会友,切磋琢磨,也有利于文学修养和文学技巧的提高。

(二) 唐代文学

1. 发展背景

唐代儒、释、道三教并重与合流,使文人的思想大为活跃,深刻影响了他们的创作思想、创作方法和审美情趣。此外,中外文化艺术的交流和融合,对外来文化精华的广泛吸收,各种艺术门类的互相渗透,促进了音乐、舞蹈、绘画、书法、建筑、雕塑等艺术门类的发展。浓厚的文化艺术氛围,大大提高了唐代文人的文学修养。唐代文人既善于继承,又勇于创新。不仅造成了文学彬彬之盛的局面,而且使三百年间不同时期的文学面貌各异、丰富多彩。

2. 辉煌的诗歌

尤其是源远流长的诗歌发展到唐代,更犹如百川归海,形成前所未有的波澜壮阔。作诗不再是少数贵族的专利,而成为上自帝王后妃、下至村夫牧童各阶层人士无所不欲的事业;诗歌的题材也从狭小的宫廷、台阁解放出来,走向江山、塞漠和市井,走向广阔的社会人生。生活中的一切人和事物,无不可以入诗,人们的喜怒哀乐种种情感,无不可以化为新鲜活泼的诗歌语言;名家辈出,佳作如林,各种风格流派百花齐放,争奇斗胜。不论是内容的开拓还是艺术的创造,唐诗都以辉煌的成就超过历史上任何一个时代。

3. 其他文学样式

唐代不仅诗歌达到我国古典诗歌史上的高峰,古文运动也带来了继先秦两汉之后的又一散文创作高潮。唐代还产生了诗歌与音乐结合的新的诗体——词,出现了脱胎于六朝志怪的真正成型的文言小说,成为我国古代小说发展史中的里程碑。仅见于唐代的变文,是我国说唱文学的源头。

五、宋代文学

宋代(960—1279年)是中国历史上颇具特色的时代,其特色不仅表现在政治、军事、经济、文化等方面,文学创作也是如此。

(一) 发展背景

与唐代相比,宋代的疆域要狭小得多。尽管它是以一个统一的封建王朝面貌出现的,但是,北方的辽、夏以及后来的金、元始终没有被纳入宋朝的疆域之内。不仅如此,辽、夏、金、元始终像挥之不去的梦魇,压迫和威胁着宋朝的生存。由于军事实力不足,宋朝人在外交上也表现得特别软弱。宋朝政治上有两个突出的特点:一是权力的高度集中,二是以文官治国。宋朝统治者不仅削弱了地方的权力,也削弱和分散了宰相的权力,使各种主要权力集中到皇帝一个人手中。皇帝在集中控制政治权力的同时,当然更不会放过对军权的控制。为了达到这一目的,除了在体制上加以改革,以利于皇帝控制之外,在对军队的管理上,采取重用文官治军的办法,以防武将分权或暴乱。在这样的政治体制之下,文官的地位得到了空前的加强,客观上为文学的发展提供了温床;但同时又带来了不可避免的负面影响,那就是军事上的软弱,以致战事来临时,多是欲战不敢,每战必败。

(二) 宋代文学的主要样式及其特点

宋代的文学就是在这种特殊的背景下发展起来的,它是继唐代之后我国文学史上又一个文学创作的繁荣时期。从形式上说,宋代文学主要有词、诗歌、散文、小说等,这些文学具有三个突出的特点:娱乐性、学者化和爱国主义。宋代文学将文学的娱乐功能发挥得淋漓尽致,文学创作的目的不再主要是为了教化,而是为了娱乐,在客观上淡化了文学的政治色彩,这在词、诗、小说中表现得尤其明显。与前代的文学相比,宋代文学的学者化色彩也表现得非常突出,主要表现为大量用典,强调学问修养,并且在诗中大量发议论说理等。与宋代军事上的软弱、国家始终处于外族威胁之下的形势相联系,宋代文学表现出强烈的爱国主义倾向,它的光辉足以光照千秋,以致我们在谈到中国古代文学的爱国主义时,会不由自主地想到陆游、辛弃疾、文天祥这些著名的诗人、词人。

六、元代文学

(一) 元代文学发展的社会背景

在元代,戏剧、散曲、话本等俗文学空前兴盛,而诗歌、散文则相对衰落。这一文学现象有着深刻的社会历史原因。元朝大统一局面的出现,改变了我国北宋以来长期积弱不振的局面,促进了我国各兄弟民族的融合和经济文化的交流。

(1) 政治方面　元朝统治者实行民族压迫和民族分化,全国各族人分为蒙古人、色目人、汉人、南人四个等级。汉族人处于低贱的地位,处处受到歧视和压迫。汉族文人儒士同样遭受歧视压迫,有的甚至沦为奴隶,处于"九儒十丐"的卑贱地位。元代又长期废止科举,堵塞了文人进身之路。其中一部分文人被迫走上了与民间艺人结合的道路,组成"书会",为勾栏行院编写演唱脚本,成为元杂剧创作的主力军。

(2) 社会经济方面　元朝是中国历史上疆域最广阔、国力最强盛的王朝之一。元代出现了许多商贾云集、人口高度集中的大都市。畸形的都市繁荣,市民阶层的扩大,有力地刺激了通俗文学的发展，为戏剧繁荣准备了物质条件。

（3）思想文化方面　元朝统治者为麻痹人民，巩固统治，提倡各种宗教，尤尊佛道。儒理之学虽也提倡，但其影响已大不如前。过去被轻视的戏剧、散曲、小说等俗文学，受到广大市民的喜爱。元蒙贵族不好文词，却嗜好戏曲乐舞，高官显宦和上层文人也都乐于欣赏和提倡。这是元代各种通俗文学蓬勃兴盛而诗文却相对衰落的又一重要原因。

（二）元代文学发展概貌

元代文学的主要成就是元曲，包括杂剧和散曲。其次，南戏和话本小说也有新的发展。而诗文创作由于种种原因成就不高，呈现衰落状态。

（1）元杂剧是一种新的戏曲形式，它是在北曲的基础上把唱、念、歌舞结合起来表演故事的一种综合性的舞台艺术，标志着元代文学的最高成就。元杂剧的发展，以成宗大德年间为界，分为前后两个时期。前期的中心在大都，产生了关汉卿、王实甫、白朴、马致远等杰出的作家，是元杂剧的鼎盛时期。后期的中心南移杭州，杂剧创作渐呈衰微趋势，但仍然出现了一些优秀作家和作品。

（2）散曲是金元时期我国北方兴起的一种合乐歌唱的诗歌新体式。它主要来源于民间小曲和北方少数民族乐曲。形式自由活泼，语言通俗明快，风格爽朗。散曲作家成分复杂，内容有良有莠，风格各异。不少作品揭露社会黑暗，抨击丑恶现实，但许多作品也宣扬乐天安命、避世归隐、及时行乐等消极的思想情绪。前期散曲注重本色，风格质朴；后期散曲偏重词藻音律，风格趋于典雅。

（3）南戏是南曲戏文的简称。它是北宋末南宋初产生于浙江温州一带用南曲演唱的一种民间戏曲。它的规模结构比北杂剧更宏大复杂，形式比较自由，曲调柔婉悠扬。现存南戏剧本，成就最高的是高明的《琵琶记》，较著名的还有被称为元末"四大传奇"的《荆钗记》、《白兔记》、《拜月亭》和《杀狗记》。

（4）宋元"说话"伎艺盛行，元代话本小说虽然不少，但因资料缺乏，哪些属元人作品尚难确指，故一般统称"宋元话本"。

（5）元代诗文创作成就不高。诗文作家多为从政文人，脱离现实，题材狭窄，多模仿前人，缺乏创新。较著名的有刘因、赵孟頫、王冕、杨维桢等。

七、明代文学

明代文学大致可划分为三个时期，即前期、中期和后期。

（一）前期

前期从明初到成化年间，约一百年。这一时期的文学成就不高，诗歌方面的代表

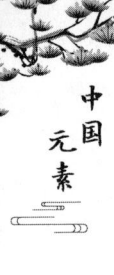

人物主要有高启、宋濂和刘基等人,这些人经历了元末战乱,作品较有现实内容;其后出现了歌功颂德的"台阁体",以杨士奇、杨荣、杨溥为代表。在小说方面出现了罗贯中的《三国演义》与施耐庵的《水浒传》。文言短篇小说的创作则以瞿佑的《剪灯新话》与李昌祺的《剪灯余话》为代表,主要上承唐人传奇笔法而少创变。戏曲的创作则落入低潮,仅有邱濬、邵璨等人可以一提,然其皆以剧载道,殊无艺术感染力。

(二) 中期

中期从成化末年至隆庆年间,约一百年。这一时期,先是在苏州一带出现了以唐寅、祝允明为首的"吴中四才子",同时在京城出现了以李梦阳、何景明为首的"前七子"。他们都提出了复古的口号,比如"前七子"提出"文必秦汉,诗必盛唐"的主张,给予台阁体文风以沉重打击。此后又出现了以唐顺之为首的"唐宋派"(著名散文家归有光即被划入此派)和以王世贞、李攀龙为首的"后七子",均带有复古倾向。这一时期戏剧的创作开始走出低谷,出现了徐渭的《四声猿》以及梁辰渔的《浣纱记》,后者专为当时经魏良辅改良的昆腔而创作。著名的长篇小说《水浒传》在这一时期开始流行,神魔小说《西游记》亦于此时问世。

(三) 后期

后期从万历年间至明亡,约七十余年。这一时期,戏曲创作进入丰收期,汤显祖陆续完成其包括《牡丹亭》在内的"临川四梦"四部剧作。与此同时,也出现了沈璟、王骥德等对戏剧进行理论探索的文人。小说创作在此时也进入高潮,长篇人情小说《金瓶梅词话》、《醒世姻缘传》及神魔小说《封神榜》等先后问世。在白话短篇小说方面,则有冯梦龙的"三言"与凌濛初的"二拍"等相继刊刻流行。诗歌方面则主要出现了以"三袁"兄弟为首的"公安派"和以钟惺、谭元春为代表的"竟陵派",提倡一种"独抒性灵"或"深幽冷峭"的风格。晚明时期又出现了一种抒写情性的短小散文——小品文,其代表作家有"三袁"和张岱等人。

明代小说分为历史小说、英雄传奇、神魔小说、世情小说、话本小说、公案小说等。此时期小说的特点有:创作意图的求同性和构思的严整性;情节的单向性和人物性格的类型化;描写的直观性和艺术上的综合性;形式的稳定性和内容的针对性。

八、清代文学

(一) 发展背景

清代文学作为古代文学的最后一个段落,它的发展既与前代文学有着千丝万缕的联系,又与时代演进密不可分。这使得清代文学更具包容性,也更富于变化。

（二）发展情况

与前代文学相比，清代文学与社会政治的关系有着非常密切的联系，明清易代之际，抗清志士、遗民诗人以及钱谦益、吴伟业等对鼎革或激烈、或隐曲地反映将古代文学与政治色彩大大强化了。而自明末发端的时事文学也突出了小说、戏曲在表现现实重大政治题材方面的真实性、时效性。近代文学更与政治变革息息相关。

清代文化从不同方面表现出对古代文化集大成的发展趋势，这一点在文学领域也得到了充分的反映。第一，文学观念更趋自觉、成熟和包容性；第二，各体文学在清代都有所发展；第三，在一些领域，如小说方面，出现了能全面体现古代文学丰富内涵和艺术成就的优秀作品。

清代文学上承晚明文学，继续向近代化方向发展，为中国文学的转型奠定了基础。近代化的表现是一个过程，首先在一些作品中反映了与传统观念相悖的新的思想意识；其次，在文体方面，也有所革新，特别是到了晚清，社会变革的要求与新的传媒，使各体文学革命成为一种时代要求。

清代小说有拟古派、讽刺派、世情小说、英雄传奇和才学小说。

九、现代文学

现代文学是在中国社会内部发生历史性变化的条件下，广泛接受外国文学影响而形成的新的文学。它不仅用现代语言表现现代科学民主思想，而且在艺术形式与表现手法上都对传统文学进行了革新，建立了话剧、新诗、现代小说、杂文、散文诗、报告文学等新的文学体裁，在叙述角度、抒情方式、描写手段及结构组成上，都有新的创造，具有现代化的特点，从而与世界文学潮流相一致，成为真正现代意义上的文学。

此时期可以分为以下几个阶段。

（1）发生期（1917—1920年）　文学革命标志着现代文学的诞生。这时主要是在批判旧文学的同时开始新文学的创造。

（2）发展第一期（1921—1927年）　文学研究会、创造社的成立、《沉沦》、《女神》、《阿Q正传》的出版和发表，是新文学进入发展期的标志。这个时期的特点为百花齐放。

（3）发展第二期（1928—1937年）　"四一二事变"后百花齐放的局面结束，新一个时期也就开始了。特点为左右分裂，大型作品走向成熟。

（4）发展第三期（1937—1949年）　"七七事变"后，分裂局面结束，代之以统一的抗战文艺运动。主要特点是因政治而划分为不同地区，不同地区又形成前后两个不同阶段。

十、当代文学

（一）第一阶段：1949—1978 年

1949 年 7 月，中华全国文学艺术工作者代表大会（简称"第一次文代会"）召开。文学观念由军事轨道转入政治轨道，两军对阵的思维模式具体地表现为片面强调阶级斗争的教条模式。从文学创作来看，当时的大多数作家在军事胜利的鼓舞下，确实有投合战争文化心理的积极性，但当代文学史发展中仍有一条"五四"新文学的传统若隐若现存在着，支配着知识分子对社会责任和文学理想的追求。

1966—1976 年的文化大革命，使文学遭受了空前的劫难。

（二）第二阶段：1978—1989 年

当代文学的真正"复苏"，是从 1978 年 8 月开始的"伤痕文学"为标志的。

这时期的文学队伍主要由两代作家构成，一代是在 20 世纪 50 年代成长起来的作家，他们的创作里充满了对现实政治生活的干预精神和对人性的赞美，可以说是"五四"传统的精神主题在当代的再现。

还有一代是在"文革"中成长起来的作家，他们从农村经验中汲取创作素材，由最初的知青题材到稍后的寻根文学，反映出新的民间代的创作趋向。

此时期，关于"文学立体性"、"小说形式探索"、"现代主义技巧"等问题的讨论，以及创作中对西方现代主义思潮的借鉴，大大地开拓了表现现代人的感情意识的艺术空间。这对 20 世纪 90 年代文学创作中的叙事话语的改变和个人立场的出现都有着一定的影响。

（三）第三阶段：20 世纪 90 年代

这个时期，知识分子"共名"状态下持有的一元化的政治社会理想被淡化，多元文化格局在不自觉中逐渐形成。

在文学创作上则体现为作家放弃了宏大历史叙事，转向个人化的叙事立场，特别是由此走向了对于民间立场的重新发现与主动认同。

第二节　古典诗词

诗词在中国源远流长，绵延数千年，其光辉灿烂的成就是中国传统文化的一个重要组成部分，是中华艺苑中的一朵奇葩。

一、中国古代诗歌

（一）《诗经》

《诗经》是我国第一部诗歌总集，原本称为《诗》或《诗三百》，汉代以后才尊为《经》。它记录了从西周初年到春秋中叶（公元前11世纪—前6世纪中）越五百余年间的诗歌共305篇。包括《国风》（分为十五国风）160篇、《小雅》74篇、《大雅》31篇、《颂》（分为周颂、鲁颂、商颂）40篇，都可以配乐演唱。《诗经》的篇章大都具有鲜明的时代感和人民性，善用赋、比、兴的表现手法，句式以四言为主，多用重章叠句，为后世文学创作奠定了深厚的人文基础和艺术底蕴。

（二）楚辞

"楚辞"是战国后期楚国大夫屈原开创的一种新诗体。楚辞句式长短参差，以六言、七言为主，多用"兮"字。屈原运用这种形式创作了《离骚》、《九歌》、《九章》等不朽诗篇，成为我国文学史上第一位伟大诗人。其代表作《离骚》，是我国古代文学史上最为宏伟瑰丽的长篇抒情诗。宋玉、唐勒、景差等是继屈原之后出现的楚辞作家。楚辞的出现，标志着中国诗歌从民间集体歌唱发展到诗人独立创作的更高阶段。《诗经》和楚辞，是后世诗歌发展的两大源头，在文学史上并称"风骚"，共同开创了我国古代诗歌现实主义和浪漫主义并驾齐驱、融会发展的优秀传统。

（三）汉代诗歌

汉代前期，文人诗坛相对寂寥，民间乐府颇为活跃。"乐府"本是古时掌管音乐的行政机关，后将乐府所收集与编辑的可以配乐演唱的歌辞也称为"乐府"，于是，"乐府"又成为诗体的名称。汉乐府民歌是汉乐府的精华。汉乐府民歌继承《诗经》民歌"饥者歌其食，劳者歌其事"的现实主义传统，多"感于哀乐，缘事而发"，通俗易懂，长于叙事，富有生活气息，句式以杂言和五言为主，杂言长短不拘，表现灵活；五言音节单双配合，节奏、韵律富于变化，增加了表现的容量，体现了诗歌艺术的新发展。《陌上桑》与《孔雀东南飞》是汉乐府民歌中最优秀的作品，也是叙事诗的代表作。《孔雀东南飞》是我国诗歌史上第一篇思想性和艺术性高度统一的长篇叙事诗，共353句，1765字，被称为"长诗之圣"、"古今第一首长诗"。在汉乐府的影响下，文人五言诗逐渐发展成熟，其标志是东汉末年出现的《古诗十九首》。这是一组由寒门文人创作的抒情短诗，情调感伤，言短情长，委婉含蓄，质朴精练，艺术表现更加圆熟，代表着汉代五言诗的最高成就，被誉为"一字千金"、"实五言之冠冕"。

(四) 魏晋南北朝诗歌

1. 三曹七子

汉末魏晋时期，文学进入自觉时代。建安时代，汉末的动乱现实一方面给建功立业提供了可能，激发起士人们积极进取的强烈愿望，一方面又是人命危浅朝不虑夕，给士人们带来岁月不居人生无常的深沉叹息。文人的诗歌呈现了"五言腾踊"的大发展局面，"三曹"父子和王粲等"建安七子"组成邺下文人集团。他们的诗作大多反映社会动乱和人民疾苦，抒写理想壮志的现实内容，具有雄健深沉、慷慨悲凉的艺术特色，此即后世称道的"建安风骨"。建安诗歌以曹植和王粲的成就最为杰出。魏晋之交，作为正始时期代表诗人群体的"竹林七贤"，以阮籍、嵇康名声最著，成就最高。和建安诗人感性地抒发人生苦短不同，阮籍用深刻的哲理思索观照人生，把人生的悲哀挖掘得更全面更深入。他的82首《咏怀诗》是我国第一部规模较大、内容丰富的个人抒情五言组诗。嵇康则脱开《诗经》，在四言诗中另辟蹊径，其清远之意境，隽秀之语言，别具一格。

2. 两晋诗歌

西晋太康年间，诗风"缛旨星稠，繁文绮合"。诗坛上活跃着"三张二陆两潘一左"。其中陆机、张协、潘岳等人的作品追求华丽词藻，开中国诗歌雕琢堆砌的流风；左思则独树一帜，继承建安文学传统，抒写建功立业、功成身退的阔大胸怀，其《咏史》8首借咏史来抒怀，情调高亢，笔力矫健，被誉为"文典以怨"、"左思风力"。至东晋，玄言诗泛滥。东晋末年陶渊明把田园生活的题材带进了诗歌，开拓了一个诗歌全新的表现领域，使诗坛骤添异彩。陶诗韵味醇厚，风格自然冲淡，对唐代山水田园诗派产生了直接的影响。

3. 南北朝诗歌

南北朝时期，南方诗人中，谢灵运尽全力精细刻画山水景物，他的诗追求对偶工整，刻意雕琢，开创了山水诗派，实现了玄言诗向山水诗的转变。与他同时代的鲍照则继承和发扬汉乐府反映现实的优良传统，或描写边塞战争，或抒写怀才不遇的内心愤懑，或批判门阀制度的不合理，具有深广的社会内容。其笔力雄健，具有独特风格，为唐代七言歌行的发展铺平了道路。由南入北的庾信却是集南北文学之大成的作家。其代表作《咏怀》诗二十七首内容充实，情意真挚，风格苍凉沉郁，他的五言新体在声律上已暗合唐代的五言律诗和五言绝句，加上他的诗对仗工整，用典繁而精妙，因而对唐人的影响最为直接。南北朝时期又是乐府民歌发达的时期。南朝民歌几乎全是情歌，体制短小，多用双关隐语，语言清新自然，情调宛转缠绵，代表作是《西洲曲》。而北朝民歌则较南朝民歌在题材上更为广泛，语言质朴，风格直率豪放，代表作是《木兰诗》。

(五) 唐代诗歌

1. 初唐诗歌

我国古典诗歌发展到唐代，诗体完备，流派各异，名家辈出，进入了辉煌灿烂的全盛时期。号称"四杰"的王、杨、卢、骆，位卑而才高，把诗歌从宫廷移到了市井，从台阁移到了江山塞漠，虽未脱尽南朝绮丽的词采，但气象已截然不同。其后，陈子昂又标举"风雅兴寄"、"汉魏风骨"，在诗歌理论和创作实践上表现了鲜明的革新精神，为唐诗的发展铺平了道路。盛唐时期，诗歌的发展达到了繁荣的顶峰。不论是五古、七古、乐府、歌行，还是五、七言近体诗，都呈现出特异的光彩。

2. 盛唐诗歌

盛唐时期首先出现两大诗歌流派：一是以王维、孟浩然等为代表的山水田园诗派。王诗擅长描摹幽静空灵的景色，着笔成绘而时寓禅意；孟诗注重总体印象和情绪的把握，风格冲淡而富于韵味。二是以高适、岑参、王昌龄等为代表的边塞诗派，高、岑均擅长七言歌行，他们多写边塞风光和军旅生活，或慷慨悲壮，或雄奇瑰丽，气骨遒劲，奇瑰峭拔。

李白、杜甫被称为我国诗歌史上雄视古今的"双子星座"。李白的诗歌，继承并发展了前代浪漫主义创作的成就，歌颂祖国大好河山，表现理想与现实的矛盾，感情奔放炽烈，风格豪放飘逸。他以鲜明强烈的爱憎感情、豪迈不羁的性格、神奇莫测的想象、惊世骇俗的笔墨，抒写理想与现实的矛盾，伴随着对政治黑暗以及整个社会秩序的猛烈抨击。其歌行打破了初唐整齐骈偶的拘束，淋漓尽致，清雄奔放。其五、七言绝句则深远醇美，体现了"清水出芙蓉，天然去雕饰"的审美理想。"诗圣"杜甫继承和发扬了传统的现实主义精神，他的诗广阔而深刻地描绘了安史之乱前后的时代风貌，反映了唐王朝由盛转衰的时代风貌，抒发了诗人"穷年忧黎元，叹息肠内热"、"济时敢爱死，寂寞壮心惊"的情怀，感情内在深沉，风格沉郁顿挫，杜甫也因此被誉为"诗史"。

3. 中唐诗歌

安史之乱后，进入中唐时期，经过短期的过渡，唐诗呈现第二次繁荣。以白居易、元稹为代表，继承杜甫的传统，进一步强调诗歌的"美刺"作用，主张"文章合为时而著，歌诗合为事而作"，努力创造一种"质而径"、"顺而肆"的诗风，倡导新乐府运动。与元白诗派追求平易通俗不同，以韩愈、孟郊为代表的韩孟诗派尚古拙、好奇险，标榜"陈言务去"、"词必己出"，另辟"横空盘硬语"一路。此外各具艺术个性

的诗人还有刘禹锡、柳宗元等,刘禹锡力求在文人诗与民歌之间闯出一条新路,可谓别创天地。柳宗元则又不同,他的模山范水之篇比王、孟更着意刻划,诗风峻洁而清腴。中晚唐之交出现的"诗鬼"李贺,大量运用比兴,更注意锻造新警奇诡的诗句,其诗富有浪漫主义色彩。

4. 晚唐诗歌

晚唐国势衰危,诗风趋于卑弱,感伤色彩较浓,惟杜牧、李商隐成就最高,有"小李杜"之誉。杜牧的七绝熔清新俊朗于一炉,咏史怀古、抒情写景,无所不胜。李商隐尤长于七律,深婉绵邈,绮丽婉曲。他们的诗歌无论是忧时悯乱、抒政治怀抱,还是写身世际遇、爱情生活,常常流露出浓厚的感伤情调。

(六)宋代诗歌

宋诗从唐诗发展而来,但其艺术特色显别于唐诗,宋诗总体成就不如唐诗,但别开天地,自有特色。以派别言,北宋最初有西昆体,后又有理学诗和江西诗派,南宋有永嘉四灵、江湖派、隐逸派等。以著名诗人言,则有王禹偁、苏舜钦、梅尧臣、欧阳修、王安石、苏轼、黄庭坚、叶梦得、陈与义、杨万里、范成大、陆游等人。其中,王安石、苏轼的关怀国计民生之作,特别是苏轼,作为宋代文艺创作成就最为全面的作家,其诗说理抒情,自由奔放,发展了宋诗好议论、散文化的倾向;陆游的爱国主义之作,存诗近万首,唱出了时代的最强音,有很高的审美价值;以黄庭坚为代表的江西诗派,注重诗歌语言的借鉴和创造,主张"点铁成金"、"夺胎换骨"、"无一字无来处",其诗宗尚杜甫,瘦硬生新,在艺术上的影响也不小。

(七)元代诗歌

元代北方少数民族乐曲传入中原,出现了一种配合当时流行曲调清唱的抒情诗词——散曲。散曲在元代是韵文的主体,与传统诗词相比,它大大扩展了表现范围,形式更自由,语言更活泼,具有浓厚的市民色彩,给诗坛注入了一股清新空气。散曲包括小令和套数(套曲)两种形式:小令是单支曲子,套数是由两支以上属同一宫调的曲子依次连缀而成。前期代表作家是关汉卿、马致远,他们的作品大多通俗晓畅,具有曲的本色,通俗平易,诙谐泼辣;代表作有马致远的小令《天净沙·秋思》、睢景臣的套曲《般涉调·哨遍·高祖还乡》。其中马致远的《天净沙·秋思》以二十八字刻画出一幅动人的天涯行旅图,堪称千古绝唱。后期代表作家是张可久、乔吉,他们一改前期散曲的本色,趋于雅正典丽。

(八)明代诗歌

明代诗歌数量很多,但没有杰出的作家和作品。明初,高启、刘基等人都经历了元末明初的动乱，对民生痛苦和治乱兴亡感受较深，他们的诗歌较有社会现实内容；刘基的诗古朴雄放，古体诗成就较高。高启的诗歌兼采众长，虽重摹拟，但不限于一代一家，才华横溢，诗风豪健，是明代有成就的诗人之一。接着兴起以朝廷辅弼大臣为首的"台阁体"诗派，歌功颂德，空廓浮泛。这时期能独树一帜，与"台阁体"形成对照的是爱国诗人于谦。于谦的诗篇大量反映人民疾苦，歌颂反抗侵略战争的英雄，表达了忧国忧民的深挚感情，作品的思想性和艺术性都比较高。

明中叶以后，以李梦阳、何景明为首的"前七子"和以李攀龙、王世贞为首的"后七子"，为反对"台阁体"的诗风，他们提出"诗必盛唐"的主张，但他们盲目尊古，大多停留在形式技巧的摹拟上，并没有重视盛唐诗歌的现实主义传统，虽小部分作品尚能反映现实，显出自己的特点，但总的说来，内容苍白空虚，缺乏真切的生活感受。明末，阶级矛盾和民族矛盾异常尖锐，不少诗人投身于现实斗争，反映在诗中的感情慷慨激昂、真挚深切，这为晚明诗坛增添了光辉。

(九) 清代诗歌

清初，诗歌创作进入比较活跃的时期，这个时期的诗人很多，成就超过明代。遗民诗人黄宗羲、顾炎武、王夫之等人的诗歌具有强烈的民族感情和爱国思想，他们在诗中反映了国家民族兴亡大事，寄托自己的故国之思，内容丰富，风格沉雄。清初还有几个不同的诗派。钱谦益是清代首开宗宋之风的诗人。王士禛提倡"神韵"说，成为当时诗坛领袖。清中叶以后，考据学风盛极一时，影响到诗坛，远离现实、重视形式和以学问为诗之风大炽，唯郑燮反映民情之作、袁枚直抒性情之作、黄景仁独写哀怨之作较有特色。道光、咸丰年间，内忧外患日益严重，龚自珍把诗作为战斗武器，抨击时政，揭露批判黑暗社会，表现出对光明和自由的热烈追求，作品具有高度的浪漫主义精神，在近代文学史上占有重要地位。龚自珍成为近代诗歌史上开一代风气的第一位大诗人，赢得了"三百年来第一流"的称誉。

二、中国古代词作

在诗歌高度发展的环境里，随着城市经济的繁盛和燕乐的流行，唐代还兴起了一种合乐歌唱的新诗体——词。

(一) 唐五代词

词是配合燕乐演唱的新诗体，起源于民间，敦煌曲子词是现存最早的民间词。敦煌曲子词，题材广泛，作者众多，但艺术上还比较粗糙。中唐之后文人填词者渐多，张志和、韦应物、白居易、刘禹锡等在作诗之余间或作词，他们的作品，大都清新明畅。晚唐温庭筠是文学史上第一个大力作词的人，他精于音律，其词用语秾艳绵密，造境隐约幽深，并确立了词体规范，开花间词风，被称为"花间鼻祖"。

五代词有两个中心，一个是西蜀，一个是南唐。西蜀韦庄注重心灵的抒发，洗去了过于浓腻的脂粉，风调清丽疏朗，词与温庭筠齐名，并称"温韦"，以清丽疏朗见长。南唐冯延巳逐渐摆脱了对女子体态服饰的描绘，多托儿女之词，抒家国之慨，委婉情深，"开北宋一代风气"（王国维语）。五代词人中成就最高的是南唐后主李煜。李煜的词抒写人生际遇和真实性情，抒写故国之思和亡国之痛，不事雕饰，缘情而行，语言自然率真，意境开拓深沉，有很强的艺术概括力和感染力。"词至李后主而眼界始大，感慨遂深，遂变伶工之词而为士大夫之词"（王国维语）。

（二）北宋词作

词到宋发展到了鼎盛时期，成为一代文学的主要标志。晏殊、欧阳修等宋初词家沿袭晚唐五代词风，词作多写个人离愁别绪。范仲淹词中的某些词作开始呈现境界开阔、格调苍凉的风格，给宋初时期的词注入了新的活力。同时期的柳永对宋词进行了第一次革新，创制并写作了大量的慢词，以写相思旅愁见长，多用铺叙和白描的手法，语言俚俗，富于平民色彩，产生了"凡有井水饮处，即能歌柳词"的广泛影响。

词至苏轼而又一变，苏轼打破诗词界限，扩大了词的题材，提高了词的意境，丰富了词的表现手法，开创了豪放词派，使词摆脱了音律的束缚而成为独立的抒情诗体。北宋后期词坛主流又复归婉约，代表人物为秦观、贺铸、周邦彦。秦词柔婉清丽，情辞兼胜，被奉为婉约派正宗。贺词则笔调多变，刚柔相济。周邦彦精通音律，善作慢词，以思力取胜，词风典丽精工，对南宋格律派、风雅派词人影响极大，使宋词走向深化与成熟。

（三）南宋词作

1. 李清照

女词人李清照生活在南北宋之交，她善于炼字炼意，擅长白描，令慢均工，并创设了言浅意深、本色当行的"易安体"。前期词作多写闺情相思，清俊旷逸；后期词作多抒身世之感、家国之思，苍凉沉郁。南宋初期词人如张元干、张孝祥、朱敦儒等，多亲历靖康之变，故以词为武器，抒发爱国情怀，上承苏轼，下启辛弃疾。

2. 辛弃疾

辛弃疾是南宋最伟大的爱国词人，主承苏轼但取径更广。他使宋词的思想境界和精神面貌达到了光辉的高度，在词的艺术表现手法方面有了新的突破和发展。辛词风格多样，或壮怀激烈、豪气逼人，或缠绵哀怨、清新活泼，尤能寓刚柔为一体。在辛弃疾的影响下，陈亮、刘过和稍后的刘克庄、刘辰翁等人形成了一个阵容强大的辛派爱国词人群体。

3. 其他词人

在宋金对峙、政局相对稳定的南宋后期，出现了以姜夔、吴文英、史达祖、张炎、王沂孙等为代表的格律词派。其中突出者要数姜夔、吴文英，他们同是宗法周邦彦，但姜词清空骚雅，吴词工致密丽。

(四) 元明清词作

词至元明走向衰落，在清代呈中兴气象。清初，陈维崧效法苏、辛之豪放，开"阳羡词派"；朱彝尊推崇姜、张之清空，开"浙西词派"；纳兰性德善作小令，长于白描，以情取胜，风调酷似后主李煜。嘉庆年间，张惠言又开创常州词派，主张词以比兴为重，崇尚含蓄婉约。张惠言本人作品不多，但语言凝练纯静，抒情细致，且重视词的社会作用，其影响直达近代。

第三节 辞赋散文

我国散文与诗歌历史同样悠久，是最为重要的文学形式之一，它与诗歌、小说、戏剧相对，包括汉以后的赋与骈体文。殷商甲骨文的某些卜辞，已可算作片断的散文，而成篇的散文可以追溯到《尚书》。

一、先秦散文

先秦散文尚处在应用阶段。哲学家用以说理，史学家用以记事。前者有《老子》、《论语》、《孟子》、《荀子》、《庄子》、《墨子》、《韩非子》等，后者有《春秋》、《左传》、《国语》、《战国策》等。这些书虽都属于哲学和史学著作，也都程度不等地具有一定的文学色彩。先秦散文开创了我国散文的最基本形式，即议论文和叙事文。后世散文尽管有许多发展变化，但与以上两种散文都有密切联系。先秦散文在叙事、写人、寓理于形和语言艺术方面都是后世良好的先导。

二、汉代散文

汉代散文可分史传文、政论文、赋三类。

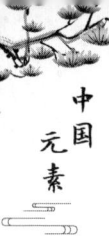

（一）史传散文

汉代史传文作家，西汉有司马迁，东汉有班固。司马迁的《史记》既是伟大的史学著作，又有极高的文学性，鲁迅称为"史家之绝唱，无韵之《离骚》"。《史记》在综合前代史书各种体制的基础上，创立了纪传体通史，其中以人物为中心的纪传散文，通过展示人物活动，再现了丰富复杂的历史画面。上自帝王将相，下至市井细民，诸子百家、三教九流，《史记》塑造了四千多个人物形象，重要的人物有数百名。司马迁能准确地把握一系列性格鲜明的历史人物的基本特征，通过具体历史事件细节描写，使人物形象鲜明地凸现出来。《史记》的人物描写和文章结构艺术，不仅对后代传记文，而且对小说创作也有极大的影响。

《汉书》在史传文学的发展上仍然有贡献。班固笔法精密，重视规矩绳墨，行文谨严有法；在塑造人物形象上，也有不少优秀篇章。

（二）政论散文

汉代政论文作家，以西汉的贾谊、晁错最为杰出。贾谊的代表作是《治安策》、《过秦论》，晁错的代表作是《论贵粟疏》。东汉的政论文继承了西汉的传统，但文章气势不如西汉，著名的作品有王充的《论衡》。

（三）赋

先秦西汉的论说文和史传文，还没有从对哲学、史学的依附关系中独立出来。散文走出应用文的尝试是从赋体开始的，赋是汉代最流行的文学体裁。

1. 汉初

汉赋与唐诗、宋词、元曲并列。据现有资料，最早写赋的是战国后期赵国的荀子，今《荀子》中还留有赋篇；战国后期创作赋的有楚国的宋玉。西汉时期，司马相如、杨雄和枚乘等人着力赋的创作，枚乘的《七发》是汉赋正式形成的第一篇作品。东汉时期的赋家有班固、张衡等人。赋长于铺叙、描写，这在长篇大赋里表现得最明显。大赋大都以问答为骨架，铺陈名物、排比词藻，好用古文奇字和双声迭韵词，铺陈时多用整齐对称的韵语，而叙述则多用散文句。

2. 西汉后期

西汉后期最著名的赋家是扬雄。《甘泉》、《河东》、《长杨》、《羽猎》四赋是他的代表作，模拟司马相如，而仍能具有《子虚》、《上林》二赋的规模气魄。从扬雄开始到东汉，辞赋中出现了新的题材，即京都赋。代表作是班固的《两都赋》、张衡的《二京赋》，还有后来西晋时左思的《三都赋》。

3. 东汉中后期

在传统的大赋缺少创新以后，小赋兴起。这些小赋以抒情为中心，往往带有尖锐的批判性。代表作有张衡的《归田赋》、蔡邕的《述行赋》、赵壹的《刺世疾邪赋》、祢衡的《鹦鹉赋》。这些赋短小精悍，不再是主客对话的形式，而是作者的直接描写，这种转变为魏晋以后的辞赋奠定了基础。

三、魏晋南北朝时期散文

魏晋南北朝时期文学的自觉和文学创作的个性化，使文学出现新的变化。文学的价值受到高度重视，对各种体裁的区分，特别是其风格特点有了比较明确的认识。散文的题材扩展了，山水景物成了文学表现的新内容，文章中的抒情成分大大加强。传统大赋走向衰落，从东汉中后期兴起的抒情小赋占据了主导地位，并因为骈文的流行增加了骈俪的成分，并在魏晋南北朝时期盛行一时。

四、唐宋散文

（一）唐代散文

唐宋两代是中国古代散文发展的高峰期，以"唐宋八大家"为代表的唐宋散文家，既继承了先秦两汉散文的优良传统，又吸收了六朝文学抒情写景、语言修辞方面的艺术经验，加以融合、发展，使文章的体裁样式增多、艺术提高，出现了许多脍炙人口的名篇。

1. 初唐时期

除奇句单行的古文外，唐宋骈文也有一些优秀的作品。唐承六朝和隋之后，骈体文盛行的局面一开始还没有多大改变，初唐王勃的《滕王阁序》、骆宾王的《代李敬业传檄天下文》可算骈文中的双璧。

2. 中唐时期

中唐时期，各方面社会矛盾尖锐，危机深重，一些士大夫迫切要求在政治上进行改革，与此相伴的是复兴儒学成为强大思潮。韩愈、柳宗元等人尖锐批判六朝以来的骈文，提倡更为实用的上继先秦两汉文体的散文，并称之为"古文"，而与骈文对立。韩愈、柳宗元两人都是大散文家，创作了许多优秀的散文，在他们实际创作成绩和理论倡导的影响下，中唐文风大变，清新流畅的新文体，基本上取代了几百年来骈文的统治地位，文学史家称这场文体革新为唐代古文运动。

韩愈是司马迁之后又一语言巨匠，他善于创造性地使用古代词语，又善于吸收提炼当代口语成为文学语言，词汇丰富，绝少陈词滥调，句式结构也灵活多变，代表作有《师说》、《张中丞传后序》等。相对于韩文的阔大雄肆，柳宗元的文章析理透辟，清隽卓绝，以精密见长。柳宗元的山水游记继承《水经注》的成就，而又有所发展，为游记散文奠定了稳固的基础；代表作有《永州八记》等。

3. 晚唐时期

晚唐时期，时局动荡，随后是五代十国，长达半个世纪的割据分裂。韩愈、柳宗元等中唐一批散文作家去世后，古文创作缺乏有力的后继者，以李商隐为代表的骈体文仍然居优势。

（二）宋代散文

1. 欧阳修

北宋中叶，边患严重，社会矛盾加深，需要有古文为政治革新服务，欧阳修既有文才，又有很高的政治地位，由他再度发起古文运动，并形成了以他为首的，包括曾巩、王安石、苏洵、苏轼、苏辙等在内的文学集团，于是一度中断的韩柳古文传统得到了继承和发扬。宋代散文平易自然，流畅宛转；比唐文更宜于说理、叙事和抒情。唐文奇特，结构上纵横开合，波澜起伏，词语上也追求新奇；宋文从容，曲折舒缓，不露锋芒，语言则以明白如话见长。

欧阳修是宋代散文文风的创立者，他提倡学习韩文，但不是机械模仿。他取法韩文文从字顺的一面，对其奇险的一面弃而不取。韩文重气势，欧文重风神；韩文雄放，欧文绵邈，有跌宕唱叹的韵致。

2. 苏轼

继欧阳修之后领导宋代古文运动取得完全胜利的是苏轼，他的创作代表了宋代散文的最高成就。苏轼的散文豪放自然，多姿多彩。他的议论文吸收《战国策》、《孟子》、《庄子》以及贾谊等人的长处，明析透辟，雄辩滔滔，气势纵横，表现出高度的论说技巧；但他更为精美的是游记、杂记、随笔、赋等类文章。他的写作手法比前人更为自由，把抒情、状物、写景、说理、叙事等多种成分糅合起来，任凭自己的情感思绪信笔写去，结构似乎松散，却于漫不经心中贯穿了意脉。苏轼的赋，下笔有行云流水之妙，《赤壁赋》在昼夜变换、游览过程与情绪变化过程中，把写景、诵诗、问答、议论水乳交融地汇为一体，摆脱了赋体的拘束，流转自如，堪称优美的散文诗。

3. 其他大家

唐宋八大家中宋代六家，除欧阳修、苏轼外，曾巩的文章委曲周详，完整严谨；王安石的文章识见高超，挺拔劲峭；苏洵的文章纵横驰骋；苏辙的文章汪洋淡泊。他们都达到了很高的水平，并各有名篇。苏洵的《六国论》、曾巩的《墨池记》、王安石的《答司马谏议书》、苏辙的《黄州快哉亭记》，都一直为人传诵。唐宋的散文是在先秦两汉散文和六朝散文基础上的发展和提高，各类文章丰富多彩，艺术水平也超越前代。

五、元明清散文

元明清三代，戏曲、小说兴盛起来，而诗文等封建社会的正统文学成就已不能和唐宋相比。

（一）元代散文

元代散文园地寂寞，缺少名家和名篇。明、清两代，实行文化专制，妨碍散文的发展。两代用于科举考试的八股文，是骈文的别支，形式死板，严重束缚作者的创作自由，给文学发展带来负面的影响。至于一般的散文，有正宗的古文，有稍稍偏离正宗的晚明小品文为代表的各类杂文。

（二）明代散文

1. 明初

明代开国之初的刘基、宋濂是当时散文的主要作家。刘基的散文以短篇寓言著称，《卖柑者言》讽刺元末官僚"金玉其外，败絮其中"；宋濂的散文简练典雅，《送东阳马生序》自述早年在贫寒中求学的艰苦，真实动人。

2. 明代中期

明代中期，文坛上最有声势的是以李梦阳、何景明为中心的"前七子"和以李攀龙、王世贞为中心的"后七子"。他们主张"文必秦汉"，倡导复古主义运动，模拟的倾向很严重，仅有部分作品写得较好。

时代介于前后"七子"之间的，有王慎中、唐顺之、茅坤、归有光等"唐宋派"，他们作为前后"七子"的反对派，主张继承唐宋古文传统。其中，归有光成就较高。他善于借日常生活中一些平凡琐事。状情摹态，细心刻画，寄寓作者的真实感受，富有感情色彩，读来真切生动，回味无穷。

3. 明代晚期

明代晚期，资本主义萌芽阶段新的社会思潮反映到了文学领域，以袁宏道为首的公安派，提出"性灵说"，主张文学应真实地表现人的个性化情感与欲望，反对前后"七子"的拟古。继公安派之后，以钟惺、谭元春为首的竟陵派，主张与公安派接近。他们的作品多描写文人日常生活情景，表现当时的生活风尚与情调，形成了个人化、生活化与写实求真的创作特征。在他们的推动下，小品文兴盛。文章的体制短小精练，风格轻灵隽永，反映了晚明时期文人文学趣味的变化。

晚期小品文是在反复古主义倾向中产生的，也是六朝以来一些篇幅短小的笔记、杂文之类的继承和发展。它有厚重不足和走向俚俗肤浅的倾向，但它主张自由抒写，注重生活实感，强调贴近日常生活，表现个性，笔致清新，风趣放达，也确实给文坛带来可喜的新气象。它甚至影响到"五四"新文化运动时一些人的创作。

(三) 清代散文

1. 明末清初

明末清初，民族矛盾尖锐，爱国主义思想在诗文中有突出表现，顾炎武、归庄、屈大均、侯方域、魏禧、邵长衡等都是重要作家。

清代康熙、乾隆年间兴起的桐城派是一个著名的散文流派。由安徽桐城人方苞开创，同乡刘大、姚鼐等继承发展。写作上主张通过明代归有光等"唐宋派"上溯唐宋八大家，乃至秦汉散文，内容上鼓吹封建正统观念，形式上企图建立一套规范。方苞的文章剪裁干净，文辞简洁，人物的特点突出。《狱中杂记》揭露清代所谓太平盛世时狱中种种奸弊、污秽、酷虐情景，为唐宋以来古文家笔下所罕见。桐城派以"义法"为基础，发展成具有周密体系的古文理论，合乎正宗古文的发展格局，便于学习掌握，因而能够成为大的流派，从而纵贯整个清代。

2. 清代中期

清代中期，与桐城派异趣的散文家有袁枚、郑燮、沈复等。袁枚等人以才运笔，抒发性灵，他们的不少文章具有小品文的风采，感情真挚，生动清新，表现抒张人情和显现个性的努力。

鸦片战争前后，资产阶级文化启蒙思想逐渐展开，杰出的思想家、文学家龚自珍，直接继承和发扬周秦诸子散文无所拘忌的创造精神，突破一般记事和议论模式，自由大胆地表达自己的见解与情感，开创了经世散文的新风，标志着清代散文的转折。他的《病梅馆记》以梅为喻，表现了反对摧残自然生机，追求个性解放的精神。

3. 清代晚期

到了晚清，康有为、梁启超鼓吹变法维新，对桐城派古文所宣传的封建正宗思想无疑是有力的冲击。梁启超提出"文界革命"的口号，又创立了"新文体"，他的新文体散文比传统古文语言通俗，条理明畅，不避俚语俗言，并吸收外国语法，大胆地抒写新见解，笔锋常带感情，有极大的感染力和说服力。《少年中国说》是一篇代表性的作品。梁启超的文章几乎影响了一代人，是"五四"时期"文体改革的先导"。而其后的"五四"新文化运动则以更加彻底的革命精神和创新精神，一方面彻底批判封建伦理道德和封建文化思想，一方面提倡白话文。自康熙年间一直影响到清末的桐城派及其旁支余脉终于消歇，而散文也就进入了一个完全崭新的历史时期。

第四节 四大名著

四大名著，又称四大小说，是指《三国演义》、《西游记》、《水浒传》及《红楼梦》这四部中国古典章回小说，它们都是汉语文学中不可多得的作品。这四部著作历久不衰，其中的故事、场景，已经深深地影响了中国人的思想观念、价值取向。四部著作都有很高的艺术水平，细致的刻画和所蕴含的思想都为历代读者所称道。

一、《三国演义》

《三国演义》，全名是《三国志通俗演义》，作者是元末明初小说家罗贯中，《三国演义》是中国第一部长篇章回体历史演义的小说，同时它也是历史演义小说的经典之作。

（一）内容

小说描写了公元3世纪以曹操、刘备、孙权为首的魏、蜀、吴三个政治、军事集团之间的矛盾和斗争。在广阔的社会历史背景上，展示出那个时代尖锐复杂又极具特色的政治军事冲突，在政治、军事谋略方面，对后世产生了深远的影响。

东汉末年，天下大乱、群雄纷争，魏、蜀、吴三国相继崛起，成鼎足之势，演出了一幕分久必合、合久必分的历史长剧。《三国演义》作为我国第一部长篇章回体历史演义的小说就是以此为历史背景演绎的。本书以描写战争为主，反映了魏、蜀、吴三个政治集团之间的政治和军事斗争，大致分为黄巾之乱、董卓之乱、群雄逐鹿、三国鼎立、三国归晋五大部分。在广阔的背景下，作者成功刻画了近五百个人物形象，其中曹操、刘备、孙权、诸葛亮、周瑜、关羽、张飞等人物形象脍炙人口。作者将兵法三十六计汇融于字里行间，全书不以敌我叙述方式对待各方的历史描述，既有情节，也有兵法韬略，对后世产生了极其深远的影响。

（二）艺术特色

《三国演义》采用浅近的文言，明快流畅，雅俗共赏；笔法富于变化，对比映衬，旁冗侧出，波澜曲折，摇曳多姿。又以宏伟的结构，把百年左右头绪纷繁、错综复杂的事件和众多的人物组织得完整严密，叙述得有条不紊、前后呼应，并彼此关联，环环紧扣，层层推进。

《三国演义》重要的艺术成就体现在战争描写和人物塑造上。

（1）小说最擅长描写战争，并能写出每次战争的特点。

小说注意描写在具体条件下不同战略战术的运用，指导作战的主观能动性的发挥，而不把主要笔墨花在单纯的实力和武艺较量上。如官渡之战、赤壁之战、夷陵之战等，每次战争的写法也随战争特点发生变化，在写战争的同时，兼写其他活动，作为战争的前奏、余波，或者战争的辅助手段，使紧张激烈、惊心动魄的战争表现得有张有弛，疾缓相间。如在赤壁之战前描写孙、刘两家的合作，诸葛亮、周瑜之间的矛盾，曹操的试探，孙、刘联军诱敌深入的准备等。

（2）在人物塑造上，小说特别注意把人物放在现实斗争的尖锐矛盾中，通过各自的言行或周围环境，表现其思想性格。

如曹操的奸诈，一举一动都似隐伏着阴谋诡计；张飞心直口快，无处不带有天真、莽撞的色彩；诸葛亮神机妙算，临事总可以得心应手，从容不迫。著名的关羽"温酒斩华雄"、张飞"威震长坂桥"、赵云"单骑救幼主"、诸葛亮"七擒孟获"等更是流传极广的篇章。

二、《西游记》

《西游记》，又名《西游释厄传》，由明代小说家吴承恩编撰而成。

（一）内容

《西游记》描写的是孙悟空、猪八戒、沙和尚以及白龙马保护唐僧西天取经、历经九九八十一难的传奇历险故事。故事跌宕起伏，惊心动魄，作者以虚构的人物描述了那个年代的人心险恶、腥风血雨，与唐僧师徒四人所走过困难重重的取经之路。全书内容分三大部分：第一部分（一到七回）介绍孙悟空的神通广大，大闹天宫；第二部分（八到十二回）叙三藏取经的缘由；第三部分（十三到一百回）是全书故事的主体，写悟空等降伏妖魔，最终到达西天取回真经。

（二）艺术特色

（1）用丰富大胆的艺术想象反映社会生活。

随着《西游记》的出现，开辟了神魔长篇小说的新门类，是明代长篇小说的重要流派之一——神魔小说的代表作。书中将善意的嘲笑、辛辣的讽刺和严肃的批判巧妙地结合的特点直接影响着讽刺小说的发展。《西游记》是古代长篇浪漫主义小说的高峰，在世界文学史上，它也是浪漫主义的杰作。《西游记》向人们展示了一个绚丽多彩的神魔世界，人们无不在作者丰富而大胆的艺术想象面前惊叹不已。然而，任何一部文学作品都是一定社会生活的反映，作为神魔小说杰出代表的《西游记》亦不例外。正如鲁迅先生在《中国小说史略》中指出，《西游记》"讽刺揶揄则取当时世态，加以铺张描写"。在中国古代小说中，《西游记》是一部思想性和艺术性都臻于第一流的伟大作品。

小说的后一部分主要描写了西天取经克服八十一难的艰巨性，曲折地反映了现实社会的矛盾，路上的妖魔既是害人的自然力量的化身，更是给百姓造成苦难的社会邪恶势力的化身。作品通过取经人和妖魔的斗争及神佛与妖魔之间的关系表现了广大人民群众战胜困难的乐观精神和封建时代的统治阶级统治的腐朽、秩序的混乱。

（2）成功塑造了孙悟空的形象。

小说成功地塑造了机智的、坚强的孙悟空的形象。他具有强烈的反抗性格，藐视腐朽无能的天宫统治者。而西天取经的故事表现了神魔小说的两大主题：寻找与追求，斩妖与降魔。《西游记》把二者巧妙地联系和结合起来。它告诉人们：为了寻找、追求、实现一个美好的理想和目标，为了完成一项伟大的事业，必然会遇上或多或少的、或大或小的、各种各样的困难和挫折，必须去顽强地战胜这些困难，克服这些挫折。

三、《水浒传》

《水浒传》又名《忠义水浒传》，简称《水浒》。作者施耐庵，创作时间待考证，一般认为作于元末明初，是中国历史上第一部用白话文写成的长篇小说，开创了白话章回小说的先河，是汉语文学中最具备史诗特征的作品之一。版本众多，流传极广，脍炙人口。对中国乃至东亚的叙事文学都有极深远的影响。

（一）内容

全书描写北宋末年以宋江为首的一百零八人在梁山泊聚义，以及聚义之后接受招安、四处征战的故事。书中共出现数百之多的人物，是世界文学史上人物最多的小说。以 90 回本《水浒全传》为据，全书可以分为以下几个部分：①鲁智深、林冲、武松等好汉上梁山前的个人经历；②宋江在发配途中与各路好汉的奇遇以及最终上梁山的经历；③宋江带领梁山进行的几场战役，招降一些好汉上梁山；④原首领晁盖去世后，宋江确立梁山首领地位以及大聚义的故事；⑤大聚义后与官军的战斗以及受招安；⑥征服企图进犯的辽国；⑦打败割据势力田虎、王庆；⑧在江南与割据的方腊作战并死伤三分之二以上，全书在悲剧性且引人深思的氛围中结束。

（二）艺术特色

（1）善于在真实的环境中塑造人物形象。

《水浒传》善于把人物置身于真实环境中，紧扣人物的身份、经历、遭遇，成功地塑造了李逵、鲁智深、林冲、武松等众多鲜明的英雄形象。而在英雄人物的塑造上，总是把人物置于生死存亡的关头，以其行动和语言显示其性格特点。在塑造人物时，作者既植根于现实，又把自己的爱憎感情熔铸在人物身上，如吴用的机智过人，李逵的赤胆忠心，以及对武松打虎、鲁智深倒拔垂杨柳等夸张的描写，结合了现实主义和浪漫主义写作手法。《水浒传》的情节生动曲折，大小事件都写得腾挪跌宕，引人入胜。有一些段落，集中了很多人物、精彩的场面，如"智取生辰纲"、"三打祝家庄"等。而每一组的情节又往往是人物的性格发展史，如"景阳冈打虎"、"斗杀西门庆"、"醉打蒋门神"、"大闹飞云浦"、"血溅鸳鸯楼"等情节，使人不期然想起武松。

（2）善于在斗争的描绘中塑造人物形象。

《水浒传》的艺术成就，最突出地显示在英雄人物的塑造上。全书巨大的历史主题，主要是通过对起义英雄的歌颂和对他们斗争的描绘中具体表现出来的。因而英雄形象塑造的成功，是作品具有光辉艺术生命的重要因素。在《水浒传》中，至少出现了一二十个个性鲜明的典型形象，这些形象有血有肉，栩栩如生，跃然纸上。

四、《红楼梦》

《红楼梦》，原名《石头记》，曹雪芹著。因当时社会环境和手抄流传，使仅保存80回，现版本很多，通行本后40回为高鹗续。

（一）内容

《红楼梦》是一部具有高度思想性和高度艺术性的伟大作品，代表古典小说艺术的最高成就之一。它以荣国府的日常生活为中心，以宝玉、黛玉、宝钗的爱情婚姻悲剧及大观园中点滴琐事为主线，以金陵贵族名门贾、史、王、薛四大家族由鼎盛走向衰亡的历史为暗线，展现了穷途末路的封建社会终将走向灭亡的必然趋势。并以其曲折隐晦的表现手法、凄凉深切的情感格调、强烈高远的思想底蕴，在中国古代民俗、封建制度、社会图景、建筑金石等各领域皆有不可替代的研究价值，达到中国古典小说的高峰，被誉为"中国封建社会的百科全书"。

（二）艺术特色

《红楼梦》是一部具有高度思想性和艺术性的伟大作品，作者根据家族的兴衰的艺术升华，对封建腐朽的科举制度、包办婚姻、等级制度等进行思考。《红楼梦》被评为中国古典章回小说的巅峰之作，思想价值和艺术价值极高。因为其不完整，留下许多谜团引人探究，也构成了一门学术性的独立研究学科——红学。

《红楼梦》不只是一部言情小说，它更是一部对君主专制社会末期四大家族的兴衰史的概述，这已经逾越了言情小说的范围。《红楼梦》起于言情而终于言情，但不止于言情，这样才能衬出情的深度与厚度在如此精妙的布局和秩序下，这等空间、这群人物中，看似庞杂的故事在作者的笔下事无巨细，分明清晰地娓娓道来。

思考题

1. 汉乐府诗歌的艺术成就有哪些?
2. 唐朝田园、山水诗歌的代表及其作品各是什么?试述其艺术特色。
3. 豪放派和婉约派各自的代表词人及其作品是什么?
4. 苏轼散文的艺术成就有哪些?
5. 《西游记》在形象塑造方面有何艺术特色?

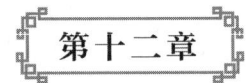

中国美术

学习要点及目标

- 通过学习中国美术的发展历程，了解国画、书法、篆刻各个时期的艺术特色。
- 了解山水画的艺术特点，学习鉴赏优秀的国画作品。
- 了解书法的各种书体及其特点，学习鉴赏优秀的书法作品。
- 了解篆刻的艺术特点，学习鉴赏优秀的篆刻作品。

第一节　中国美术概述

一、先秦美术

（一）新石器时代

在新石器时代的仰韶文化中，我们已经可以从当时人们的日常生活用品中发现美术的影子，这就是中国美术的起步。到红山文化时期，美术便是很常见的了，从各式各样的玉雕到陶器上的几何纹路，都体现出美术的影子。而当陶器上的几何纹路开始向动植物样式的纹路发展时，便是中国美术的又一步飞跃。在中国美术的发展史上，灵动的动植物图形取代生冷的几何图案，这是我国美术的一个优良的起步，奠定了我国美术的发展。

（二）夏商周时期

夏商周时期，中国美术的主要表现方式是青铜器具，体现出的是一种庄重与大气。最具代表性的是司母戊鼎和四羊方尊。周朝正是奴隶社会的黄金时期，也是青铜器的高潮时期，尤其是各式各样的鼎更是表现出了当时我国对青铜冶金技术无比之熟练。此时中国的玉器则完全不同于青铜器的大气，当时的玉器则是以小巧，精致为主。

而这更表明了我国美术的多样性与多元化。

（三）春秋战国时期

春秋战国时期，在政治经济方面，随着奴隶制向封建制的转变，手工业者摆脱了奴隶主的统治而独立出来。生产工具得到了很大的改进，大大促进了社会生产力的提高。这个时期，在冶金、陶瓷、染织、漆器、玉器等工艺领域中产生了大量的精美绝伦、富于创新的工艺品。在思想文化方面，社会思潮和文化艺术的兴盛繁荣，出现了百家争鸣的文化格局，从而促使了工艺艺术的风格呈现出巧思、新颖、活泼的艺术特色。

二、秦汉美术

秦汉时期是中国历史上早期社会体制最发达定型的朝代，由于国家的统一，社会较为稳定，统治者采取的休养生息政策，客观上促进了生产的恢复和发展，使经济日趋繁荣，封建社会得到全面发展。处于上升期的时代精神和囊括千里的广袤疆域都造就了强大气势，因之，在秦汉广泛的文化艺术尤其美术里，也饱满地透射着并体现着这种恢弘的特点。

三、魏晋南北朝美术

魏晋南北朝时期是中国古典美术的一个巅峰时期，尤其是书法艺术，可谓是登峰造极，首先想到的就是王羲之，而绘画方面吴道子等人也是一大亮点。就书法而言，此时是各种书体交相发展的黄金时期。这时，隶书已走上东汉末年程式化之路，楷书趋向成熟，草书经章草阶段发展成今草，行书在隶楷递变过程中发展成熟，涌现出了众多著名书法家，产生了许多重要的书法理论著作，成为中国书法史上光辉灿烂的时代。

四、隋唐五代美术

（一）隋唐时期

隋唐时期中国的绘画艺术步入了黄金时期。此时的绘画以彩色鲜艳为主。大唐帝国的前期阶段，版图广阔，国力雄厚，经济繁荣，为文化繁荣提供了物质基础。唐王朝采取种种措施，加强了各民族团结，并与中亚、印度以及朝鲜半岛、日本列岛等地区国家有着密切联系，广泛而深入地进行经济文化交流，使文化艺术有了长足的进步，丰富多彩的绘画正是在这样的社会条件下出现的。

（二）五代十国时期

五代十国的绘画，上承唐朝余绪，下开宋代新风，是个承上启下时代。当时，中原地区战乱频繁，画坛比较寂寥，南唐和西蜀社会相对安定，相继创建画院，创作兴盛一时。此时的绘画特色为山石结构、质感、纹理的皴法趋于成熟，墨色变化也较丰富。

五、南北宋美术

两宋时期"重文轻武"现象极其严重，文人掌权在当时是十分正常的。而两宋也继承了五代十国时期创建画院的习惯，那时的画院可谓是网罗了天下英才，其中就包括《清明上河图》的作者张择端，而两宋的皇帝酷爱绘画与书法也是宋代绘画与书法艺术发展的重要因素。

南宋与北宋的美术特点也有不同，北宋的山水画在真实描写大自然并表达一定的审美认识上达到高峰。其山水画在空间布局上的巧妙处理，对后世山水画的发展产生了重要的影响。侧重于完整地、整体地把握客观对象，以繁复的、"全景式"的构图，显示一种雄浑、博大的气象。而南宋山水画，则以少取胜。强调对景物的大胆剪裁，以简约的、"边角式"的布局营造出一种空灵的、诗一般的氛围。

提到两宋，就不得不说一下西夏，西夏的美术特点与两宋的区别很大。西夏的美术以绘画为主，其中壁画是其代表式的作品。西夏时期的作品佛家气息十足，并且在佛教艺术的基础上吸收了许多高昌回鹘艺术的精华，并在此基础上更多地体现出这一时期民族、宗教、传统的艺术特色。

六、元明清美术

（一）元代美术

元代的美术注重线条的重要性，强调绘画之美不仅在描画自然，而且在于描画本身的线条、色彩，也就是笔墨本身。笔墨本身具有了独立审美价值，所以，将中国的"线"的艺术传统推向了它的最高境界。而此时因为两宋时期的结束，画院的黄金时代也就随之消失，此时的美术高手已从宫廷转移到外界，此时的作品富有艺术气息，讲究逸气，对明清以后的绘画创作产生很大的影响。

（二）明代美术

明代的美术特点极其多变，而且风格迥异。涌现出众多以地区为中心、或以风格相区别的绘画派系。在师承方面，主要有师承南宋院体风格的宫廷绘画和浙派，以及发展文人画传统的吴门派和松江派、苏松派等两大派系。民间创作的卷轴画，主要内容有风俗画、历史故事、神像画、水陆画及肖像画等，许多不知名的民间画工所绘制的肖像画，一直流传了下来。而明代版画，在中国古代版画史上堪称鼎盛时期。戏曲、传奇、小说等文学作品插图的成就最突出，不仅内容丰富，而且形式多样。许多作品如小说《忠义水浒全传》插图、戏曲《望江亭》插图等，讴歌英雄豪杰和自由婚姻，传达人民的理想和愿望，个性鲜明，情感细腻，构图灵活，均具有较高的思想性和艺术性。

（三）清代美术

清朝时期在当时政治、经济、思想、文化等方面的影响下，呈现出特定的时代风貌。卷轴画延续元、明以来的趋势，文人画风靡，山水画勃兴，水墨写意画法盛行。文人画呈现出崇古和创新两种趋向。在题材内容、思想情趣、笔墨技巧等方面各有不同的追求，并形成纷繁的风格和流派。

宫廷绘画在康熙、乾隆时期也获得了较大的发展，并呈现出迥异前代院体的新风貌。民间绘画以年画和版画的成就最为突出，呈现空前繁盛的局面。清代的文人画获得了突出的发展。在题材上，山水画、花鸟画占据了绝对的地位。文人画强调抒发主观情绪，"不求形似"、"无求于世"，不趋附大众审美要求，借绘画以示高雅，表现闲情逸趣，倡导"师造化"、"法心源"，强调人品画品的统一，并且注重将笔墨情趣与诗、书、印有机融为一体，形成了独特的绘画样式，涌现了众多的杰出画家、画派，以及不可胜数的优秀作品。

第二节　国　画

提到中国的国画，我们便会联想到中国山水画"小桥流水人家"的感觉。而山水画是中国画的主要画科。古人通过对自然山水的描绘，彰显出一种人与自然和谐相处的感觉，更突显一种天人合一的境界。因为对古代的中国人而言，他们崇尚那种闲云野鹤般的生活，在自然之中体会自然，描绘出更加美好的自然。而正是因为如此，中国画，尤其是中国山水画才能在世界美术史上成就东方美术文化的领军地位。

一、中国画的特点

（一）重视构思

中国画在创作上重视构思，营造意境。要求意在笔先和形象思维，注重艺术形象的主客观统一。造型上不拘于表面的肖似，而讲求"妙在似与不似之间"和"不似之似"。其形象的塑造以能传达出物象的神态情韵和画家的主观情感为要旨。因而可以舍弃非本质的、或与物象特征关联不大的部分，而对那些能体现出神情特征的部分，则可以采取夸张甚至变形的手法加以刻画。

（二）讲究构图

在构图上，中国画讲求经营位置，它不是立足于某个固定的空间或时间，而是以灵活的方式，打破时空的限制，把处于不同时空中的物象，依照画家的主观感受和艺术创作的法则，重新布置，构造出一种画家心目中的时空境界。于是，风晴雨雪、四时朝暮、古今人物可以出现在同一幅画中。因此，在透视上它也不拘于焦点透视，而是采用多点或散点透视法，以上下或左右、前后移动的方式，观物取景，经营构图，具有极大的自由度和灵活性。同时在一幅画的构图中注重虚实对比，讲求"疏可走马"、"密不透风"，要虚中有实，实中有虚。

（三）独特的笔墨技巧

中国画以其特有的笔墨技巧作为状物及传情达意的表现手段，以点、线、面的形式描绘对象的形貌、骨法、质地、光暗及情态神韵。这里的笔墨既是状物、传情的技巧，又是对象的载体，同时本身又是有意味的形式，其痕迹体现了中国书法的意趣，具有独立的审美价值。由于并不十分追求物象表面的肖似，因此中国画既可用全黑的水墨，也可用色彩或墨色结合来描绘对象，而越到后来，水墨所占比重愈大，中国画有时也可称为水墨画。其所用墨讲求墨分五色，以调入水分的多寡和运笔的疾缓及笔触的长短大小的不同，造成了笔墨技巧的千变万化和明暗调子的丰富多变。同时墨还可以与色相互结合，而墨又不碍色，色不碍墨，形成墨色互补的多样性。在以色彩为主的中国画中，讲求"随类赋彩"，注重的是对象的固有色，光源色和环境色并不重要，一般不予考虑。但为了某种特殊需要，有时可大胆采用某种夸张或假定的色彩。

（四）强调诗、书、画、印融为一体

中国画，特别是其中的文人画，在创作中强调诗、书、画、印融为一体，注重画家本人的人品及素养。在具体作品中讲求诗、书、画、印的有机结合，并且通过在画面上题写诗文跋语，表达画家对社会、人生及艺术的认识，既起到了深化主题的作用，又可以对画面起到补充、修饰作用，也是画面构图的有机组成部分。

二、中国画的发展过程

（一）秦汉时期

1. 萌芽期

其实从石器时代，中国画就已经算是出现了。那个时候的"甲骨文"其实就是一种绘画，并且在彩陶黑陶上也有各种各样的绘画，而这些都是中国画的一种雏形。夏商周时代青铜器上的各种花纹也是中国画的前身，这些花纹是从动物植物再到人物花纹转变的。

2. 春秋战国时期

到了春秋战国时期，中国画才算是正式起步，当时的作品不但出现了很多与人的生活相关的作品，也开始表现人物的表情与动态。因为纸还没有发明出来，很多绘画都是画在墙壁上的，或者是丝帛上的，又称帛画。春秋战国时期最著名的一幅帛画是《人物龙凤帛画》，这幅帛画，是中国现已知最早的人物画。

3. 汉代

汉代可以说是中国画历史上的一大进步，在汉代，衣物上的绘画开始繁多，而正是因为这一点，为中国画的发展奠定了相应的基础。从长沙马王堆出土的彩绘帛画我们就可以看出，当时的中国画已经迈入了一个新的起点。人们想象着各种神明，并将其画了出来，而更重要的是，这些绘画都与"人间"有一定的联系。更重要的是，在汉代，壁画得到了空前的发展。与之相比较，汉代的砖画更是开创了一种绘画风格和技巧的先河。

（二）魏晋南北朝时期

三国时期，正是中国画历史上的一大转折。因为三国时期战乱频繁，很多著名画家厌恶战乱，隐居山林，而正是因此，中国画开始了向繁荣方面的发展。从汉代的小砖画到三国时期的几十块砖垒成的大砖画，再到汉代古墓墙壁上的壁画，大多讲的都是农耕时期的生活点滴，可见当时农业已经得到了飞速的发展。

1. 魏晋时期

到了魏晋时期，中国画则正式步入了正轨。东晋画家顾恺之在《论画》中云："凡画，人最难，次山水，次狗马……"此时的山水画已经与人物画相提并论，并且已初步从人物画的陪衬中独立出来，而他的人物画《洛神赋图》卷中的部分配景山水中可以领略到当时山水画的大致形貌。此时的山水画理论已经基本成熟，而且讨论了空间的表现，奠定了中国山水画的理论基础。而这个时期的宗炳和王微的"神"、"情"之说主张山水画创作的主观和客观相统一，这是中国传统思维表现出来的天人合一哲理思想，对园林的创作产生了深远的影响。造园活动在这一时期发生了转折。受隐逸思潮的影响士大夫们爱园成癖，在营造"第二自然"中得到精神上的乐趣。文人、画家参与造园，进一步促进了私家园林的发展，同时还出现了寺观园林。魏晋南北朝时的社会动荡不安，名士们逃避现实、寄情山水的情怀促使了山水画和山水园林的产生及普及。山水画初兴，只限于文人自画、自赏，故传之不广，但却促成了文人山水园的诞生。中国山水园林由单纯摹仿自然而适当的对山水加以概括、提炼，但始终保持着"有若自然"的基调。

2. 南北朝时期

南北朝时期，中国画当时开始走向一个过渡阶段。此时的北魏绘画开始加入了外来元素，即是佛教元素。而到了西魏时代，更是出现了举世震惊的敦煌莫高窟壁画群，虽然当时只是敦煌画群的起步阶段，但正是如此，才有了后来的莫高窟。在这里，无数的宗教画展示出来，并且体现了中国的艺术特色。

(三) 隋唐五代时期

隋唐时期的绘画可以用全盛来形容。

1. 隋唐时期

隋唐结束了纷乱的南北朝状态，是中国历史上的全盛时期。

(1) 山水画的兴起　山水画的发展，首先表现在隋唐兴建的大量宫廷和台阁上，他们在设计依山傍水的建筑时，先要绘画大量山水背景，从而促使了山水画的进步。这时期出现了展子虔、李思训、王维、张璪等一大批山水画大师。展子虔的《游春图》，反映了隋代或初唐青绿山水画的面目，虽然还没有彻底摆脱装饰的味道，但写实能力已经有了极大的提高，已能将山水画和人物画及花鸟画的抒情性提升到几乎相同的水平。山水画就是从这里开始正式走上了蓬勃发展的道路。

(2) 山水画的发展　隋唐时期造园之风大兴，园林发展也相应进入全盛期。皇家园林的建设和私家园林普及，使大批文人、画家参与造园，运用诗画传统表现手法，把诗画作品所描绘的意境情趣，引用到园景创作上，寓画意于景，寄山水为情，逐渐把我国造园艺术从自然山水园阶段推进到写意山水园阶段。唐朝王维是当时备受推崇的一位，他辞官隐居辋川，相地造园，园内景点都依照他所绘的画来筑建，如诗如画的园景，也正表达了他的诗作风格，苏轼称赞说："味摩诘之诗，诗中有画；观摩诘之画，画中有诗。"园林艺术促进了山水画的全面发展。

(3) 代表人物及其代表作品　阎立本的《历代帝王图》和《步辇图》，都是宫廷画的代表之作，其中《步辇图》更是中国历史上最重要的历史画之一。而民间画家最有名的便是画圣吴道子，其代表作品《送子天王图》可谓是当时的经典之作。人们称其绘画的线条是"吴带当风"，虽然后来被召入宫中，但其自由的绘画风格并没有改变。还有张萱的《捣练图》，周昉的《簪花仕女图》（图12-1）都是唐代极其有名的画作。而唐代的山水画可谓是"金碧山水"，这一类的山水，喜欢用浓艳的青绿色来涂染，有时也会加入金色，造成

图12-1　簪花仕女图

了华丽的效果，这与当时盛唐的繁荣昌盛是分不开的。而唐代山水画，对于后世的山水画，无论是构图还是颜色的选择都有着重要的影响。

2. 五代时期

因为"安史之乱"唐分崩瓦解，五代十国的时代也因此到来。而因为人们失去了繁荣稳定的时代，此时的绘画便已经放弃了唐代那种"金碧辉煌"，而也正是这个时候，因为战乱与纷争，居住在不同地区的画家，以不同山水进行写真，从而形成了山水画的南派与北派。南派山水画的特点是山呈圆圆的土坡，也没有坚硬的岩石，土壤肥沃，树木繁茂，水气氤氲。北方的山水画多为崇山峻岭，岩石画得更加厚重，并且多为高峻的山体。而这些画作的共同特点是人物都很渺小。当时的宫廷画与宗教画较之唐朝都有了很大的变化，而此时的花鸟画更重视在细节方面的描述。

（四）南北宋时期

1. 北宋时期

北宋保持着相对安定的局面。当政者重视绘画艺术，画家的社会地位备受尊崇。这一时期，山水画高度成熟，并居画坛之首，出现了荆浩开创的北方山水画派和董源开创的江南山水画派。北派创造了大山大水的雄伟壮丽的全景式构图，南派则善于表现平淡疏远的江南风光。北宋中后期，苏轼明确提出了"士人画"的概念，强调绘画要追求"萧散简淡"的诗境，不拘泥于物象的外形刻画，要求达到"得意忘形"的境界，这对后来的绘画和造园活动的发展都产生了深远影响。

要说宋代的绘画，最有名的就是张择端的风俗画《清明上河图》（图12-2），这幅画是纵24.8厘米、横幅528.7厘米的长卷，绢本，淡设色，描绘了北宋京城汴梁（现河南开封）及汴河两岸的风光。从宁静的郊区画到热闹的城市街市，内容丰富，人物众多，规模宏大，细致入微，即使连小商小贩卖的物品都清晰的展现出来。

图12-2　清明上河图

2. 南宋时期

（1）手法的丰富　南宋，马远、夏圭一派开创出以少胜多、以偏概全的绘画手法，精练的画面构图偏于一角，留出大片空白，从而萌生出无限的意境。

（2）山水画的发展　宋朝时期的山水画和园林同时达到成熟阶段。"文人园林"是当时文人和画家共同参与造园活动的典范，进一步加强了写意山水园的创作意境；诗、书、画、园的相互交融创造了中国园林艺术的高峰；山水画中追求的"得意忘形"的创作思想对后人影响很大。而宋代的哲学讲究的是"理学"，就是"格物"，因此，宋代的花鸟画大多极其重视细节。例如崔白的《双喜图》就是一个了例子，图中兔与鸟的呼应极其细致与写实，可以充分看出作者对自然界的精密观察。但是宋代的山水画又可以叫做"大山水"。其经过写生的观察与训练，对每一种岩石的质地都做了研究，对水的波纹，树叶的构成，甚至季节的变化，都进行了仔细的观察与分析。

（3）文人画　画家多为远离宫廷的文人，他们更喜欢画的是梅、兰、竹、菊、松柏、荷花等彰显文人气质的花草。他们的画更强调意境。例如在宋朝和平稳定的时候，他们的画作便是一种温和的文人感，而在宋亡的那段时间，他们的画作多体现一种绝望的情绪。

（五）元明清时期

1. 元代

元代由于社会的特殊性，山水淡于教化而重自娱，强调高逸脱俗，尚抒发而轻模拟，讲究变化，注重技法，尊阴柔而绌阳刚，喜平淡弃绚烂，注重诗书画结合。例如，"吴黄倪王"四大家的画作各有特色，吴镇的山水中吐露着宁静，黄公望的平凡的山水中彰显着伟大，倪瓒的山水中简单中有着静谧，王蒙的山水中流露出动感。

2. 明清时期

到了明代，山水与花鸟画开始衰退，画家们更加重视起"人"这个画作中经常被忽视的存在。到了清代，画家的画作更加活泼，例如扬州八怪的作品，就显得不受拘束。而且画作更加偏向于商业化。

明朝初期，阴柔的元代画风遭厄运，激愤的宋画重新兴起，随着商品经济逐渐繁荣，绘画也逐渐商品化，画家靠卖画为生。同时这一时期画派纷起，自成体系，也促进了画科的全面的发展。而明末后期的山水画主流追求的是淡、柔、静、寂。清代的绘画，继续元、明的趋势，山水画家更多关注笔墨情趣，造成了多样形式面貌，派系愈加林立，参差不齐。但中国绘画史上曾出现过的各种山水画技法在清代都有自己的继承者。总的来说，清代的山水画是对魏晋南北朝以来山水画发展的一个全面总结，是中国山水画发展史的又一个高潮。

第三节　书　　法

我国最早的古汉字资料，学术界公认的是商代中后期（约公元前14—公元前11世纪）的甲骨文和金文。从书法的角度审察，这些最早的汉字已经具有了书法形式美的众多因素，如线条美，单字造型的对称美，变化美以及章法美，风格美等。从商代后期到秦统一中国（公元前221年），汉字演变的总趋势是由繁到简。这种演变具体反映在字体和字形的嬗变之中。西周晚期金文趋向线条化，战国时代民间草篆向古隶的发展，都大大削弱了文字的象形性。但书法的艺术性却随着书体的嬗变而愈加丰富起来。

一、开创先河的秦代书法

春秋战国时期，各国文字差异很大，是发展经济文化的一大障碍。秦始皇兼并天下，臣相李斯主持统一全国文字，使之整齐划一，这在中国文化史上是一伟大功绩。

秦统一后的文字称为秦篆，又叫小篆，是在金文和石鼓文的基础上删繁就简而来。著名书法家李斯的代表作为秦泰山刻石，历代都有极高的评价。秦代是继承与创新的变革时期。《说文解字序》说："秦书有八体，一曰大篆，二曰小篆，三曰刻符，四曰虫书，五曰摹印，六曰署书，七曰书，八曰隶书。"基本概括了此时字体的面貌。

秦代尚有诏版、权量、瓦当、货币等文字，风格各异。秦代书法，在我国书法史上留下了辉煌灿烂的一页，与雄伟的万里长城和壮观的兵马俑一样，气魄宏大，堪称开创先河，是中华民族无穷智慧的结晶。

二、隶书大盛的汉代书法

隶书的出现是汉字书写的一大进步，是书法史上的一次革命，不但汉字趋于方正楷模，而且在笔法上也突破了单一的中锋运笔，为以后各种书体流派奠定了基础。

汉代从公元前206年到公元220年四百二十六年，是汉字书法发展史上关键性的时代。汉代书法由籀篆变隶分，由隶分变为章草、真书、行书，至汉末，我国汉字书体已基本齐备。隶书是汉代普遍使用的书体。汉代隶书又称分书或八分，笔法不但日臻纯熟，而且书体风格多样。刘勰《文心雕龙·碑》说："自后汉以来，碑碣云起。"因此，东汉隶书进入了型体娴熟，流派纷呈的阶段，目前所留下的百余种汉碑中，表现出琳琅满目,辉煌竞秀的风貌(图12-3)。在隶书成熟的同时,又出现了破体的隶变,发展而成为章草、行书,真书也已萌芽。书法艺术的不断变化发展,为以后晋代流畅的行草及笔势飞动的狂草开辟了道路。另外,金文、小篆因为实用面越来越小而渐趋衰微,但在玺印、瓦当上还使用,并使篆书别开生面。

三、完成书体演变的魏晋书法

从汉字书法的发展上看,魏晋是完成书体演变的承上启下的重要历史阶段,是篆隶真行草诸体咸备俱臻完善的一代。汉隶定型化了迄今为止的方块汉字的基本形态。隶书产生、发展、成熟的过程就孕育着真书(楷书),而行草书几乎是在隶书产生的同时就已经萌芽了。真书、行书、草书的定型是在魏晋两百年间。它们的定型、美化无疑是汉字书法史上的又一巨大变革。这一书法史上了不起的时代,造就了两个承前启后,巍然卓立的大书法革新家——钟繇,王羲之。他们揭开了中国书法发展史的新的一页。树立了真书、行书、草书美的典范,此后历朝历代,乃至东邻日本,学书者莫不宗法"钟王"。王羲之及其子王献之盛称"二王",甚至尊王羲之为"书圣",著名的《兰亭序》见图12-4。又有王洵(羲之侄)善行书,有《伯远帖》传世。

图12-3 东汉 《曹全碑》

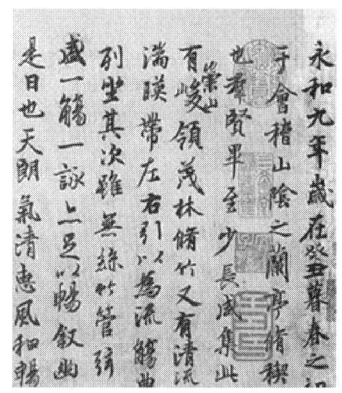
图12-4 王羲之 《兰亭序》

四、民间书法家大显身手的南北朝书法

南北朝时书法,也继承东晋的风气,上至帝王,下至士庶都非常喜好。南北朝书法家灿若群星,无名书家为其主流。他们继承了前代书法的优良传统,也为形成唐代书法百花竞妍群星争辉的鼎盛局面创造了必要的条件。

南北朝书法以魏碑最胜。魏碑,是北魏以及与北魏书风相近的南北朝碑志石刻书法的泛称，是汉代隶书向唐代楷书发展的过渡时期书法。康有为说："凡魏碑，随取一家，皆足成体。尽合诸家，则为具美"。唐初几位楷书大家如虞世南，欧阳询，褚遂良等，都是直接继承智永笔法取法六朝的。

五、书学鼎盛的唐代

唐朝的建立结束了西晋以来近三百年的动乱局面，国初二十年形成了文治武功的"贞观之治"，此后从武则天到唐玄宗开元时期更是呈现出超越两汉的空前兴盛气象。

唐代文化博大精深、辉煌灿烂，达到了中国封建文化的最高峰，可谓"书至初唐而极盛。"唐代墨迹流传至今者也比前代为多，大量碑版留下了宝贵的书法作品。整个唐代书法，对前代既有继承又有革新。初唐书家有虞世南、欧阳询、褚遂良、薛稷、陆柬之等，此后有创造性的还有李邕、张旭（图12-5）、颜真卿（图12-6）、柳公权、释怀素、钟绍京、孙过庭等。唐太宗李世民和诗人李白也是值得一提的大书家。楷书、行书、草书发展到唐代都跨入了一个新的境地，时代特点十分突出，对后代的影响远远超过了以前任何一个时代。

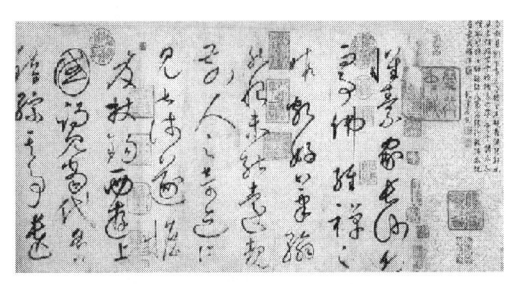

图12-5 张旭草书　　图12-6 颜真卿《多宝塔碑》

六、存唐遗风的五代书法

公元907年，五代十国的分裂混乱局面持续五十四年，其间兵戈迭起。书法艺术虽承唐末之余续，但因兵火战乱的影响，形成了凋落衰败的总趋向。苏轼评及五代书法时曾说："自颜柳氏没，笔法衰绝，加以唐末丧乱，人物凋落，文采风流，扫地尽矣。独杨公凝式，笔迹雄杰，有'二王'、颜、柳之余，此真可谓书之豪杰，不为时世所汩没者。"

五代之际，在书法上值得称道的，当推杨凝式。他的书法在书道衰微的五代，可谓中流砥柱。杨少师之外，还有李煜、彦修等有成就的书家。至此，唐代平正严谨的书风已告消歇，渐变入欹侧纵肆。

七、帖学大行的宋代书法

半个世纪的五代十国分裂混乱局面至此结束，国家复归统一。从公元960—1279年，三百多年间，书法发展比较缓慢。宋太宗赵光义留意翰墨，购募古先帝王名臣墨迹，命侍书王著摹刻禁中，厘为十卷，这就是《淳化阁帖》。"凡大臣登二府，皆以赐焉。"帖中有一半是"二王"的作品。所以宋初的书法，是宗"二王"的。此后《绛帖》、《潭帖》等，多从《淳化阁帖》翻刻。这种辗转传刻的帖，与原迹差别就会越后越大。所以同是宗王从帖，宋人远逊唐人。所以一些评家以为帖学大行，书道就衰微了。这是宋代书法不景气的原因之一。其次如米芾《书史》所指出的"趋时贵书"也造成了宋代书法每况愈下。

此时期的书法家能够按自己对书法艺术的理解去继承，革新的不太多。此为宋代书法不景气的原因之二。总之，帖学大行和以帝王的好恶，权臣的书体为转移的情势，影响和限制了宋代书法的发展。宋代为后世所推崇者有苏轼，黄庭坚，米芾和蔡襄四大家。四家之外，宋徽宗赵佶独树一帜，亦堪称道。

八、宗唐宗晋的元代书法

自公元1279年元世祖忽必烈灭南宋，统一全国，至元顺帝北走塞外，凡十一帝，历九十余年，是为元代。元初经济文化发展不大，书法总的情况是崇尚复古，宗法晋、唐而少创新。文宗天历初建奎章阁，专掌秘玩古物。元文宗常幸奎章阁欣赏法书名画，书法一度出现兴盛局面。赵孟頫，鲜于枢等名家，是这一时期书法的代表。他们主张书画同法，注重结字的体态。但元代书坛多是继承晋唐，鲜有自己的时代风格。纵观元代书法，其成就大者还在真行草书方面。至于篆隶，虽有几位名家，但并不怎么出色。这种以真、行、草书为主流的书法，发展到了清代才得到改变。有元一代书风，仍沿宋习盛于帖学，宗唐宗晋，虽各有其妙，亦不能以一家之法立于书坛，较之文学、绘画等艺术门类，尚显冷落无成得多。

九、由宋元上追晋唐的明代书法

明代自朱元璋崛起草莽，推翻元朝统治，统一全国，至李自成攻克北京朱由检自缢煤山，历两百七十七年。在这近三个世纪中，朝廷诸皇帝都很喜欢书法。明成祖定都北京以后，即着手文治，诏求四方善书之士，充实宫廷，缮写诏令文书等。明代帝王如仁宗、宣宗也极爱书法，尤其喜摹"兰亭"，神宗自幼工书，不离王献之的《鸭头丸帖》、虞世南临写的《乐毅传》和米芾的《文赋》。所以，朝野士大夫重视帖学，皆喜欢姿态雅丽的楷书、行书，几乎完全继承了赵孟頫的格调。

明代像宋代一样也是帖学大盛的一代。法帖传刻十分活跃。其中著名的有常姓翻刻《淳化阁帖》于泉州的《泉州帖》；董其昌刻的《戏鸿堂帖》；文征明刻的《停云馆帖》；华东沙刻《真赏斋帖》；陈眉公刻苏东坡书为《晚香堂帖》等。其中《真赏斋帖》可谓明代法帖的代表。《停云馆帖》收有从晋至明历代名家的墨宝，可谓丛帖之大成。由于士大夫清玩风气和帖学的盛行，影响书法创作，所以，整个明代书体以行楷居多，未能上溯秦汉北朝，篆、隶、八分及魏体作品几乎绝迹，而楷书皆以纤巧秀丽为美。至永乐、正统年间，杨士奇、杨荣和杨溥先后入职翰林院和文渊阁，写了大量的制诰碑版，以姿媚匀整为工，号称"博大昌明之体"，即"台阁体"。士子为求干禄也竞相摹习，横平竖直十分拘谨，缺乏生气，使书法失去了艺术情趣和个人风格。

明代近三百年间，虽然也出现了一些有造诣的大家，但纵观整朝没有重大的突破和创新。

十、书道中兴的清代书法

清代历二百六十余载，在中国书法史上是书道中兴的一代。清代初年，统治阶级采取了一系列稳定政治，发展经济文化的措施，故书法得以弘扬。明末遗民有些出仕从清，有些遁迹山林创造出各有特色的书法作品。顺治喜临黄庭，遗教二经；康熙推崇董其昌书，书风一时尽崇董书，这一时期，惟傅山和王铎能独标风格，另辟蹊径；乾隆时，尤重赵孟頫行楷书，空前宏伟的集帖《三希堂法帖》刻成，内府收藏的大量书迹珍品著录于《石渠宝笈》中，帖学至乾隆时期达到极盛，出现一批取法帖学的大家。

至清中期，古代的吉书、贞石、碑版大量出土，兴起了金石学。嘉庆、道光时期，帖学已入穷途，当时的集大成者有刘墉，邓石如开创了碑学之宗，阮元和包世臣总结了书坛创作的经验。咸丰后至清末，碑学尤为昌盛。前后有康有为、伊秉绶、吴熙载、何绍基、杨沂孙、张裕钊、赵之谦、吴昌硕等大师成功地完成了变革创新，至此碑学书派迅速发展，影响所及直至当代。

纵观清代260余年，书法由继承、变革到创新，挽回了宋代以后江河日下的颓势，其成就可与汉唐并驾，各种字体都有一批造诣卓著的大家，可以说是书法的中兴时期。

十一、基本书体介绍

(一) 楷书

楷书也叫正楷、真书、正书。《辞海》释义为"形体方正,笔画平直、可作楷模"。楷书始于汉末,通行至今,长盛不衰,其根本原因,就在于它的楷模作用。楷书的产生,紧扣汉隶的规矩法度,而追求形体美的进一步发展,且有了"侧"(点)、"掠"(长撇)、"啄"(短撇)、"提"(直钩)等笔画,结构上更趋严整。

(二) 隶书

隶书是相对于篆书而言的。隶书的出现是汉字书写的一大进步,是书法史上的一次革命。在古代隶书也被叫做"佐书"。作为初创的秦隶,留有许多篆意,后不断发展加工,打破周秦以来的书写传统,逐步发展定型,派生出草书、楷书、行书各书体。汉隶在笔画上具有波、磔之美,形如"蚕头"、"燕尾"之势。在用笔上,方、圆、藏、露诸法俱备,笔势飞动,姿态优美。在结构上,有小篆的纵势长方,初变为正方,再变为横势扁方,有雄阔严整而又舒展灵动的气度。

(三) 行书

行书是介于楷书与草书之间的一种书体,书写自由,字体随和,极富诗意的同时,又不失个性的体现。

(四) 草书

草书,是为书写便捷而产生的一种书体。始于汉初,其特点是"存字之梗概,损隶之规矩,纵任奔逸,赴速急就,因草创之意,谓之草书"。初期的草书,打破隶书方整规矩严谨,是一种草率的写法。称为"章草"。汉末,章草进一步"草化",脱去隶书笔画行迹,上下字之间笔势牵连相通,偏旁部首也做了简化和互借,称为"今草"。到了唐代,今草写的更加放纵,笔势连绵环绕,字形奇变百出,称为"狂草",亦名大草。

第四节 篆 刻

篆刻是中国传统艺术中最具有典型代表意义的门类之一,在其悠久的历史中积淀了独特的文化内涵,形成了一套规范的视觉语言符号,是民族传统文化的视觉写照和表述形式。在当代平面设计的视野下,传统篆刻艺术不仅具有独特的艺术气质,更传递出了中华民族传统艺术的一贯思维,其线条、色彩、章法所呈现出来的形式与设计美学特征，对当代平面设计的创作和研究有着深远的影响。

一、篆刻的产生

篆刻（图12-7）的历史悠久，印章的出现最早见于商周，秦汉时达到高峰。春秋战国时期，印章统称"玺"，秦统一六国后，皇帝的印章称为"玺""玉玺"，一般官吏或民间的印章称为"印"，在军队中称将军的印章为"章"或"印章"。魏晋以后，印章又有了"朱记""图章""戳子""押"等别名。印章在古代漫长的岁月中，充分体现了它实用的一面。

图12-7 篆刻

到了元、明、清三代，随着文人士大夫参与艺术创作，便产生了专门研究印章的专业，称"篆刻学"或"印学"，就是将篆书用一定的程式化法则刻在印石上的学问。于是，印章篆刻的实用功能开始退化，其艺术性以其独特的审美价值而彰显出来。

二、篆刻的发展

印章所采用的文字，是以篆字为基础的。随着时代的发展，篆刻艺术受汉文字书体演变的影响，所采用的汉文字得到了不断的充实、完善与发展。

（一）春秋战国时期

春秋战国时期的玺印所采用的汉文字，基本上就是当时铜器上的铭文字体，即现代所称的大篆钟鼎文。官玺大多为白文，入印时将铜器凿款文字的圆浑自然、结体错落、舒展大方的笔法表现得淋漓尽致。

（二）秦汉时期

秦汉玺印文字，则多采用秦篆（小篆）、摹印篆（即一种区别于小篆圆匀弯曲，融杂篆隶于一体，曲者以直，斜者以正，圆者以方，参差者以匀整，文篆体隶，点画浑穆端凝，篆隶浑融的书体）、缪篆（较多出现在汉代私印中的一种篆刻文字，点画如丝之缠绵、屈曲宛转，系从汉碑额篆字和瓦当文字中变化而成。缪篆，许慎在《说文解字》中谓之摹印）、鸟虫篆（始见于春秋战国时期的一种青铜器铭文，如越王勾践剑上的书体即是，其点画屈曲盘环，以鸟、虫、鱼等表现）、悬针篆（大多出现在魏晋时期的六面官印中，以字的纵笔引长下垂如针尖状而得名，多受秦权量铭文和三国时篆书吴《天发神谶碑》的影响）、隶书（秦末产生，字形扁平，每一字中的横画中，必有一表现特征的"蚕头雁尾"之笔，晋代始有隶书入印的尝试）。

（三）隋唐以后

隋以后使用的玺印文字，因纸张的大量出现，印章一改原按于泥块上的"封泥"办法渐以直接沾色钤于纸上。因此，隋唐官印，印面文字开始由凹进的白文（阴文）改凸出的朱文（阳文）。同时，由于官职品级和尊卑的不同，印面出现了尺寸或大或小的许多形制上的变化，加之楷、行书的兴起，入印文字也便发生了较大的变化。如唐篆（唐宋时期官印用的篆书，因官印印面大，加之改白文为朱文，直接以小篆入印便会出现许多空缺，为此便陆续出现小篆的笔画人为地加以弯转盘回）、九叠篆（隋唐以后，随着官印印面的日益增大，印文笔画必须要求更多的盘屈折叠方能使印面平满均匀。九叠篆系这种印文字的总称，字体笔画盘曲有六、七、八、九、十不等。九叠者，以九为数之终，多之意，叠数多寡以印面大小所需和时代不同而定）、西夏文与八思巴文（这两种印文字是宋元时期北方少数民族官印所使用的文字，它以汉字篆书为基础，依照中原印制的形式布局，方正平直，屈曲丰满）、满文（出现在清代的官印中，印面大多采用半汉文半满文形式）、押字（源起于宋代，盛行于元代，系私印中将名字花写变化成类似图案符号，其形制有单个花押符号的，也有上刻楷书姓氏，下端刻一个花押符号的）、楷书（楷书文字入印在五代时就有印例，以后宋、元、明、清及现当代均有众多篆刻家尝试）。

思考题

1. 中国花鸟画的特点是什么？
2. 中国书法有哪些书体？各自的特点是什么？
3. 篆刻怎样体现了汉字的特色？
4. 中国美术经历了怎样的发展历程？

第十三章

中国戏曲

学习要点及目标

- 学习中国戏曲的发展历程，了解元杂剧在中国戏曲发展过程中的作用。
- 了解京剧的发展历史及其艺术特点，学习鉴赏优秀的京剧作品。
- 了解昆曲的发展历史及其艺术特点，学习鉴赏优秀的昆曲作品。

第一节 中国戏曲概述

中国戏曲是一门融合了多种艺术门类的综合性艺术，因此，它的起源和形成过程，也就是它所合的各种艺术元素不断发展和逐步融合的过程。其中最主要的是歌舞与说白即言语、动作这两大类艺术。中国戏曲也就是在这两大类艺术产生发展、相互交融，以及故事性加强这一发展过程中逐步孕育而成的。

一、概况

中国戏曲的形成，最早可以追溯秦汉时代。从秦（公元前221年—公元前206年）汉（公元前206—220年）俳优作为中国戏曲早期渊源起，中间经历汉代百戏，唐代（618—907年）参军戏，直至宋代（960—1279年）南戏、元代（1279—1368年）杂剧，是这一门艺术由简单到复杂、由低级向高级的发展过程。其形成过程相当漫长，到了宋元之际才得成型。成熟的戏曲要从元杂剧算起，经历明、清的不断发展成熟而进入现代，历八百多年繁盛不败。

二、宋代戏曲

北宋的杂剧，在瓦舍勾栏之中，和百戏共同发展，到了南宋，发展成两种名异而实同的东西，就是宋杂剧和金院本。宋杂剧是中国最早的戏曲形式，也是过渡为元杂剧前的重要艺术形式。在整个戏曲的发展过程中，为了能把五光十色的人间生活都铺展于小小的舞台，也为了使平素过着单调枯燥日子的百姓能在观剧时感受到种种意想不到的精神刺激，它不断地吸收其它姐妹艺术，如诗歌、音乐、舞蹈、绘图、说唱、杂技、武术等诸多营养，逐渐成为一种包容广泛，花样繁多得令人目不暇接的综合性艺术。也就是说，中国戏曲是在文学（民间说唱）、音乐、舞蹈各种艺术成分都充分发展、且又相互兼容的基础上，才形成了以对话、动作为表现特征的戏剧样式。

三、元杂剧

元代的戏剧叫元杂剧。元杂剧不仅是一种成熟的高级戏剧形态，还因其最富于时代特色，最具有艺术独创性，而被视为一代文学的主流。元杂剧最初以大都（今北京）为中心，流行于北方。元灭南宋后，发展成为全国性的剧种。元代的剧坛，群星璀璨、名作如云。

（一）元杂剧得以呈一代之盛，艺术发展和社会现实从两个方面提供了契机

（1）从艺术的自身发展来看，戏剧经过漫长的孕育和迟缓的流程，已经有了很厚实的积累，在内部结构和外在表现上都达到了成熟。恰恰此时的传统诗文，在经历了唐宋鼎盛与辉煌之后，走向衰微。在有才华的艺术家眼里，剧坛艺苑是一块等待他们去耕耘的新土地。

（2）从社会现实方面来看，元统治者废除科举制度，不仅断绝了知识分子跻身仕途的可能，而且把他们贬到低下的地位：只比乞丐高一等，居于普通百姓及娼妓之下。这些修养颇高的文化人，被沉入社会底层。在疏远经史，冷淡诗文的无可奈何之中，他们只有到勾栏瓦舍去打发光阴、去寻求生路。于是，新兴的元杂剧意外地获得一批又一批的专业创作者。他们有一个以"书会"为名的行业性组织，加入书会的剧作家，称为"书会先生"。这些落魄文人在团体内，又合作又竞争，共同创造着中国戏剧的黄金时代。与从前的偏于抒发主观心绪意趣的诗词不同，元杂剧以广泛反映社会为己任。显然，这是由于作家们长期生活于闾巷村坊，对现实有着深切了解和感受的缘故。

（二）元杂剧的特点

元杂剧的剧本体制，绝大多数是由"四折一楔"构成。四折，是四个情节的段落，像做文章讲究起承传合一样。楔子的篇幅短小，通常放在第一折之前，这有点类似于后来的"序幕"。元杂剧在艺术上是以歌唱为主、结合说白表演的形式。每一折由同一宫调的若干支曲子联成一个套曲。全套只押一个韵，由扮演男主角的正末或扮

演女主角的正旦演唱。这种"一人主唱"可以极大地发挥歌唱艺术的特长，酣畅淋漓地塑造主要人物形象。念白部分受参军戏传统的影响，常常插科打诨，富于幽默趣味。将音乐结构与戏剧结构统一起来，达到体制上的规整，这表明元杂剧的艺术成熟和完善。

四、明清传奇

（一）明清传奇

由于传奇这种戏剧样式一直延续至清代，故又被人习惯地称作明清传奇。明清传奇在形式上承继南戏体制，且更加完备。一个剧本，大都有 30 出左右，常分为上、下两部分；作家还特别注意结构的紧凑和科诨的穿插。传奇的音乐也是采取曲牌联套的形式，但比南戏有所发展，一折戏中不再限于一个宫调；曲牌的多少，也取决于剧情的需要；所有登场的角色都可以演唱。

明清传奇包括众多的地方声腔。其中流传最广、影响最深远的是昆山腔和弋阳腔。

昆山腔经过嘉靖时期的魏良辅（生卒年不详）的改革，创立了委婉细腻、流利悠远的"水磨调"，讲究字清、板正、腔纯。将弦索、箫管、鼓板三类乐器合在一起，建立了规模完整的乐队伴奏。而一出《浣纱记》的演出，使昆山腔通过舞台的光大流布，成为全国性剧种。

产生在江西的弋阳腔则主要流行于民间，由江湖戏班演出，每流传到一地，即结合当地的语言和民间音乐，衍变为地方化的声腔。弋阳腔不用管弦伴奏，仅以锣鼓为节奏，一唱众和，采用徒歌、帮腔的形式，通俗性、民间性和注重演出效果是它的特色。它与昆山腔典雅、清细的风格，形成中国戏曲内部的两种不同走向。明代戏曲经过长期的舞台实践，角色分工更加细密。比如昆山腔就有 12 个角色，主角不限于正生、正旦，净、丑也不止是调笑了。

（二）折子戏

明后期的舞台，开始流行以演折子戏为主的风尚。所谓折子戏，是指从有头有尾的全本传奇剧目中摘选出来的出目。它只是全剧中相对独立的一些片断，但是在这些片断里，场面精彩，唱做俱佳。折子戏的脱颖而出，是戏剧表演艺术强劲发展的结果，又是时间与舞台淘洗的必然。观众在熟悉剧情之后，便可尽情地欣赏折子戏的表演技艺了。《牡丹亭》中的"游园"、"惊梦"，《拜月亭记》中的"踏伞"、"拜月"，《玉簪记》中的"琴挑"、"追舟"等众多的折子戏，已成为观众爱看、耐看的精品。

(三) 其他剧种

明末清初的作品多是写人民群众心中的英雄，如穆桂英、陶三春、赵匡胤等。这时的地方戏，主要有北方梆子和南方的皮黄。京剧是在清代地方戏高度繁荣的基础上产生的。在同治、光绪年间，出现了名列"同光十三绝"的第一代京剧表演艺术家及不同流派的宗师，标志着京剧艺术的成熟与兴盛。不久京剧向全国发展，特别是在上海、天津，京剧成为具有广泛影响的剧种，将中国的戏曲艺术推到一个新的高度。

第二节　中国戏曲名家

一、京剧表演艺术家——梅兰芳

（一）梅兰芳简介

梅兰芳（图 13-1），江苏泰州人，1894 年生于北京，名澜，又名鹤鸣，字畹华、浣华，别署缀玉轩主人，艺名兰芳。梅兰芳出生于京剧世家，祖父梅巧玲是清末著名旦角演员，伯父梅雨田是京剧胡琴演奏家。父明瑞，字竹芬，小生改花旦，母为杨隆寿之长女长玉。他 8 岁学艺，师名小生朱素云的哥哥朱小霞，11 岁登台，他刻苦钻研不断实践，继承并发展了京剧传统艺术，形成风格独具的"梅派"，成为四大名旦之首。

图 13-1　梅兰芳扮演的王昭君

（二）艺术历程

梅兰芳的表演艺术很早就蜚声海内外，但他到 16 岁才起了"梅兰芳"这个艺名。

1. 抗战前

1908 年梅兰芳搭喜连成班，1911 年北京各界举行京剧演员评选活动，张贴菊榜，梅兰芳名列第三名探花。1913 年他首次到上海演出，在四马路大新路口丹桂第一台演出了《彩楼配》、《玉堂春》、《穆柯寨》等戏，初来上海就风靡了整个江南。他吸收了上海文明戏、新式舞台、灯光、化妆、服装设计等改良成分，返京后创演时装新戏《孽海波澜》，第二年再次来沪，演了《五花洞》、《真假潘金莲》、《贵妃醉酒》等拿手好戏，一连唱了 34 天。回京后，梅兰芳继续排演新戏《嫦娥奔月》、《春香闹学》、《黛玉葬花》等。1916 年第三次来沪，连唱 45 天，1918 年后，移居上海，这是他戏剧艺术炉火纯青的顶峰时代，多次在天蟾舞台演出。综合了青衣、花旦、刀马旦的表演方式，创造了醇厚流丽的唱腔，形成独具一格的梅派。1915年，梅兰芳大量排演新剧目，在京剧唱腔、念白、舞蹈、音乐、服装上均进行了独树一帜的艺术创新，被称为梅派大师。

1919年4月，梅兰芳应日本东京帝国剧场之邀赴日本演出，演出了《天女散花》、《玉簪记》等戏。一个月后回国。1921年编演新戏《霸王别姬》。1922年主持承华社。1927年北京《顺天时报》举办中国首届旦角名伶评选，梅兰芳因功底深厚、嗓音圆润、扮相秀美，与程砚秋、尚小云等被举为京剧四大名旦。

1930年春，梅兰芳率团赴美，在纽约、芝加哥、旧金山、洛杉矶等市献演京剧，获得巨大的成功，报纸评论称，中国戏不是写实的真，而是艺术的真，是一种有规矩的表演法，比生活的真更深切。在此期间，他被美国波莫纳大学和南加利福尼亚大学授予文学博士学位。

1931年"九·一八"事变后，梅兰芳迁居上海，先暂住沧州饭店，后迁马斯南路121号。他排演《抗金兵》、《生死恨》等剧，宣扬爱国主义。1935年他曾率团赴苏联及欧洲演出并考察国外戏剧。在京剧艺术家中，出访最多和在国内接待外国艺术家最多的当属梅兰芳，他把中国京剧表演艺术和艺术家谦逊、朴实的优良品质介绍给了各国人民，因此人们称他为20世纪20年代至50年代中国京剧艺术的文化使节。

抗战爆发后，日伪想借梅兰芳收买人心、点缀太平，几次要他出场均遭拒绝。梅兰芳考虑到在上海不能久留，遂于1938年赴香港。他在香港演出《梁红玉》等剧，激励人们的抗战斗志。于1942年香港沦陷后次年返沪。

2. 抗战后

抗战胜利后，梅兰芳在上海复出。1948年拍摄了彩色片《生死恨》，是中国拍摄成的第一部彩色戏曲片。上海解放后，于1949年6月应邀至北平参加第一次全国文学艺术工作者代表大会，当选为政协全国委员会常委。1950年回北京定居，任文化部京剧研究院院长，1951年任中国戏曲研究院院长，1952年任中国京剧院院长，并先后当选为全国人大代表。1955年，他拍摄了《梅兰芳的舞台艺术》，收入他各个时期的代表作《宇宙锋》、《断桥》等及他生活片断和在工厂、舞台演出的《春香闹学》等戏的片断。1956年他率中国京剧代表团到日本演出。1959年5月他在北京演出《穆桂英挂帅》，作为国庆十周年献礼节目。1961年8月8日在北京去世。著有《梅兰芳文集》、《梅兰芳演出剧本选》、《舞台生活四十年》等。代表剧目有《贵妃醉酒》、《天女散花》、《宇宙锋》、《打渔杀家》等，先后培养、教授学生100多人。

梅兰芳先生在促进我国与国际间文化交流方面作出了卓越的贡献。他是我国向海外传播京剧艺术的先驱。他曾于1919年、1924年和1956年三次访问日本，1930年访问美国，1935 年和 1952 年两次访问苏联进行演出，获得盛誉，并结识了众多国际著名的艺术家、戏剧家、歌唱家、舞蹈家、作家和画家，同他们建立了诚挚的友谊。他的这些活动不仅增进了各国人民对中国文化的了解，也使我国京剧艺术跻身世界戏剧之林。

二、黄梅戏表演艺术家——严凤英

（一）严凤英简介

严凤英，黄梅戏表演艺术家，生于 1930 年，卒于 1968 年，她原名鸿元，又名黛峰，艺名凤英，祖籍安徽桐城罗家岭。

在 23 年的艺术实践中，严凤英在唱腔和表演方面都有新的创造，为黄梅戏艺术的发展做出重大贡献。她嗓音清脆甜美，唱腔朴实圆润，演唱明快真挚，吐字清晰，韵味醇厚，并注重从人物感情出发，力求达到声情并茂，具有耐人寻味的艺术魅力。表演质朴细腻、塑造过许多具有鲜明性格的人物形象，如《打猪草》中的陶金花、《天仙配》中的七仙女、《女驸马》中的冯素贞（图 13-2）、《牛郎织女》中的织女，以及现代戏《丰收之后》中的赵五婶等。其中《天仙配》、《女驸马》、《牛郎织女》均摄制成影片。

图 13-2 女驸马

她的唱腔圆润明快，表演质朴细腻，吸收京剧、越剧、评剧、评弹、民歌等之长，融会贯通，自成一家，世称严派。

（二）艺术历程

严凤英的艺术道路，大致可分为三个阶段。

1. 1945 年春天以前（第一个阶段）

由于父亲严司明和母亲离异，她在四五岁时，就回到祖父母居住的罗家岭。田园风光陶冶了她幼小的心灵，与姑、姐们挖野菜、放牛的同时，她学唱了流传于当地的不少民歌，艺术的种子在心灵中悄然播下。不久，因为抗战爆发，她的父亲严司明也回到家乡，闲居无聊时，教她唱京剧，这使她与戏剧艺术有了接触。在她十来岁时，同族中曾参加戏班的严云高将黄梅戏带回了罗家岭，他一面开铺谋生，一面收徒授艺，严凤英由此与黄梅戏结下缘分。她始而偷偷学戏，继而拜严云高为师傅，正式成为他的女弟子，并学会了《送香茶》、《春香闹学》等传统戏中的单折。从学唱民歌小调，到学唱学演黄梅戏，从四五岁到十五岁，严凤英度过了踏上黄梅戏表演艺术道路的准备时期。

2. 1945年春—1951年初（第二个阶段）

1945年春天，严凤英在桐城练潭张家祠堂第一次登台演出，参演的剧目是《二龙山》。虽然她在剧中扮演的是女寨主佘素贞的丫环这样一个不重要的角色，但却是她黄梅戏舞台表演的起点。为此，她触犯了族规，差点被捆起来淹死，可她却没有放弃这条已然迈出第一步的道路，继续参加黄梅戏班的演出活动，终至离开家庭，从桐城唱到怀宁、枞阳等外县，唱到当时的省会安庆。

随着舞台实践的不断丰富，严凤英的表演艺术水平迅速得以提高。她本来就有较好的演唱天赋，又虚心向前辈艺术家学习，正是凭着这种学习精神，严凤英在表演艺术上崭露头角。可是，在国民党反动派统治的黑暗社会，艺术上崭露头角的严凤英非但没有得到扶助，反而遭到摧残，她被迫一次次地离开她钟爱的舞台，其间，她又学唱过京剧。她流落各地，无家可归，直到新中国成立。1951年初，她终于重返黄梅戏舞台，这是她生活上备受磨难、艺术上得以丰富提高的时期，也为她艺术创造的辉煌作了铺垫。

3. 从1951年初开始（第三个阶段）

回到安庆后，她在"群乐"剧场演出，演出过《江汉渔歌》、《两朵大红花》、《木兰从军》、《柳金妹翻身》等剧目。从1953年到1965年，她先后主演了《天仙配》、《女驸马》、《打猪草》、《闹花灯》、《牛郎织女》、《红色宣传员》、《江姐》等近50个大小剧目，她的表演艺术水平也不断腾跃，既形成了独自的风格特色，又代表着当时黄梅戏表演艺术的最高水平，并对剧种风格的形成发挥了重要的影响作用。

（三）唱腔特点

严凤英的唱腔，极富艺术魅力，令每个听众都过耳难忘。严凤英的先天嗓音好，沙甜的音色尤其适合演唱黄梅戏。但是，她的唱腔之所以能够倾倒观众听众，更重要的原因还在于她善于创造。

严凤英的唱腔中首先贯穿着一个"情"字，在深入把握人物性格、揣度具体戏剧情境后，以声传情，以情带声，即所谓"洞达事物之情状"，"发古人之喜怒哀乐，忧悲愉快"，也是李渔所指出的"唱曲宜有曲情"，有了"情"才能"变死音为活曲，化歌者为文人"。严凤英在不同的剧中扮演不同的人物，乃至同一剧中同一个人物，声音色彩都有差异。《打猪草》中透出的是娇稚明亮的奶腔，《夫妻观灯》中给人以爽朗与宽厚的感受，《天仙配》"路遇"中的唱腔流露出的是娇羞与自信，《牛郎织女》中她的音色中就可以直接传达出的是沉郁和压抑。不必观看舞台演出，从她的唱腔中就可以直接领悟到人物身份、性格和情感，她的唱腔足以

"使观听者如在目前，谛听忘倦"，仅仅靠声音，她就把人们带入了丰富多彩的艺术世界。

没有严凤英，黄梅戏或许不可能在全国众多剧种中迅速崛起。

三、昆曲表演艺术家——侯少奎

（一）侯少奎简介

侯少奎（图13-3），男，1939年1月10日出生。北方昆曲剧院国家一级演员。梨园世家，祖父侯益才，著名昆剧演员。父亲侯永奎，京、昆剧表演艺术家，曾多次为毛泽东、李宗仁演出。侯少奎师承侯永奎、侯炳武、傅德威、赵松想、王瑞芝等人。继承的剧目有《林冲夜奔》、《单刀会》、《千里送京娘》、《麒麟阁》、《倒铜旗》、《闹昆场》、《夜出》、《武松打虎》、《五人义》、《钟馗嫁妹》、《铁龙山》、《四平山》、《艳阳楼》等，在全国各地演出均受到内外行的好评。

图13-3　侯少奎

（二）代表作及擅长角色

1. 代表作《四平山》

侯少奎先生在文化部"国家昆曲艺术抢救、保护和扶持工程"的资助下，将整出的京、昆两下锅的《四平山》作为珍贵的艺术资料录了下来。《四平山》是描写"恨天无把，恨地无环"的隋唐第一好汉李元霸在四平山救驾隋炀帝的故事，属长靠武生勾脸戏。该戏是著名京剧前辈大师尚和玉的代表作，后尚和玉传给了侯少奎的父亲著名京昆大师侯永奎，侯永奎又传给了侯少奎，三代相传，时间跨度近百年。侯少奎自20世纪80年代后就没有再演此戏，时隔20多年，侯少奎重新披挂上台，雄风不减当年。《四平山》前半部分的"观画"唱京腔，由京胡伴奏；自李元霸耍双锤起唱昆腔，由海笛子（小唢呐）伴奏。侯少奎扮演的李元霸有气魄，有工架，稳重端庄。李元霸的服装分别为"开氅"、"软靠"、"硬靠"，非常漂亮。李元霸的脸谱为侯永奎亲传，勾金色雷公脸，面颊涂金，嘴形勾雷公嘴，极具侯派脸谱干净大方的风格，整个脸谱气势威猛、美观。

2. 被誉为"活关公"

侯少奎先生的父亲侯永奎，号称"活林冲"，北方昆曲武生之集大成者，深得尚和玉青眼。侯永奎的《铁笼山》、《四平山》、《艳阳楼》等大都得尚亲传，其尚派戏极得内行赏赞。侯少奎师从其父，尤擅长靠勾脸戏，尤其关公戏扮相威风八面，做表肃穆凝重，极具儒将风度，而享有"活关公"之誉。侯少奎之身形嗓音和舞台表演均酷肖其父，《四平山》又得自侯永奎亲授，深得尚派"稳、狠、准"之三昧。侯少奎的嗓音条件上佳，他的尚派戏一向被赞具有"尚和玉的功架，杨小楼的嗓子"，堪称一绝。

（三）艺术成就

随着北昆的恢复和改革开放的不断深入，侯少奎也迎来了多年蕴蓄后的艺术芬芳。在1984年的北京市中青年演员戏曲汇演中，侯少奎获得了个人优秀表演奖；同年，又以《单刀会·刀会》和《宝剑记·夜奔》荣获第二届中国戏剧"梅花奖"。此后，侯少奎又多次在北京市新编历史剧汇演中获得个人优秀表演奖，他参与主演的昆曲新编历史剧《南唐遗事》还改编成了戏曲电视剧，获得了"飞天奖"。趁着改革开放的春风，侯少奎也走出了国门，把祖国经典的传统艺术带到了海外。先后去俄罗斯、日本等多国演出。

昆曲自南方流入北方，许多老艺术家对它进行了相应的改造，而改革开放后，侯少奎也对昆曲做了一些改革。谈到昆曲本身，侯少奎认为，昆曲的魅力是声情并茂载歌载舞的，不仅文学性高，动作也非常优美，但为了使它适合时代，同时又不损害它，就要对它进行谨慎的改革，在继承的基础上发扬提高。好的东西绝对不能改革掉，而是应该去丰富它。像关公的眼神，过去舞台上关公是基本不睁眼的，但看不出眼神就显不出人物来，所以侯少奎就用微睁双眼，含着威严又无损他的丹凤眼，激动时眼睛突然睁开，把眼神亮出来，恰到好处地表现人物的内心。

第三节　京　　剧

一、京剧的形成

京剧又称平剧、京戏，是中国影响最大的戏曲剧种，分布地以北京为中心，遍及全国。清代乾隆五十五年（1790年）起，原在南方演出的三庆、四喜、春台、和春四大徽班陆续进入北京，他们与来自湖北的汉调艺人合作，同时接受了昆曲、秦腔的部分剧目、曲调和表演方法，又吸收了一些地方民间曲调，通过不断的交流、融合，最终形成京剧。

京剧形成后在清朝宫廷内开始快速发展，直至民国得到空前的繁荣。京剧的腔调以西皮和二黄为主，主要用胡琴和锣鼓等伴奏，被视为中国国粹。

二、京剧的发展

就历史性而言，唐明皇是京剧梨园行的祖师爷，至今在台湾地区的京剧剧团还有供奉唐明皇的传统。不少学者也指出："京剧的诞生与发展，受到满清宫廷直接推动是毋庸置疑的"。尤其是慈禧太后执政时代，京剧更因备受宫廷宠爱而声誉日隆。从道光年间宫中开始有"侉戏"，即昆曲之外的剧种演出，咸丰年间大量的徽班和秦腔戏班艺人被召进宫演唱乱弹、梆子剧目，直到同治年间，两宫太后主持朝政，尤其是慈禧专权时代，渐渐成型的京剧终于成为宫中演唱的主体。"上有所好，下必甚焉"。京剧打破了社会分层，在京城各个阶层里观众都在迅速增多，并且因此而很快传遍大江南北。

三、京剧的音乐

京剧音乐属于板腔体，用锣鼓、胡琴（京胡）、京二胡、月琴等伴奏。主要唱腔有二黄、西皮两个系统，所以京剧也称"皮黄"。京剧常用唱腔还有南梆子、四平调、高拨子和昆腔、吹腔。京剧的传统剧目约在一千个，常演的约有三四百个，其中除来自徽戏、汉戏、昆曲与秦腔者外，也有相当数量是京剧艺人和民间作家陆续编写出来的。京剧较擅长于表现历史题材的政治、军事斗争，故事大多取自历史演义和小说话本。既有整本的大戏，也有大量的折子戏，此外还有一些连台本戏。

2010年11月17日，京剧被列入"人类非物质文化遗产代表作名录"。

四、京剧角色的行当划分

京剧角色的行当划分比较严格，早期分为生、旦、净、末、丑、武行、流行（龙套）七行，以后归为生、旦、净、丑四大行，每一种行当内又有细致的进一步分工。

（1）生　除了花脸以及丑角以外的男性角色的统称，又分老生（须生）、小生、武生、娃娃生。

（2）旦　是女性角色的统称，内部又分为正旦、花旦、闺门旦、武旦、老旦、彩旦（摇旦）、刀马旦。

（3）净　俗称花脸，大多是扮演性格、品质或相貌上有些特异的男性人物，化妆用脸谱，音色洪亮，风格粗犷。"净"又分为以唱功为主的大花脸，如包拯；以做功为主的二花脸，如曹操。

（4）丑　扮演喜剧角色，因在鼻梁上抹一小块白粉，俗称小花脸。

五、京剧的唱腔种类

京剧主要唱腔分为"西皮"与"二黄"两大类。常见剧目中，有《四郎探母》，杨延辉唱的"未开言不由人泪流满面"就是老生的"西皮导板"，铁镜公主唱的"夫妻们打坐在皇宫院"就是青衣的"西皮导板"。西皮导板用来起头大量的唱段，比较常用。诸如此类的还有该剧中杨宗保唱的"杨宗保在马上传将令"是小生的西皮导板。《铡美案》中包拯唱的"包龙图打坐在开封府"是净行的西皮导板，《打龙袍》中国太唱的"龙驹凤辇进皇城"则是老旦的西皮导板……西皮导板种类虽然繁多，可过门基本类似，只要听熟了过门就知道演员要开唱什么板式了。如果同一出戏中导板太多，琴师会用不同的花过门伴奏，以免产生听觉疲劳。闷帘导板与一般导板的唱法基本一致，是在演员没有上场的情况下先在幕后唱的，如《逍遥津》中的刘协（汉献帝）在幕内有一大段唱"父子们在宫院伤心落泪"就是闷帘导板，唱完后人物才出场。这是二黄导板，并不是西皮导板。

六、京剧脸谱的谱式分类

谱式分类是从脸谱的构图上来分类。一般可以分为以下一些基本类型：

（1）整脸　脸部的化妆颜色基本上是一个色调，只是在眉、眼部位有变化，构图简单。如《铡美案》中的包拯为黑整脸，《战长沙》中的关羽是红整脸，《赤壁之战》的曹操为白整脸。

（2）三块瓦脸　也称三块窝脸，是最基本的谱式。以一种颜色作底色，用黑色勾画眉、眼、鼻三窝，分割成脑门和左右两颊三大块，形状像三块瓦一样。如晁盖、马谡、关胜等。

（3）花三块瓦脸　也称花三块窝脸，在三块瓦脸的基础上，增添了许多纹样，将眉窝、眼窝、鼻窝的纹路勾画得较复杂。如窦尔墩、典韦、曹洪等。

（4）十字门脸　从额顶到鼻尖画一通天立柱纹，两眼窝之间以横线相连，立柱纹与横线交差形成十字形，故命名"十字门脸"。如《草桥关》中的姚期、汉津口中的张飞等。

（5）六分脸　脑门上的立柱纹与眼部以下部位均画成一种颜色，脑门上立柱纹以外的颜色占全脸十分之四，眼部以下的颜色占全脸十分之六，上下形成四六分的形式，故称"六分脸"。如《群英会》中的黄盖等，《将相和》中的廉颇等。

（6）碎脸　由"花三块瓦脸"演变而来，比"花三块瓦脸"更花哨。构图形式多样，色彩种类丰富，线条复杂而细碎。如《取洛阳》中的马武，《金沙滩》中的杨七郎等。

（7）歪脸 构图、色彩不对称，给人以歪斜之感。如《打龙棚》中的郑子明（郑恩）、《落马湖》中的于亮等。

（8）元宝脸 脑门和脸膛的色彩不一，其形如元宝，故叫"元宝脸"。如徐盛、麻叔谋等。

（9）僧道脸 包括"僧脸"和"道士脸"。"僧脸"又名"和尚脸"，一般勾大圆形眼、花鼻窝、花嘴岔，脑门上勾一个红色舍利珠圆光，或九个点，表示入了佛门。色彩分白、红、黄、蓝等色，以白色为多见。如鲁智深、杨延德（杨五郎）等。

（10）太监脸 专用来表现那些擅权害人的宦官。尖眉子示其奸诈；菜刀眼窝暗寓其渔肉百姓；光嘴岔下撇，以突出其谲诈残忍的性格；脑门勾个圆光，以示阉割净身，自诩为佛门弟子；脑门和两颊的胖纹，表现养尊处优，脑满肠肥的神态。色彩多用白、红两种。如刘瑾、伊立等。

（11）神怪脸 用于表现神、佛以及鬼怪的面貌。主要用金、银色，表示虚幻之感。如二郎神杨戬牛魔王等。

（12）象形脸 将鸟兽整体或局部特征图案化后勾画于脸上。如孙悟空、白虎等。

（13）丑角脸 丑又称"小花脸"、"三花脸"。其特点是人物脸面中心一块白，形状如豆腐块、桃形、枣花形、腰子形、菊花形等。如《群英会》中的蒋干、《女起解》中的崇公道、《连环套》中的朱光祖等。

以上是脸谱整体谱式的大体分类，还可以分得更细、更多，但大体上都可以归入以上某一类。如小妖脸表现的是神话戏中的天将、小妖等角色，其基本形式是象形脸，又可归入神怪脸。

七、艺术特点

京剧韵味醇厚。京剧的舞台艺术在文学、表演、音乐、唱腔、锣鼓、化妆、脸谱、服饰等各个方面，通过无数艺人的长期舞台实践，构成了一套互相制约、相得益彰的格律化和规范化的程式。它创造舞台形象艺术的手段十分丰富，用法又十分严格。不能驾驭这些程式，就无法完成京剧舞台艺术的创造。由于京剧在形成之初，便进入了宫廷，使它的发育成长不同于地方剧种，要求它所要表现的生活领域更宽，所要塑造的人物类型更多，对它的技艺的全面性、完整性也要求得更严，对它创造舞台形象的美学要求也更高。同时也相应地减弱民间乡土气息，纯朴、粗犷的风格特色相对淡薄。因而，其表演艺术更趋于虚实结合的表现手法，最大限度超脱了舞台空间和时间的限制，达到"以形传神，形神兼备"的艺术境界。表演上要求精致细腻，处处入戏；唱腔上要求悠扬委婉，声情并茂；武戏则不以火爆勇猛取胜，而以"武戏文唱"见佳。

第四节　昆　曲

昆曲作为古典戏剧艺术的优秀代表，可以从戏剧文学、音乐传统和表演艺术三方面来认识她的价值。她具有古典戏剧文学的最高品位、古典音乐文化的最后遗存、古典戏剧表演的完美体系。

一、昆曲的艺术地位

作为古典戏剧文学的遗产，"昆曲"是古典艺术的范例。昆曲比起之前的戏剧样式，如元杂剧、南曲戏文，或后起的戏剧样式，如花部诸戏，从总体来说，它在文学和艺术上都具有较高的品位。

在中国文学史和中国戏剧史上，著名的古典戏剧作品，如《西厢记》、《琵琶记》、《牡丹亭》、《清忠谱》、《长生殿》、《桃花扇》，都是由一代著名文人王实甫、高则诚、汤显祖、李玉、洪昇、孔尚任撰写的。这些作品问世之后，盛传全国，除王实甫的《西厢记》是元杂剧外，其他五种都是用昆曲演唱的，而且都成了昆曲的名剧。《西厢记》在明代，也被改成可由昆曲唱的南北曲剧本，在昆曲舞台流行。若从昆曲史来看，名家名作则更多。这些具有高文化素养的文人，参与昆曲的创作，必然会使昆曲作品在当时达到较高的文化品位。

二、昆曲曲词的艺术特色

（一）继承了诗歌的传统

昆曲的曲词直接继承了诗歌的传统，以抒发情感为主，以情景交融为手法，通过精妙的表演，营造诗情画意的意境。昆曲曲词是代言体，其情其意，以塑造人物形象为旨归，它是综合的、立体的、具感的艺术，具有文学联想与视听可感的综合效果。

（二）曲词高雅、文学性强

1. 高雅的曲词

昆曲的曲词高雅、文学性强，是其明显的特征之一。汤显祖《牡丹亭·游园》中杜丽娘一见花园景色，就说："不到园林，怎知春色如许？"拘谨在春闺的小姐，平日连花园也不许去,一到花园,见如此春光,引发无穷感触,在自怨自艾的情绪中,婉转而唱［皂罗袍］:"原来姹紫嫣红开遍,似这般都付与断井颓垣。良辰美景奈何天,赏心乐事谁家院。朝飞暮卷,云霞翠轩。雨丝风片,烟波画船。锦屏人忒看的这韶光贱。""姹紫嫣红"是汤显祖自铸新词,喻花像美人一样鲜艳,却在荒园开放,无人观赏。这是以景写出杜丽娘自伤身世,"原来"二字似从心底哀哀发出,"似这般"三字由怨而转忿,不甘如此。"良辰美景,赏心乐事",东晋王羲之《兰亭集序》和南宋谢灵运《邺中集诗序》都提及此"四美",这是古代文化人的理想生活,一接上"奈何天"、"谁家院",就成了杜丽娘的心声并化作虚幻了。"朝飞暮卷,云霞翠轩",化用初唐王勃《滕王阁序》"画栋朝飞南浦云,珠帘暮卷西山雨";"雨丝风片,烟波画船",汤氏自铸。这四句写杜丽娘联想自然界云飞雨卷的美的意境,再次渲染"四美",可自己却把美好的春光虚度了。美的文字细致微妙地描绘出人物内心的哀怨。

2. 较强的文学性

昆曲的曲词,视人物身份、性格及其所处的境遇而作,该雅则雅,该俗则俗,纯粹的白描,也具有很高的文学性。舞台上的赵五娘给人印象也很深,给她写词就有另一种风格。如高则诚《琵琶记·吃糠》一出的［孝顺歌］:"糠和米,本是两倚依,谁人簸扬你作两处飞?一贱与一贵,好似奴家共夫婿,终无见期。米在他方没寻处,怎的把糠救得人饥馁?好似儿夫出去,怎的教奴,供给的公婆甘旨?"丈夫赴京赶考不回,家乡连年饥荒,赵五娘独力奉养公婆,自己吃糠,留米饭给公婆,生活何等艰难。高则诚用质朴的语言,以糠与米作比,表现夫妇分离、命运的颠簸,字字句句从赵五娘性情中流出,具有强烈的感染力。

3. 擅长环境渲染

昆曲以生旦为主,擅长表现青年男女的爱情,并且总是营造一个特别幽雅的环境,以月影琴声烘托,在充满诗意的情景中,在男女微妙心态的流露时,为他们创作动人的心曲。如高濂《玉簪记·琴挑》一出,四支［懒画眉］、四支［朝元歌］,淡雅而深情,委婉而率真,恰切地描写了潘必正与陈妙常的微妙的情感。如［懒画眉］首曲:"月明云淡露华浓,欹枕愁听四壁蛩。伤秋宋玉赋西风,落叶惊残梦,闲步芳尘数落红。"［朝元歌］首曲:"长清短清,那管人离恨。云心水心,有甚闲愁闷?一度春来,一番花褪,怎生上我眉痕。云掩柴门,钟儿磬儿枕上听。柏子座中焚,梅花帐绝尘,果然是冰清玉润。长长短短,有谁评论?怕谁评论!"前曲为爱情的萌发设计了月朗风清、云淡露浓的悄悄静静的环境,书生潘必正因病落第,依枕烦闷,四壁蟋蟀的鸣叫反添一分愁怀。他以写过"悲哉秋之为气也"的辞赋家宋玉自比,形象地描绘了才子伤秋的情怀。妙在以"落叶"转笔,惊醒残梦,转入"闲步芳尘数落红"

的情景中去。"数落红",含有惜花之意,为后文听琴、探情爱上陈妙常做了铺垫。后一曲为陈妙常唱,她已与潘借琴曲互相暗示了情愫,长期孤寂的心不免泛起涟漪。但她要掩饰这种感情,不动凡心,依然是"冰清玉润"。高濂极为细微地刻画了她春心萌动的心理,想起平日孤寂的道姑生活,用语俱作反笔,语含双关,耐人寻思,实属绝妙好词。

4. 激越的北曲

昆曲中的北曲,音调激越,北曲文学另具一种格调,常用来表现豪迈雄放的气概和激越高扬的感情。如关汉卿《单刀会·刀会》的前二曲,[新水令]:"大江东去浪千叠,引着这数十人驾着这小舟一叶。又不比九重龙凤阙,可正是千丈虎狼穴。大丈夫心烈,我觑这单刀会似赛村社。好一派江景也呵![驻马听]:水涌山叠,年少周郎何处也?不觉的灰飞烟灭。可怜黄盖转伤嗟,破曹的樯橹一时绝,鏖兵的江水犹然热,好教我情惨切!这不是江水,二十年流不尽的英雄血!"这二曲与苏东坡的《念奴娇·赤壁怀古》异曲同工,在情感与意境上似乎更胜一筹。此二曲雄浑高远,慷慨悲壮,关汉卿将大江浩淼壮阔的气势、古战场当年鏖战激烈的情景和关羽的大将风度融为一体,使人情绪高涨,豪气贯天。尤其是最后一句将滔滔江水看作是"二十年流不尽的英雄血",为神来之笔,令人唱叹!

昆曲文学高品位的佳作很多,它熔铸了前代韵文文学的精华,以文学的抒情为长,又以戏剧的"当行本色"为本,在代言体中融入了作家的主观感情,意味深长,常有弦外之余音。如李玉《千忠戮·惨睹》、洪生《长生殿·弹词》、孔尚任《桃花扇·余韵》诸曲,直接寄寓了作家对历史的感叹,具有深沉的沧桑感和人生的命运感。又如梁辰鱼《浣纱记·寄子》、汤显祖《牡丹亭·寻梦》、洪生《长生殿·闻铃》、高濂《玉簪记·秋江》、吴炳《疗妒羹·题曲》诸曲,作家饱含激情,以委婉凄切的情语、断人肝肠的哀辞,抒写出千古绝唱。这些优秀的昆曲曲词,完全称得上是一代文学之精品。它们与昆曲的唱、昆曲的舞结合,是中国戏剧艺术中上乘的艺术。

思考题

1. 试述中国戏曲的发展历程。
2. 元杂剧的艺术特色是什么?
3. 京剧的艺术特色是什么?
4. 为什么说昆曲曲词可以称得上是一代文学之精品?试举例说明。

附　录

（一）饮食文化（Cuisine Culture）

1. 中国饮食文化　　　　Chinese Cuisine Culture
2. 饮食习俗　　　　　　Cuisine Custom
3. 民以食为天　　　　　Food the First Necessity of Man
4. 入座礼仪　　　　　　Seat Etiquette
5. 进餐礼仪　　　　　　Eating Etiquette
6. 敬酒礼仪　　　　　　Etiquette of Drinking a Toast
7. 上菜礼仪　　　　　　Etiquette of Taking an Order
8. 婚嫁食俗　　　　　　Cuisine Custom of Marriage
9. 寿庆食俗　　　　　　Cuisine Custom of Birthday Banquete
10. 丧葬食俗　　　　　 Cuisine Custom of Funeral
11. 商务酒会食俗　　　 Cuisine Custom of Business Party

（二）茶文化（Tea Culture）

1. 茶文化　　　　　　　Tea Culture
2. 《茶经》　　　　　　The Classic of tea
3. 绿茶　　　　　　　　Green Tea
4. 红茶　　　　　　　　Black Tea
5. 乌龙茶　　　　　　　Wu-Long Tea
6. 黄茶　　　　　　　　Yellow Tea
7. 白茶　　　　　　　　White Tea
8. 黑茶　　　　　　　　Dark Tea
9. 隔夜茶　　　　　　　Overnight Tea
10. 中国茶道　　　　　 Chinese Tea Art

（三）酒文化（Wine Culture）

1. 酒的分类　　　　　　Classification of Wine
2. 白酒　　　　　　　　Liquor

3.	黄酒	Yellow Wine
4.	啤酒	Beer
5.	葡萄酒	Wine
6.	果酒	Fruit Wine
7.	蒸馏酒	Distilled Spirit
8.	酒令	Drinkers' Wager Game
9.	酒俗	Wine Custom

（四）烹饪艺术（Cuisine Art）

1.	中国菜系	Chinese Cuisine
2.	饮食养生	Traditional Food for Health – preserving
3.	养生保健	Health Care
4.	食礼	Food Manner
5.	盛器的分类	Classification of Vessel
6.	菜品的设计艺术	Dish's Designing Art
7.	造型艺术	Formative Art
8.	筵席艺术	Feast Art
9.	中医药膳	Herbal Cuisine；Medicated Food

（五）十二生肖（The Chinese Zodiac）

The Chinese Zodiac traditionally begins with the sign of the Rat. The following are the twelve zodiac signs（each with its associated Earthly Branch）in order and their characteristics.

1. Rat – 鼠（子）（Yang, 1st Trine, Fixed Element Water）
2. Ox – 牛（丑）（Yin, 2nd Trine, Fixed Element Water）
3. Tiger – 虎（寅）（Yang, 3rd Trine, Fixed Element Wood）
4. Rabbit – 兔/兎（卯）（Yin, 4th Trine, Fixed Element Wood）
5. Dragon – 龍/龙（辰）（Yang, 1st Trine, Fixed Element Earth）
6. Snake – 蛇（巳）（Yin, 2nd Trine, Fixed Element Fire）
7. Horse – 馬/马（午）（Yang, 3rd Trine, Fixed Element Fire）
8. Goat – 羊（未）（Yin, 4th Trine, Fixed Element Fire）
9. Monkey – 猴（申）（Yang, 1st Trine, Fixed Element Metal）
10. Rooster – 雞/鸡（酉）（Yin, 2nd Trine, Fixed Element Metal）
11. Dog – 狗/犬（戌）（Yang, 3rd Trine, Fixed Element Metal）

12. Pig – 豬/猪（亥）（Yin, 4th Trine, Fixed Element Water）

In Chinese astrology the animal signs assigned by year represent what others perceive you as being or how you present yourself. It is a common misconception that the animals assigned by year are the only signs and many western descriptions of Chinese astrology draw solely on this system. In fact, there are also animal signs assigned by month（called inner animals）, by day（called true animals）and hours（called secret animals）.

While a person might appear to be a Dragon because they were born in the year of the Dragon, they might also be a Snake internally, an Ox truly, and a Goat secretively.

（六）中国传统节日及常见传统活动

春节（农历一月一日）Spring Festival; Chinese New Year's Day

元宵节（农历一月十五日）Lantern Festival

清明节（4月5日）Tomb – Sweeping Day

端午节（农历五月初五）Dragon Boat Festival

中秋节（农历八月十五）Mid – Autumn（Moon）Festival

重阳节（农历九月九日）Double – ninth Day

除夕（农历十二月三十日）New Year's Eve

过年　celebrate the spring festival

春联　spring festival couplets

剪纸　paper – cuts

年画　new year paintings

买年货　do shopping for the spring festival; do spring festival shopping

敬酒　propose a toast

灯笼　lantern

烟花　fireworks

爆竹　firecrackers（people scare off evil spirits and ghosts with the loud pop.）

红包　red packets（cash wrapped up in red paper, symbolize fortune and wealth in the coming year.）

辞旧岁　bid farewell to the old year

扫房　spring cleaning; general house – cleaning

年糕　nian – gao; rise cake; new year cake

团圆饭　family reunion dinner

年夜饭　the dinner on new year's eve

饺子	jiao – zi/dumpling; chinese meat ravioli
粽子	rice dumpling
舞狮	lion dance (the lion is believed to be able to dispel evil and bring good luck.)
舞龙	dragon dance (to expect good weather and good harvests)
戏曲	traditional opera
杂耍	variety show
灯谜	riddles written on lanterns
灯会	exhibit of lanterns
守岁	staying – up
拜年	pay new year's call; give new year's greetings; pay new year's visit
禁忌	taboo
去晦气	get rid of the ill – fortune
祭祖宗	offer sacrifices to one's ancestors

(七) 中国常见祥瑞吉物

1. 龙 Chinese Dragon

The dragon is an imaginary divine animal of ancient China. It is believed to have a snake body and tail, lizard legs, eagle paws, deer horns and fish scales, with a beard at the mouth corners and a pearl under the forehead. In Chinese mythology, the dragon changes from time to time, controls the cloud and rain, and benefits everything in the world. Chinese people call themselves " descendants of the dragon", because they regard the dragon as a symbol of dignity. In ancient times, the dragon was not what they look today. Its image was gradually evolved with the long history.

2. 凤凰 Chinese Phoenix – Auspicious Bird Rising from Ashes

Fenghuang are mythological birds of East Asia that reign over all other birds. The males are called Feng and the females Huang. In modern times, however, such a distinction of gender is often no longer made and the Feng and Huang are blurred into a single feminine entity so that the bird can be paired with the Chinese dragon, which has male connotations.

3. 麒麟 Magical Chinese Unicorn Qilin

According to legends, it is one of 9 sons of a dragon, which can distinguish between good and evil. It is sometimes included in the list of four noble animals, along with the Chinese dragon, phoenix and tortoise – instead of the tiger. As a rule this animal is depicted having a few horns, green and blue scaly skin, hooves of a deer, the head of a dragon and a bear's tail. In some aspects it resembles Western unicorns. Like the European unicorn, Chi Lin symbolizes longevity and prosperity. It is believed to live for at least 2000 years. The Chinese believe that it is always lonely, and appears only during the reign of an outstanding ruler or when a great sage is born or dies; for instance, it was seen shortly before the birth and death of Confucius. It can only be seen by the chosen ones. It is considered a harbinger of happiness.

4. 牡丹 Chinese Peony/Tree Peony

Chinese people were enthralled by their beauty, a poet wrote," Only the tree peony is worthy of being called the Beauty of the Empire. During its blooming time the whole capital city went berserk." " Horses and carriages were coming and going like crazy. Those who didn't go to see the flowers were feeling ashamed of themselves."

Present – day cultivates have tremendously varied characteristics resulting from the range of original species involved and from the range of original species involved and form the different ecological environments. Chinese peonies are the richest in number of cultivates with varied flower forms, colors and length of cultivation history in the world. Tree peony is also called as " Luoyang Flower " because of Luoyang's longest history of peony cultivation in the world. Now there are about one thousand varieties of tree peonies in Luoyang.

5. 中国结 Chinese Knot

Chinese Knot or Chinese traditional decorating Knot is a kind of characteristic folk decorations of handicraft art. Appeared in ancient time, developed in Tang and Song Dynasty (960 – 1229 A. D.) and popularized in Ming and Qing Dynasty (1368 – 1911 A. D.) Chinese Knot has now become a kind of elegant and colorful arts and crafts from its original practical use.

The characteristic of Chinese Knot is that every knot is made of a single rope and named by its specific form and meaning. By combining different knots or other auspicious adornments skillfully, an unique auspicious ornament which represents beauty, idea and wishes is formed. For example," Full of joy"." Happiness & Longevity "," Double Happiness". " Luck and Auspiciousness as one wishes" and " Wish you a fair wind" are Chinese traditional pleasant phrases expressing warmest regards, best wishes and finest ideal.

(八) 中国特色民族节日

1. 泼水节 Water – Splashing Festival

Water – Splashing Festival is the most ceremonious traditional festival of the Dai minority.

It usually takes place in mid – April of the solar calendar, often ten days before or after the Tomb – sweeping Day, and lasts three to seven days. Water – Splashing Festival is the New Year in the Dai calendar, and also a festival with the largest influence and maximum participating population among lots of minority festivals inYunnan Province. In this festival, the Dai People without reference to age and sex will get dressed up and shoulder clean water to the Buddhist Temple. They will first bathe the Buddha and then begin to splash water with one another for wishing luck, happiness and health. The more water one person is sprinkled, the more luck he/she receives, and the happier he/she will be. Dai People will also invite people from other ethnic minorities and tourists coming from afar to splash water to celebrate the festival. The scene of water splashing and spraying is really jollifying, and when getting excited, people will burst out the hurrah like " shui (water), shui and shui".

2. 火把节 The Torch Festival

The Torch Festival is a traditional festival celebrated among some ethnic groups in southwestern China, such as the Yi, Bai, Hani, Lisu, Naxi, Pumi and Lahu etc. The festival features lighting up torches, hence its name. It usually falls in early June of the lunar calendar or on the 24th or 25th of the month, with three days of celebrations. The origin of the festival may have something to do with the worship of fire by ancestors, who believed fire had the power to repel insects, drive away evils and to protect crop growth. For some ethnic groups, it is a tradition in the festival for elders to share farming experience with young people and educate them on taking care of crops. During the festival, big torches tied up with dried pine wood and lightwood are erected in all villages, with small torches placed in front of the door of each household. When night falls, the torches are lit and the villages are as bright as daytime. At the same time, people walk around the fields and houses, holding small torches and placing the torches in the field corners. Inside the villages, young men and women are singing and dancing around the big torches that keep burning throughout the night.

3. 七夕节 The Double Seventh Festival

In China, the Double Seventh Festival, or Ingenuity – begging Festival (the festival to plead for skills) falls on the seventh day of the seventh month of the lunar calendar. The festival originates from the legend of the loyal love between Niulang (cowherd) and Zhinv (weaving girl).

On the festival, girls beg for bright heart and knitting and needlecraft skills from the goddess in heaven. There are various folk customs of ingenuity tests in ancientChina. And the maids in palace also paid great attention to the activities, which are usually supported by the emperor. Celebrations are also held in the theme of the Double Seventh Festival everywhere in China, such as the customs of " seed plant for child "," catch dew" and " sworn sisterhood under the moon". In the romantic evening, girls prepare melons and seasonal foods under the moon before worship and prayers for skills and a good marriage.

4. 雪顿节 The Shoton (Xuedun) Festival

The Shoton (Xuedun) Festival is a traditional Tibetan festival held from the end of June of Tibetan calendar to the beginning of July. It is also called " Yoghurt Festival", for it means a festival to drink yoghurt in the Tibetan language. Originally, the Shoton Festival was a religious activity that common people rewarded shamans, who resumed meat diets after door – shut study, with yoghurt. The traditional Shoton Festival includes activities like Buddha show ceremony and Tibetan drama performance.

5. 中秋节 Mid – Autumn Festival

The 15th day of every 8th lunar month is the traditional Chinese Mid – Autumn Festival. It is the most important festival after the Chinese Lunar New Year. The moon on the night of the 15th day of lunar August is believed to be fuller and brighter than in other months. A full moon is a symbol of togetherness. As such, the Mid – Autumn Festival is a time for family reunion. It's also called " Reunion Festival". Those unable to get home to join the get – together miss their family even more on the festival. The origin of the Mid – Autumn Festival derived from the tradition of worshipping the Goddess of Moon. The festival is also a time to celebrate a good autumn harvest. It dates back thousands of years and the modern – day festive customs were gradually formed over the years. Generally speaking, eating moon cakes, enjoying the moon and lighting up lanterns are common traditions on the festival.

(九) 中国旅游 (Chinese Tourism)

1. 故宫 [The Palace Museum: Built from 1406 – 1420 during the Ming Dynasty, the Imperial Palace, popularly known as the Forbidden City, was the permanent residence of the emperors of the Ming and Qing Dynasties (1368 – 1911)].

2. 长城 (The Great Wall: The Great wall is the largest of the historical and cultural architecture. In 1987, the Great Wall was listed by UNESCO as a world cultural heritage site. The project started in the 7th century B. C. ——the Zhou Dynasty, and it was renovated in the state of Qin unified China in 221 B. C, then it was completed on the date of the founding of

the Ming Dynasty in 1368.)

3. 东方明珠塔（The Oriental Pearl Tower：It is a TV tower Shanghai Oriental Pearl Tower is located at the tip of Lujiazui in the Pudong district, by the side of Huangpu River, opposite the Bund of Shanghai. The design of the building is based on a Tang dynasty poem about the haunting sound made by a lute.)

4. 敦煌莫高窟（Dunhuang Grottoes）

5. 桂林（Guilin）

（1）漓江（Li River）

（2）象鼻山（Elephant Trunk Hill）

（3）七星公园（Seven Star Park）

（4）阳朔（Yangshuo）

6. 秦始皇陵及兵马俑（Emperor Qin Shihuang's Mausoleum and the Terra－cotta Warriors and Horses）

7. 安徽黄山（Anhui Huangshan Mountains：In 1990 December, Anhui Huangshan Mountains Scenic Spot was collected into "Directory of World Cultural and Natural Heritage" by the UN Organization of Science, Education and Culture.)

8. 西湖（West Lake）

（1）虎跑泉（Tiger－running Spring）

（2）灵隐寺（The Lingyin Monastery）

（3）苏堤春晓（Spring Dawn at Su Causeway）

（4）三潭印月（The Moon Reflected in Three Pools）

9. 长江三峡（Three Gorges of Yangzi River）

（十）中国文学艺术（Chinese Literature and Art）

唐诗　Poetry in the Tang Dynasty

宋词　Song Poems

汉赋　Poetry in the Han Dynasty

《西游记》　Journey to the West

《三国演义》　The Romance of the Three Kingdoms

《红楼梦》　A Dream in Red Mansions

《水浒传》　Heroes of the Marshes

国画　Traditional Chinese painting

书法　Chinese Calligraphy

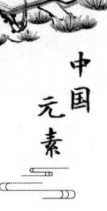

篆刻　　Seal Cutting

京剧　　Beijing Opera

昆曲　　Kunqu Opera

黄梅戏　Huangmei Opera

参 考 文 献

1. 吴湃．中国饮食文化．北京：化学工业出版社，2009
2. 刘春英．民国时期中国饮食文化构成述论 吉林大学 2006
3. 胡白山等．中国饮食文化．北京：时事出版社，2006
4. 徐文苑．中国饮食文化概论．北京：清华大学出版社 北京交通大学出版社，2006
5. 陈龙．中国茶品鉴购买冲泡收藏指南．北京：电子工业出版社 2013
6. 杨学军．识茶 泡茶 品茶 北京：中国纺织出版社 2013
7. 徐明．茶与茶文化．北京：中国物资出版社 2009
8. 谭炳强，吴子彪，罗桂文．粤菜烹调技术．广州：暨南大学出版社 2013
9. 徐文苑．中国饮食文化概论．北京：清华大学出版社 北京交通大学出版社 2006
10. 荣明．烹调工艺实训教程．北京：中国财富出版社，2013
11. 天龙．民间酒俗．北京：中国社会出版社，2006
12. 李争平．中国酒文化．北京：时事出版社，2007
13. 赖登燡，范 威，冉 钊．中国白酒文化与健康．酿酒，2008
14. 秦青．中国创新菜品的设计思路。旅游纵览，2013
15. 路新国．中国烹饪与中国传统食养．扬州大学烹饪学报，2004
16. 肖培根．中药资源与科学发展观．中国中药杂志，2004
17. 徐伏牛．论"药食同源"与保健食品开发．安徽预防医学杂志，2002
18. 郑帅，郑艳，刘张林．中国药膳的发展与思考．现代药物与临床 2009
19. 袁小凤，何方永主编．中国旅游地理．成都：电子科技大学出版社，2007
20. 保继刚．旅游地理学．北京：高等教育出版社，1999
21. 庞规荃．中国旅游地理．北京：高等教育出版社，2003
22. 罗兹柏，张桂华．旅游地理学．天津：南开大学出版社，2000
23. 李永文．旅游地理学．北京：科技出版社，2004
24. 林婉如，何添锦．中国旅游地理．大连：东北财经大学出版社，2000
25. 谢光辉．中国旅游地理．北京：中国商业出版社，1994
26. 李天元．旅游学．北京：高等教育出版社，2002

27. 宏强. 中国精华旅游. 长春：吉林科学技术出版社，2005

28. 黄羊山. 旅游规划原理. 南京：东南大学出版社，2004

29. 肖星，严江平. 旅游资源与开发. 北京：中国旅游出版社，2000

30. 吕龙根. 导游知识读本. 北京：旅游教育出版社，2002

31. 南方熊楠著，纵谈十二生肖. 栾殿武译. 北京：中华书局，2005

32. 郭彧编著. 风水史话. 北京：华夏出版社，2006

33. 高友谦著. 中国风水文化. 北京：团结出版社，2004

34. 左汉中编著. 中国吉祥图像大观. 长沙：湖南美术出版社，1998

35. 高忠严编著. 礼俗之道：中国古代的风俗礼仪. 太原：希望出版社，2012

36. 刑永川. 中国家族谱纵横谈. 南宁：广西教育出版社，1993

37. 宇琦. 受用一生的14堂实用风水课. 北京：中国友谊出版公司，2011

38. 梁海明 译注. 易经. 太原：山西古籍出版社，1999

39. 中国礼仪的起源与鸿蒙之初的礼仪文化，史华楠，扬州大学学报，1999

40. 孟涛. 郝赤彪. 论中国传统风水理论中的美学特征. 山西建筑，2006

41. 庞进. 龙文化的历史职能、精神底蕴和重要使命. 商洛学院学报，2010

42. 月如. 中国历史上的龙脉. 国学，2010

43. 吕复伦. 麒麟及其文化. 菏泽学院学，2011

44. 廖建福，盛律平. 论麒麟神性. 大庆师范学院学报，2007

45. 李保光. 牡丹文化. 济宁师专学报，1994

46. 王毓容，郑厚权. 唐宋牡丹诗词与牡丹文化. 连云港师范高等专科学校学报，2005

47. 曹进，王鸿. 中国结的符号学解读. 重庆三峡学院学报，2010

48. 周淑芳. 中秋诗：诗人对宇宙语人生的审美观照. 沈阳大学学报，2003

49. 周安华主编. 戏剧艺术通论. 南京：南京大学出版社. 2005

50. 黄克著. 戏曲鉴赏. 南京：江苏教育出版社. 2008

51. 吴新雷，朱栋霖. 中国昆曲艺术. 南京：江苏教育出版社. 2004

52. 游国恩等主编. 中国文学史. 北京：人民文学出版社. 2002

53. 罗宗强，陈洪主编. 中国古代文学史. 上海：华东师范大学出版社. 2000

54. 薛永年等编著. 中国美术简史. 北京：中国青年出版社. 2010